《孙子兵法》精解

黄朴民 熊剑平 著

中国城市出版社

图书在版编目（CIP）数据

《孙子兵法》精解 / 黄朴民，熊剑平著 . —北京：
中国城市出版社，2017.9
ISBN 978-7-5074-3119-3

Ⅰ.①孙…　Ⅱ.①黄…　②熊…　Ⅲ.①兵法—中国—
春秋时代 ②《孙子兵法》—研究　Ⅳ.①E892.25

中国版本图书馆 CIP 数据核字（2017）第 197050 号

责任编辑：陈夕涛　徐昌强
责任校对：李欣慰　关　健

《孙子兵法》精解

黄朴民　熊剑平　著

*

中国城市出版社出版、发行（北京海淀三里河路9号）

各地新华书店、建筑书店经销
逸品书装设计制版
北京圣夫亚美印刷有限公司印刷

*

开本：787×1092毫米　1/16　印张：20½　字数：325千字
2017年10月第一版　　2017年10月第一次印刷
定价：**32.80**元
ISBN 978-7-5074-3119-3
（904068）

导言

计 篇

　　"计"，是预计、计算的意思，这里指战前的战争预测与战略谋划。本篇是《孙子》十三篇的首篇，具有提纲挈领的作用，主要论述战争指导者如何在战前筹划战争，在战争过程中怎样实施高明作战指挥。

【精解】

作战篇

作战，始战，即从事战争准备，不是通常意义上的战阵交锋。本篇阐述如何结合实际情况进行战争准备。

【精解】

谋攻篇

"谋攻"，意思就是如何运用谋略战胜敌人，赢得胜利。本篇主要论述如何运用谋略以夺取军事胜利的"全胜"战略问题。

【精解】

形　篇

本篇主要说明的是军事实力及其外在表现，如众寡、强弱等。孙子认为，必须依据敌我双方军事实力的强弱，灵活运用攻守两种不同的形式，以达到在战争中保全自己、消灭敌人的目的。

【精解】

势 篇

本篇为《形篇》的姊妹篇。"形"为克敌制胜创造了可能性，等具备了条件之后，就需要向"势"转换，为战争胜利创造更为现实的条件。

【精解】

虚实篇

本篇集中论述了战争活动中的"虚"、"实"关系，讨论二者相互对立、相互补充、相互转化这一具有普遍规律性的问题，揭示了军事上"避实击虚"的一般原则。

【精解】

军争，指两军争利争胜，即敌我双方争夺取胜的有利条件——有利的战地和战机。本篇主要论述在一般情况下夺取制胜条件的基本规律，其中心思想是如何趋利避害。

【精解】

九变篇

本篇主要阐述了在作战过程中如何根据特殊的情况，灵活变换战术以赢得战争的胜利，集中体现了孙子随机应变、灵活机动的作战指挥思想。

【精解】

行军篇

"行"指军队的行军布阵；"军"指军队的屯驻、驻扎或展开。本篇主要论述军队在不同地理条件下如何行军作战、如何驻扎安营，以及根据不同情况观察、分析、判断敌情，从而作出正确应对之策等。

地形篇

本篇是中国历史上最早系统论述有关军事地形学的专文，与《九地篇》一起，构成了兵圣孙武军事地理学思想的主要内容。

九地篇

本篇是十三篇中最为独特的一篇，它深刻地论述了军队在九种不同战略地理条件下进行作战的基本指导原则，揭示了战略突袭的一般规律。

目录

火攻篇

火攻，指以火助攻，杀伤敌之有生力量，摧毁敌之战争资源。本篇是我们现在所能见到的中国古代最早系统总结火攻作战经验和特点的专门文字，主要论述了春秋以前火攻的种类、条件、实施火攻的方法以及火发后的相应应变措施等问题。

【精解】

用间篇

间，间谍。本篇主要论述在战争活动中使用间谍以侦知、掌握敌情的重要性，以及间谍的种类划分、基本特点、使用方式等。

【精解】

《孙子兵法》精解

"知彼知己，百战不殆""上兵伐谋""致人而不致于人"这些古老而精辟的军事格言，两千五百多年以来，一直脍炙人口，广为流传。它们均出自中国春秋晚期杰出的军事学家孙武的经典兵学著作——《孙子兵法》。

《孙子兵法》是我国古代兵学的杰出代表，中国优秀传统文化的重要组成部分，其内容精博深邃，问世以来，对中国古代军事文化的形成和发展影响极其深远，被尊奉为"百世兵家之师"。直到今天，《孙子兵法》的许多合理内核仍然闪烁着真理的光泽，对现代军事理论的建设和发展，具有重大的借鉴意义。与此同时，《孙子兵法》的基本原则和思想方法，还渗透到军事以外的社会生活领域，在商业竞争、企业管理、体育竞赛、外交谈判等活动中，早已得到广泛的重视和应用。从这个意义上说，《孙子兵法》已超越时空的界限而具有永恒的魅力。

一、成书年代和作者

关于《孙子兵法》的成书年代和作者问题，学术界长期存有分歧，自宋代以来，争论辩诘已延续了千余年之久。论争的焦点，是其书成于春秋抑或战国？其书的作者是孙武还是孙膑？抑或如叶适所言，为某"山林处士"①？持否定意见的学者认为：孙武的事迹不见于《左传》等先秦典籍的记载，《孙子兵法》书所反映的战争规模、运动作战方式、注重诡诈权变

① 《习学记言序目》卷四十六。

的特点以及专有名词（如主、将军等）的称谓、文体的风格均带有鲜明的战国时代特征。因此，《孙子兵法》十三篇不可能成于春秋末年，而只能是在战国时期甚至更晚。它的作者也难以肯定是孙武，而当为其门人或再传弟子。有的学者则更断言为战国中期的孙膑。①

　　1972 年山东临沂银雀山一号汉墓中出土了一批珍贵的竹简，其中有《孙子兵法》和《孙膑兵法》。0233 号汉简上书"吴王问孙子曰……"；0108 号汉简上书"齐威王问用兵孙子曰……"。两种兵法同墓出土，而两则简文的内容又恰与《史记》等史籍关于孙武、孙膑的记载相吻合，这证实了历史上孙武、孙膑各有其人，《孙子兵法》的作者不是孙膑。肯定论者据此认为《孙子兵法》成书年代与作者这一"千年聚讼"已"一朝得释"。然而否定论者却认为银雀山汉墓竹简的出土，并不能完全解决其书的成书年代与作者问题，他们依旧坚持《孙子》一书带有浓厚的战国时代特征的基本观点。②

　　我们认为，《孙子兵法》一书当基本成型于春秋末年，其作者当为孙武本人。具体理由有以下几点：

　　第一，孙武撰著《孙子兵法》见于《史记》的明确记载。《史记·孙子吴起列传》云："孙子武者，齐人也。以兵法见于吴王阖庐。阖庐曰：子之十三篇，吾尽观之矣。"这段记载至少透露了两点信息：（1）孙武曾著有兵法，并以此进见吴王阖庐并获重用。（2）"十三篇"篇数与今传本《孙子兵法》篇数相符。这是孙武著有《孙子兵法》的最原始且最有说服力的证据。

　　《史记·货殖列传》记载："白圭，周人也。当魏文侯时，李克（悝）务尽地力，而白圭乐观时变……故曰：吾治生产，犹伊尹、吕尚之谋，孙、吴用兵，商鞅行法是也。"白圭是战国前期人，他这里提到的"孙"，自是指孙武而非孙膑，这表明历史上孙武确有其人。《汉书·刑法志》云："吴

① 参见齐思和：《孙子兵法著作时代考》，见《中国史探研》，中华书局 1981 年版；李圻基：《孙子十三篇释疑》，《新东方》第 2 卷第 3 期；钱穆：《孙武辨》，见《先秦诸子系年》（增订本），香港大学出版社 1956 年版。
② 参见李零：《关于银雀山简本〈孙子〉研究的商榷》，载《文史》第 7 辑；郑良树：《论〈孙子〉的作成时代》，收入《竹简帛书论文集》，中华书局 1982 年版。

有孙武，齐有孙膑，魏有吴起，秦有商鞅，皆禽敌立胜，垂著篇籍。"又《吕氏春秋·上德》云："阖庐之教，孙、吴之兵，不能当矣。"高诱注："孙、吴，吴起、孙武也。吴王阖庐之将也，《兵法》五千言是也。"这里三则史料均明确指出孙武实有其人，并著有兵法。高诱更肯定《孙子》凡五千言，与今传本字数相近。其他像《韩非子》《尉缭子》《黄帝内经》《战国策》《论衡》等典籍亦有类似的记载。这些情况表明，孙武善用兵，撰著兵书乃是战国、秦汉时人们的普遍共识。

另外，《银雀山汉墓竹简·孙子佚文·见吴王》及青海《上孙家寨汉简孙子佚文》均曾提到"十三篇"（"十三扁"），且《银雀山汉墓竹简·孙子》之内容与传世本《孙子兵法》内容基本相一致。① 这样便从现代考古学的角度进一步证实了孙子其人其书的可信程度。

第二，叶适、全祖望、陈振孙、钱穆、黄云眉诸人以《左传》《国语》不载孙武事迹，而断言孙武非《孙子兵法》作者，或进而揣度孙武与孙膑为一人，或以为《孙子兵法》成书于孙膑之手，凡此种种，多属猜测之辞。因为仅凭借《左传》《国语》等典籍之记载有无而论定孙武与《孙子兵法》的关系，其证据显然是贫乏的。这一点宋濂在《诸子辨》中即有反驳。其要云："春秋时，列国之事赴告者则书于策，不然则否。二百四十年间，大国若秦、楚，小国若越、燕，其行事不见于经传者有矣，何独武哉？"至于混淆孙武、孙膑为一人，或言孙膑作《孙子兵法》，这一误解已随银雀山汉墓竹简出土而澄清，无须赘述。

第三，否定论者常就战争规模、作战方式、文体特征考论《孙子兵法》一书带有浓厚的战国色彩，进而判定其书成于战国年间，孙武非其书作者。我们认为这一观点也是无法成立的。首先，就整个作战方式演变看，春秋乃是一个过渡时期，其前中期与西周以来的"军礼"传统一脉相承；而自晚期起，则发生巨大的变化，反映为军队人数剧增，战争规模扩大，作战方式改变。仅就作战样式言，即是示形动敌、避实击虚、奇正相生等"诡诈"战法开始流行，过去那种"约日定地""鸣鼓而战"、堂堂之阵等战法日趋

---

① 参见吴九龙：《简本与传本孙子兵法比较研究》，见《孙子新探》，解放军出版社 1990 年版。

没落。用班固的话讲，便是"自春秋至于战国，出奇设伏，变诈之兵并作"[①]。《孙子兵法》与"古代王者《司马法》"不同，集中反映这一历史潮流趋向实属正常。其次，在这一时代变革中，南方地区的吴、楚诸国乃得风气之先者。当时这些较少受旧"军礼"传统束缚的国家，在战争活动中更多地采用了埋伏、突袭、诱敌等"诡诈"战法，并经常奏效。孙武曾在吴国为将，深受当地军事文化的影响，在其著述中自然要体现南方军事文化（包括战法）的特点。所谓"孙氏之道，明之吴越，言之于齐"[②]，指的就是这层含义。所以，不能以战争规模扩大、野战机动性增强等现象来简单地和战国特征画上等号，更不宜由此而否定孙武的著作权。

第四，值得注意的是，《孙子兵法》书中也明显带有春秋前中期战争的基本特色。如其言"合军聚众"，就反映了商周以来战争动员的主要特点。其言"穷寇勿迫"，其实就是早期战争"不穷不能""战不逐奔"的翻版。而其"不战而屈人之兵"的全胜观念，则更体现了它与早期战争特征中广义一面的联系。众所周知，春秋前中期的战争更多的是以迫使敌方屈服为基本宗旨，因而军事威慑多于会战，真正以主力进行会战决定胜负的战争为数比较有限。换言之，当时大中型国家发生冲突时，多以双方妥协或使敌方屈服为结局，而彻底消灭敌方武装力量，摧毁对方政权的现象比较罕见。于是，会盟、"行成"与"平"，乃成为当时军事活动中的重要手段。公元前770年，屈瑕率楚军大败绞师，结城下之盟而退还；公元前612年，晋攻蔡，入蔡，为城下之盟而退师；公元前571年，晋、宋、卫三国之师攻郑，冬，城虎牢，逼迫郑国求和；等等，都是这方面的显著事例。对这类传统的追慕和借鉴，遂构成《孙子兵法》兵学的理想境界："不战而屈人之兵。"其他如言兵种而未提及骑兵，言"仁"而未尝"仁义"并称（"武经本"如此，"十一家注本"晚出，故"仁义"并称）以及"舍事而言理"的论述风格，均突出体现了春秋的时代精神。种种情况表明，《孙子兵法》全书打上了春秋晚期社会变迁、军事斗争艺术递嬗的深深烙印，它只能成书于春秋期间。

---

① 《汉书·艺文志·兵书略》。
② 《孙膑兵法·陈忌问垒》所附残简。

当然，我们也不否认《孙子兵法》书中有后人所增益的成分。如其"五行"观就有较明显的战国色彩；"焚舟破釜"等句颇可怀疑系后人窜入；而《用间篇》最后一段言"昔殷之兴也，伊挚在夏；周之兴也，吕牙在殷"云云，也与全书"舍事而言理"的基本风格相悖。然而所有这一切，均不足以动摇孙武为《孙子兵法》作者，其书成于春秋晚期这一基本事实。

二、著录、流传及版本

《孙子兵法》是中国古典兵学文化遗产中的一颗最为璀璨的明珠，是中国古代最伟大的军事理论著作，受到历代军事家和军事理论家的重视。两千多年来，这部兵书基本都是流传有序，对中国古代军事历史和军事文化，都产生了非常深远的影响。从秦汉至明清，历朝都有众多研究专家投入地进行研究，甚至也有不少文人和军事领域之外的人员参与其中，可以看出这部兵书的影响力，已经远远跨越了军事领域。

1. 关于《孙子兵法》的著录与流传

《孙子兵法》自诞生之日起，便开始散发出重要的影响力。从先秦典籍和出土文献中，我们都可以看到这部兵书在先秦时期就已经广泛流传的情形。比如，先秦典籍《尉缭子》《鹖冠子》等书曾明引、暗引了《孙子兵法》字句，这说明《孙子兵法》在战国时期一度非常流行。《史记·孙子吴起列传》云："世俗所称师旅，皆道孙子十三篇。"可见当时称其书为"十三篇"。此后，历代对其书均有著录。其源流大致如下所述：

西汉时期是《孙子兵法》书正式见于著录的重要开端，也是其书基本定型和开始流传的关键阶段。当时朝廷对兵书进行了三次大的搜集和校理。第一次是汉初"韩信申军法""张良、韩信序次兵法，凡百八十二家，删取要用，定著三十五家"[①]。第二次是在汉武帝时，"军政杨仆捃摭遗逸，纪奏兵录"[②]。颜师古注云："捃摭，谓拾取之。"第三次是在汉成帝时，"光禄大夫刘向校经传诸子诗赋，步兵校尉任宏校兵书，太史令尹咸校数术，侍

---

① 《汉书·艺文志·兵书略》。

② 《汉书·艺文志·兵书略》。

医李柱国校方技。每一书已，向辄条其篇目，撮其指意，录而奏之"①。在这三次兵书整理过程中，一定都包括了最重要的《孙子》一书。尤其是第三次，它对于传世本《孙子兵法》篇名、篇次的排定，内容的厘正，文字的校定，具有重要的意义。这次校书之事，由刘向总其成。他曾为整理校订后的书作叙录，附于其书之中，上奏皇帝。叙录的重要内容之一就是著录书名和篇题。根据其这一性质，我们可以推断《叙录》是古代目录书中著录《孙子兵法》的第一部。刘向死后，其子刘歆继承父业，"总括群书，撮其指要，著为《七略》"②。因此，《七略》也当著录有《孙子兵法》。

《汉书·艺文志》源于刘歆《七略》，其对《孙子》有明确之著录，"《吴孙子》八十二篇，图九卷"，称"吴孙子"是为了有别于"齐孙子（孙膑）"。至于其篇数缘何由司马迁所言的"十三篇"（包括汉简本的提法）增至82篇，且附有图卷，有学者指出其原因：一是自刘向到班固百余年间，人们对《孙子兵法》不断增益，使其篇数大大膨胀。二是因人们重新编纂篇次所致。我们认为，当以第一种因素可能性为大。故三国年间曹操注《孙子兵法》，即指明宗旨："世人未之深亮训说，况文烦富，行于世者失其旨要，故撰为《略解》焉"③。汲汲于恢复《孙子兵法》之原貌。

当然，也有学者认为，曹操不应该会有删减《孙子兵法》篇目之事发生。从曹操的自序中，我们可以看出，曹操看到那些繁复而且不得要领的《孙子兵法》注释文字后非常不满意，因此决定采用"略解"的方式，来重新注释《孙子兵法》。所以，在这之后，一种简明切要的注释文字便产生了。

曹操的《孙子注》，是现存于世的最为系统的《孙子兵法》注释本。其注简明切要，具有很高的军事学术价值，问世后即备受人们的称誉推崇。其注为三卷十三篇，正与阮孝绪《七录》著录《孙子兵法》三卷相契合，这说明曹氏乃是就太史公所云《孙子兵法》十三篇作注，至于孙子之佚文和他人所增附的内容则阙而不论。这亦从侧面进一步证实"十三篇"才是《孙子兵法》的主体。曹操注《孙子兵法》后，有《六朝钞本旧注孙子断片》，

---

① 《汉书·艺文志序》。

② 《隋书·经籍志》。

③ 《魏武帝注孙子·序》。

不知何人注本，日人香川默识《西域考古图谱》曾予收录。需附带指出的是，在两汉、魏晋南北朝期间，人们通常以"兵法"来特指《孙子兵法》这部兵书。其正式命名为《孙子兵法》当属隋、唐以后之事。虞世南《北堂书钞》、李善《文选》注均称引"《孙子兵法》"，即是明证。

《隋书·经籍志三》著录有"《孙子兵法》二卷，吴将孙武撰，魏武帝注，梁三卷"，"《孙子兵法》一卷，魏武、王凌集解"，"《孙武兵经》二卷，张子尚注"，等等。还提到了孟氏、沈友诸人注释解诂。由此可见，《孙子兵法》在唐初已有多种注解本。但从其篇幅看（少则一卷，多则三卷），当未尝逾越"十三篇"的范围，或以曹注整理本为底本使然。

唐代以降，随着社会经济文化的繁荣，印刷技术的进步，《孙子兵法》的流传也进入了一个新的发展阶段。人们对《孙子兵法》的尊崇有增无减，习学《孙子兵法》成为较普遍的社会风尚。注家蜂起，各种单注本、集注本以及合刻本纷纷面世。尤其是在宋代，当时统治者有憾于国势积贫积弱，痛心于边患屡起迭至，出于扭转改变这一颓败局面的目的，便以较大的注意力投入于军事领域，提倡研读兵书，探求富国强兵之道。北宋神宗元丰年间，正式将《孙子》《六韬》《吴子》《黄石公三略》《尉缭子》《司马法》《唐太宗李卫公问对》诸书勒为一编，号曰《武经七书》，颁行于武学，为将校所必读。《孙子兵法》自此而成为国家钦定的武学经典著作。此种情况一直沿袭至明、清而不变，如清代"武试默经"，依然是"不出孙、吴二种"[①]。

与此相应，对《孙子兵法》的著录也成为历代各类公私目录书编写时所关注的重点之一。《旧唐书·经籍志》《新唐书·艺文志》《宋史·艺文志》《明史·艺文志》等"正史"，以及《郡斋读书志》《直斋书录解题》《遂初堂书目》《崇文总目》《秘书省续编到四库阙书目》《四库全书总目》等公私目录书，对《孙子兵法》的各种版本、注家均有详略不同的著录。据不完全统计，唐宋以来，为《孙子兵法》作注者不下于二百余家，存世的亦在七十家以上。其中著名的注家，在隋唐时期有孟氏、李筌、陈皞、贾林、杜佑、杜牧等；在宋代有张预、梅尧臣、王晳、施子美、何延锡、

———————————

① 朱墉：《武经七书汇解·吴子序》。

郑友贤等；在明代有赵本学、刘寅、李贽、黄献臣等；在清代则有邓廷罗、顾福棠、朱墉、黄巩等。

2. 关于《孙子兵法》的主要版本

《孙子兵法》流传很广，版本甚多，很可能在先秦时期就已经形成了多种版本。《韩非子·五蠹》中说："境内皆言兵，藏孙、吴之书者家有之……"韩非"家有之"一语，充分说明《孙子兵法》在战国末期的流传之广，同时也提醒我们，很可能在那个时候就已经有了多种《孙子兵法》抄本在流传。

1972年4月，在山东临沂银雀山汉墓中出土了竹简本《孙子兵法》。所以，简本《孙子兵法》是我们今天所能看到的最早的《孙子兵法》抄本，却也是最晚才发现。

银雀山竹简文字并不是完全成熟的隶书。不管是端正，还是潦草，都夹杂着明显的篆书风格，体现出由篆书向隶书过渡的特征。所以，这批竹简文字应该属于西汉早期文字，故此，考古专家推断它们"是文、景至武帝初期这段时间内抄写成的"。传本《孙子兵法》十三篇中，除《地形篇》外，其余十二篇在简本中均有或多或少的文字留存，《形篇》甚至还有甲、乙两种写本。汉简本中尚有大量的文字脱落的现象存在。如果将其与传本进行对照，简本《孙子兵法》的文字只有传本的三分之一左右。也就是说，简本三分之二的文字已经脱落难寻。即便如此，这些残破的竹简也为我们提供了大量的相关古本《孙子兵法》的重要信息，至少是向我们展示了《孙子兵法》在西汉初期的生存面貌。

与《孙子兵法》十三篇一起出土的，还有一块写有十三篇篇题的木牍，虽然残缺严重，也向我们传递出不少珍贵信息。至少我们可以从中看出，简本《孙子兵法》的大多数篇名都与传本有着非常近似之处，令我们相信，《孙子兵法》早在西汉初期就已经是十三篇的规模和体制，与传本并无二致。

如果对简本和传本文字进行详细的对比考察，我们可以发现，二者之间其实也是互有优劣。简本虽然贵为古本，但它和传本一样，也存有脱衍的情况，简本的抄写也不无草率之处。传本并未因为流传千年而失去简古之风。我们还要看到，简本、传本虽然存在大量异文，但还是存在着相当大的共性，正如专家所指出的那样："内容上差异不大，基本上是一致的。"

除了简本之外，我们能看到的较早的《孙子兵法》抄本应该数敦煌晋写本，见于罗振玉《汉晋书影》（1918年版）。可惜的是，该抄本残缺现象也非常严重，仅仅存有十六行，而且还在上下折叠处断裂，正好缺去上半部分内容。从残存纸片可以看出，该抄本画有界栏，字迹清晰，能看出是《谋攻篇》和《形篇》部分内容，而且可以看到若干双行夹注文字。从这些情况判断，这应该是一本久已亡佚的单注本，只是注者姓名和具体写成年代等，均已无法详考。

我们今天所能见到的较为完整的《孙子兵法》版本，应该数宋本。对于这些宋本，我们习惯将其分为两大系统：武经本和十一家注本。

《武经七书》的得来，是由于宋代的钦定武经。北宋元丰年间宋神宗钦定《孙子》《吴子》《司马法》《尉缭子》《六韬》《黄石公三略》《唐太宗李卫公问对》七部兵书作为武学教本，这七部兵书被统称《武经七书》。《孙子兵法》在七部兵书中排名第一，也是最重要、成书最早的古代兵法。这个系统的《孙子兵法》被称为"武经本"。武经七书本《孙子兵法》，现存较早的版本为南宋刻本，原为湖州陆心源皕宋楼藏书，后来被日本人岩崎氏所购得，藏于日本东京的静嘉堂。我们今天所能看到的是收于《续古逸丛书》的影印本。

我们今天还能看到据南宋孝宗刊本影刻的《魏武帝注孙子》，从文本考察，似乎与武经本关系比较密切，不少人将其归于武经本系统。今天的学者，大多也是这么认定。《魏武帝注孙子》收入清孙星衍《平津馆丛书》卷一，与《吴子》等合称《孙吴司马法》。当然，是书原本下落不明，如今只剩有顾千里摹本。

至于十一家注系统本《孙子兵法》，我们今天所能看到的最早的本子也是南宋刊本《十一家注孙子》。是书原由上海图书馆收藏。中华书局上海编辑所于1961年出版了影印本和排印本，使得这部原本深藏秘府的宝典，自此进入寻常百姓家。自宋代以后，武经本《孙子兵法》长期受到重视，十一家注本系统的影响并不大。清代的郑达和孙星衍等人先后在"道藏"中找到宋本十一家注《孙子兵法》。孙星衍对该本进行了较为系统的校订，所校订之书则据《宋书·艺文志》名之曰《孙子十家注》，后收入《岱南阁丛书》。这之后，十一家注本《孙子兵法》才渐渐受到世人瞩目，进而成为近世流传最广、影响最大的读本。

武经本、十一家注本和简本，应该算是三种版本。这三种版本之间，都多多少少地存有一些差异。比如就篇题而言，武经本和简本之间的差异较大，武经本的篇题显得过于整齐。十一家注本和简本则更为接近，篇题都不是十分整齐，虽说这二者之间也存有差别，但相似程度更高。

一般认为，传本是依靠曹操注本才得以流传下来的。比如，杨丙安就曾指出，宋代以前的《孙子兵法》主要是靠曹注流传。李零认为，我们现在所看到的《孙子兵法》，就是靠曹操传下来的本子。无论是武经本，还是十一家注本，都和曹注本有着密切的联系。相信以曹操所处地位和特殊身份，应该有条件去广罗异本。而曹操所见到的本子，尤其是选定用来注释的本子，一定是经过了精挑细选，应该是善本中的善本。这个缘故，也有人将曹操注本视为与武经七书本、十一家注本并列的版本系统。

三、兵学思想体系

宋代郑友贤在《十家注孙子遗说并序》中指出："武之为法，包四种，笼百家，以奇正相生为变。是以谋者见之谓之谋，巧者见之谓之巧，三军由之而莫能知之。"参之本书，可知郑氏之论洵非虚言。《孙子兵法》博大精深，内涵丰富，几乎包举了军事学上的各个领域，是中国兵学理论发展史上一座不朽的丰碑，无愧"百世兵家之师"的永恒美誉！

1. 慎战与备战并重的战争观念

春秋时代战争频繁，诸侯列国争霸与兼并一日无已。《孙子兵法》当然要反映这一时代特色，这就决定了孙武在战争问题上鲜明地提出慎战与备战并重的主张，换言之，"安国全军"是孙武战争观的基本主线。

孙武对战争采取十分慎重的态度，《孙子兵法》开宗明义就提出："兵者，国之大事，死生之地，存亡之道，不可不察也。"既然战争是关系国家存亡的头等大事，所以孙武多次告诫并提醒统治者，必须慎重对待战争，指出："亡国不可以复存，死者不可以复生。故明君慎之，良将警之。"（《火攻篇》）对于那种缺乏政治目标和战略价值而轻启战端的愚蠢做法，孙武持坚决反对的态度："主不可以怒而兴师，将不可以愠而致战。"（《火攻篇》）并要求战场指挥员做到"战道不胜，主曰必战，无战可也"（《地形篇》）。

然而主张慎战并不意味着反对战争。《孙子兵法》提倡慎战的主旨，在于强调进行战争的政治目的应当遵循功利主义原则，即做到"非利不动，非得不用，非危不战"，"合于利而动，不合于利而止"（《火攻篇》）这一点；不战则已，战则必胜。这种既重战又慎战的观点，使孙武的战争观念既不同于儒、墨的非战主张，也与稍后法家嗜战立场有所区别。由此可见，孙武的慎战出发点是"安国全军"，以最终赢得战争的胜利。

孙武是清醒的现实主义者。他鉴于战争不可避免，战争对社会经济、国家前途的巨大影响，把准备战争和指导战争的问题提到了极其重要的位置，强调做到有备无患："用兵之法，无恃其不来，恃吾有以待也；无恃其不攻，恃吾有所不可攻也。"（《九变篇》）这就是说，要把立足点放在做好充分准备，不打无准备之仗，以强大的军事实力迫使敌人不敢轻易发动战争的基点上。

基于慎战和备战并重的战争观念，孙武逻辑地推导出用兵的理想境界，这就是一个"全"字。所谓"全"就是全胜。《孙子兵法》中提到"全"的地方有十余处，最主要的篇章是《谋攻篇》。孙武认为"百战百胜"非"善之善者"，高明的战争指导者应该做到"屈人之兵而非战也""拔人之城而非攻也""毁人之国而非久也"，从而实现战略、战役、战斗的全胜，即"必以全争于天下，故兵不顿而利可全"，用全胜的计谋争胜于天下，"不战而屈人之兵"。为了达到这一境界，孙武提出了"上兵伐谋，其次伐交"的主张，认为指导战争的上策是挫败敌人的谋略，其次是展示强大的兵威慑服敌人。至于"伐兵""攻城"，那就等而下之了。由此可见，孙武的"全胜"思想，实际上仍然是其慎战和备战思想在作战指导上的反映。慎战与备战、重战思想犹如一条红线，贯穿于《孙子兵法》十三篇中。

如果不得已进行战争，孙武主张实行进攻速胜战略。他明确提出，从事战争的目的是为了"掠乡分众，廓地分利"（《军争篇》），即掠取他国的人力物力资源，扩张版图，在争霸兼并战争中立于不败之地。在《九地篇》中，孙武更以明确的语言表明了自己的进攻战略："夫霸王之兵，伐大国，则其众不得聚；威加于敌，则其交不得合。"从历史发展的角度看，孙武这一战争观，是符合新兴势力要求的，是与社会大变革的潮流相一致的，具有突出的进步意义。

2."令文齐武"的治军思想

为了适应新兴地主阶级建设军队、从事战争的需要，孙武曾提出过不少的治军原则，形成了比较系统的治军思想。归纳起来，其治军思想主要包括严明赏罚、重视选将、将权贵一、严格训练、统一号令、爱卒善俘等方面。

能否严明赏罚，是调动将士积极性、提高部队战斗力的重要途径之一，孙武对此予以高度重视。在《计篇》中他将"法"列为"五事"的一项，把"赏罚孰明"作为判断战争胜负的重要因素之一。他说："令之以文，齐之以武，是谓必取。"（《行军篇》）所谓"文"，就是精神教育、物质奖励；所谓"武"，就是军纪军法，强调重刑严罚。他认为治军必须拥有文武两手，做到恩威并施，刚柔相济："卒未亲附而罚之，则不服，不服则难用也；卒已亲附而罚不行，则不可用也。"（《行军篇》）否则就不能造就一支具有战斗力的部队："厚而不能使，爱而不能令，乱而不能治，譬如骄子，不可用也。"（《地形篇》）

严明赏罚的关键在于做到有法可依，有律可循，否则严明赏罚便无从谈起。所以孙武非常重视军队的法制建设，把"法令执行"也列为判断战争胜负的标准之一。他认为部队必须有一定的组织编制，明确各级人员的职守："法者，曲制、官道、主用也。"（《计篇》）他指出"治乱，数也"，"凡治众如治寡，分数是也"。至于法制建设的重点，孙武认为是统一号令，加强纪律。他说："斗众如斗寡，形名是也"（《势篇》），主张用金鼓旌旗来统一将士的耳目，约束部队的行动，从而达到"勇者不得独进，怯者不得独退"的目的。当然，孙武主张在执法问题上也应该做到随时变宜，以更好地发挥法纪的作用。所谓"施无法之赏，悬无政之令"（《九地篇》）就是这层意思。这体现了《孙子兵法》既讲求执法严肃性又注重执法灵活性的实事求是态度。

军事指挥员的素质优劣，在很大程度上影响到军队建设和战争胜负。孙武对这层道理有较深刻的认识，因此强调将帅在战争中的地位和作用，对将领的选拔提出了具体而严格的要求。他指出将帅是国君的助手，辅佐周密，国家就一定强盛；辅佐有缺陷，国家就一定衰弱。显然，他是把优秀将帅的作用提到"民之司命，国家安危之主"的高度来认识的。为此，他重视将帅队伍的建设，认为一名贤将必须具备"智、信、仁、勇、严"等条件。在处事上，要"进不求名，退不避罪，唯人是保"；在才能上，要"知彼知己""知天知地""通于九变"；在管理上，要"令素行以教其民""与众相得"，使士卒"亲附"；在修养上，要"静以幽，正以治"，提醒将帅要避免犯骄横自大、轻举妄动、勇而无谋、贪生怕死等毛病。

为了确保将帅在战争中进行有效、灵活的指挥，孙武主张将权适当地集中和专一，反对国君脱离实际情况干涉、遥控部队的指挥事宜。《谋攻篇》指出，国君危害军事行动的情况有三种：不了解军队不能前进而硬让军队前进，不了解军队不能后退而硬令军队后退，这叫作束缚军队；不了解军队的内部事务，而去干预军队的行政，就会使得将士困惑；不懂得军事上的权宜机变，而去干涉军队的指挥，就会使得将士产生疑虑。他进而认为，出现这类情况，就会导致"乱军引胜"、自取败亡的结果。可见，军事上的成败，其前提之一是"将能而君不御"。正是在这个意义上，《孙子兵法》提倡"君命有所不受"，将它确定为一条重要的治军原则。

《孙子兵法》也比较注重部队的训练问题，主张严格练兵，提高战斗力，把"士卒孰练"作为重要的制胜因素。孙武指出，"教道不明""兵无选锋"，是造成作战失败的重要原因，切不可等闲视之，"将之至任，不可不察"（《地形篇》）。为了训练出一支英勇善战的劲旅，孙武提倡爱护士卒，认为做到"视卒如婴儿""视卒如爱子"，乃是训练好部队的先决条件。孙武这一爱兵主张的动机是明确的，即由此而造成"上下同欲"、上下一致的良好官兵关系，保证部队达到"投之无所往，死且不北""犯三军之众，若使一人"（《九地篇》）这样的最佳临战状态。同时《孙子兵法》还提出对敌军战俘要"卒善而养之"（《作战篇》），从而在削弱敌人的同时，使自己变得更加强大，"胜敌而益强"。

3. 主动灵活、因敌变化的制胜之道

"善战"思想在整部《孙子兵法》中占有主导地位，"兵以诈立，以利动，以分合为变"是孙子兵学实用理性的集中体现；一部《孙子兵法》，归根结底是教人如何用兵打仗，去夺取战争的胜利的。这正是我们今天正确把

握《孙子兵法》的重心所在。①

《孙子兵法》中制胜之道的内容非常丰富，简要归纳，大致有以下几个方面：

第一，"知彼知己""知天知地"，全面了解和掌握各种情况，在此基础上筹划战略全局，实施战役指导，赢得战争胜利。孙武认为，从事战争的先决条件是要做到"知彼知己"，因为只有正确估量敌我情况才能作出正确的判断，定下正确的决心，制订正确的方针。为此，他主张在开战之前就要对敌我双方的主客观条件——五事七计有全面的了解，进行仔细周密的考察，以期对战争胜负趋势作出正确的预测，并据此制订己方的战略战术。在实施作战指导过程中，也要随时将"知彼知己""知天知地"作为行动的纲领："不知诸侯之谋者，不能豫交；不知山林、险阻、沮泽之形者，不能行军；不用乡导者，不能得地利。"（《军争篇》）为了了解和掌握敌情，《孙子兵法》提倡用间，把这看成是"知彼"亦即"知敌之情实"的主要手段。《用间篇》集中论述了用间的原则和方法，主张"五间并起"而以"反间"为主。在战场交锋中，孙武也强调最大限度地查明敌情，《行军篇》中著名的三十余种"相敌"方法就是在这样的背景下提出的。由此可见，"知彼知己"乃是《孙子兵法》制胜之道的出发点和基础。

第二，"致人而不致于人"，牢牢掌握战争主动权。孙武认为要确保自己在战争中永远立于不败之地，就必须创造条件，始终把握战争的主动权，而掌握主动权的核心，关键在于做到"致人而不致于人"，调动敌人而不为敌人所调动。关于如何争取主动权，《孙子兵法》中有精辟的论述，其主要内容不外乎：（1）加强军队实力，造成对敌力量对比上的绝对优势："胜兵若以镒称铢""称胜者之战民也，若决积水于千仞之谿者，形也"（《形篇》）；（2）造势任势，发挥主观能动性，主动灵活地打击敌人。孙武认为："善战者，求之于势，不责于人，故能择人而任势。"（《势篇》）所以他重视战场的造势和任势，指出"善战者，其势险，其节短，势如弛弩，节如发机"（《势篇》）。这表明孙武是把造势和任势列为争取主动权的重要环节

---

① 参见黄朴民：《孙子的制胜之道》，载《军事历史研究》1995 年第 2 期；又载（中国台湾）《中国文化月刊》1997 年第 2 期。

之一来对待的，其含义就是要在强大的军事实力基础上，发挥将帅的杰出指挥才能，创造和利用有利的作战态势，主动有效地克敌制胜。（3）奇正并用，避实击虚。孙武认为要造成有利的态势，掌握战场主动权，在作战指挥上，一是要解决战术的"奇正"变化运用问题，指出"战势不过奇正"，用兵打仗要做到"以正合，以奇胜"，同时，高明的将帅还应根据战场情势的变化而灵活变换奇正战法："奇正之变，不可胜穷也"；二是要正确贯彻"避实而击虚"的原则，避开敌人的强点，攻击敌人虚弱但却关键的部位，从根本上战胜敌人，达到"善攻者，敌不知其所守；善守者，敌不知其所攻"（《虚实篇》）的目的。可见，"致人而不致于人"，掌握战争主动权，实为《孙子兵法》制胜之道的精髓和灵魂。

第三，"示形动敌"，"兵者诡道"，不拘一格，因敌制胜。这是《孙子兵法》制胜之道的主要手段和方式。孙武认为要掌握战场主动权，就必须在作战指挥上坚决贯彻"兵者诡道"的原则。他指出，军事家指挥艺术的奥妙，就在于"能而示之不能，用而示之不用，近而示之远，远而示之近。利而诱之，乱而取之，实而备之，强而避之，怒而挠之，卑而骄之，佚而劳之，亲而离之"（《计篇》）。唯有如此，方可"攻其无备，出其不意"。这种诡诈战法的核心，则是"示形动敌"："善动敌者，形之，敌必从之；予之，敌必取之；以利动之，以卒待之。"（《势篇》）强调战场上克敌制胜的最上乘境界乃是"形人而我无形"，"形兵之极，至于无形"（《虚实篇》）。一旦做到这一点，那么进行防御，即可"藏于九地之下"；实施进攻，即可"动于九天之上"，制敌于死地，"自保而全胜"。与此同时，孙武也充分认识到用兵打仗贵在灵活机动，随机应变。所以他特别强调"因敌制胜"的重要性，指出"兵无常势，水无常形，能因敌变化而取胜者，谓之神"（《虚实篇》）；"践墨随敌，以决战事"（《九地篇》）。它们的主旨，均立足于"战胜不复，而应形于无穷"这一点上。可见，不拘一格，"因敌制胜"，既是实践"诡道"战法的前提，也是《孙子兵法》制胜之道之所以高明的体现。

第四，"兵贵胜，不贵久"，强调速战速决，推崇作战行动的突然性、进攻性、运动性，这是《孙子兵法》制胜之道的显著特点。孙武对战争给国家、民众所带来的严重后果有着清醒的认识。所以他坚决主张速战速决，在最短的时间里以最小的代价取得最大的战果，反对使战争旷日持久，疲师耗财。为此他反复阐述"兵贵胜，不贵久"的道理，指出"善用兵者，役不再籍，粮不三载，取用于国，因粮于敌"（《作战篇》）。为了达到速战速决的战略目的，《孙子兵法》主张在采取军事行动时，一是要做到突然性，使敌人处于猝不及防的被动状态："兵之情主速，乘人之不及，由不虞之道，攻其所不戒也"（《九地篇》），努力达到"动如脱兔，敌不及拒"的最佳效果；二是要做到运动性，即提倡野外机动作战，调动敌人在野战中予以歼灭性打击："顺详敌之意，并敌一向，千里杀将"（《九地篇》），"以迂为直，以患为利，故迂其途而诱之以利，后人发，先人至"（《军争篇》）。总之是要"悬权而动"，使部队始终保持主动地位，行动自如："其疾如风，其徐如林，侵掠如火，不动如山；难知如阴，动如雷震。"（《军争篇》）三是要做到隐蔽性，使对手无从窥知我方的作战意图，如同聋子、瞎子一样，从而确保我方军事行动的突然性能够达到，运动性能够实现："易其事，革其谋，使人无识；易其居，迂其途，使人不得虑"（《九地篇》）；"因形而错胜于众，众不能知；人皆知我所以胜之形，而莫知吾所以制胜之形"（《虚实篇》）。孙武认为，只要在军事行动中真正做到了隐蔽、突然、机动，那么就能够速战速决，出奇制胜。

第五，正确选择主攻方向，集中优势兵力，各个歼灭敌人，这是《孙子兵法》制胜之道的突出环节。作战双方，谁具有优势的战场地位，谁就拥有军队行动的主动权，这是战争行动的通则。《孙子兵法》对此作了充分的揭示，强调"识众寡之用者胜"（《谋攻篇》）。所谓"众寡"，就是指兵力的对比，而"用"则是指兵力的使用。孙武认为，要想取得战争的胜利，就必须在战场交锋时以优势兵力去对付劣势之敌，集中兵力，以镒称铢。所以他反复阐述集中兵力问题的重要性，并一再提出具体的集中优势兵力的主张："并力""并敌一向""并气积力"，从而达到"以众击寡"的目的。当然，战场的态势是千变万化的，集中兵力的方法也应该因敌制宜，所谓"十则围之，五则攻之，倍则战之"就这个意思。孙武进而指出，通过众寡分合以求集中兵力、掌握主动，关键在于发挥主观能动作用，善于创造条件。从战术上说，即要做到"形人而我无形，则我专而敌分；我专为一，敌分为十，是以十攻其一也，则我众而敌寡；能以众击寡者，则吾之所与战者，约矣"（《虚实篇》）。他认为，在兵力部署上，不分主次方向，单纯企求"无所不备",则势必"无所不寡",也就失去了主动地位的物质基础。据此,《孙子兵法》一再提醒战争指导者要避免犯"以一击十""以少合众"这一类分散兵力的错误,因为那样做即是"败之道也",到头来一定会覆军杀将,自取其辱。

第六,察知天候地理,巧妙利用地利,根据地形条件制订切合实际的战略战术,确保作战胜利,这是《孙子兵法》制胜之道的重要内容。众所周知,在冷兵器时代,掌握和利用地形,对于战争的胜负关系甚大。孙武是中国古代第一位系统探讨地形条件与军事斗争成败相互关系的军事大师。他撰写《九地篇》,阐述战略地理问题,提出了军队在九种不同战略地理条件下作战的基本指导原则;又在《行军》《地形》诸篇中着重论述了战术地理问题。他指出,在行军作战中,要善于"处军",利用有利的地形,避开不利的地形。为此他列举了在山地、江河、沼泽、平原四种地形环境中的处军原则,并进而将利用地形的基本特点归纳为"凡军好高而恶下,贵阳而贱阴,养生而处实"。从当时的实战要求出发,孙武还具体分析了军队在作战中可能遇到的"通""挂""支""隘""险""远"六种地形,并就这六种不同的地形条件,提出了具体而又适宜的用兵方法。总之,《孙子兵法》主张将帅要熟悉和巧妙利用地形条件:"夫地形者,兵之助也。料敌制胜,计险厄、远近,上将之道也。"(《地形篇》)这显示出,孙武是中国古代军事地理学的奠基者,《孙子兵法》有关巧妙利用地形地理问题的论述,是其制胜之道的重要组成部分,极大地丰富了古典军事理论,在军事学术发展史上占有重要的地位。

综上所述,《孙子兵法》中的制胜论思想既具有完整的系统性,又不乏深刻的精辟性,它是孙武军事思想的主体内容,是《孙子兵法》一书精华之所在。它以无可怀疑的事实向人们昭示:孙武无愧于"一代兵圣"的光荣称号!

四、战略思维及当代价值

1. 全局意识

古人认为,"不足谋全局者,不足以谋一域"。因为"一域"不能代替全局，"一域"之得更不能弥补全局之失。换言之，全局决定着一域的存亡，所以任何事业成功的关键正在于能否认识全局、驾驭全局。而谋全局需要的是高屋建瓴、宏观控制的大见识、大魄力，处处高人一筹，时时占得先机。

历史上，那些成功的战略家总是善于从错综复杂的局面中清醒地分析敌我双方的优劣态势，充分考虑当时的战略地缘关系、综合实力以及战略布局与互动，在此基础上确定自己的战略目标，站在最高层次上寻求全盘皆活的战略转机。尤其是夺取和掌握战略主动，营造有利于未来发展的良好战略环境。

《孙子兵法》的精髓，就是善于从全局的高度，去认识决定战争胜负的要素，把握克敌制胜的奥妙，驾驭治军用兵的方法。无论是政治与军事主从关系的分析、经济与战争依赖性质的阐述，抑或是敌我战略优劣态势的判断，作战指导原则各个层面的协调，它都具有鲜明的整体性、系统性、全局性、互补性的特征，如战略预测上的"五事七计"，治军手段上的"令文齐武"，作战方法上的"奇正相生"，战争观念上的"仁诡相济"等，无一不是以系统综合的视野切入，由全局呼应的途径造就，处处体现出纲举目张、举重若轻的大局意识和见微知著、占隐察机的预见能力。

这种全局意识，对于我们今天从事任何工作都是弥足珍贵的文化启迪。就任何一个追求事业成功的人士而言，大局观可以说是一种不可或缺的基本素质。只有看到事物的内在联系性，才不至于在应对时顾此失彼，左支右绌；只有认识到关系的错综复杂性，才不至于在处理时挂一漏万，畸轻畸重；只有意识到趋势的多样变化性，才不至于在前瞻时一厢情愿、进退维谷。有了全局意识就可以用联系的观点审时度势，以辩证的态度关照一切，以互补的手段多管齐下，以稳妥的步骤循序渐进。防止因偏执一端而轻躁冒进，避免因忽略细节而功亏一篑。真正明白牵一发而动全身的道理，深刻理解红花还需绿叶扶的要义。很显然，立足全局，明了大势，关照整体，和谐协调，是推进事业并牢牢立于不败之地的前提条件，也是强本固基、可持续发展的重要保证。

2. 重点意识

关照全面，不等于事无巨细平均使用力量，恰恰相反，抓住重点，强调主次，是做好一切工作的宗旨。最糟糕的情况，是"眉毛胡子一把抓，芝麻西瓜满地捡"；"样样都懂，样样稀松"；大路货，万金油，加个不多，缺个不少。

《孙子兵法》不愧为"兵学圣典"，对这层道理有十分深刻的阐释。在它看来，即使有极大的优势，但是如果不能把好钢用在刀刃上，不讲主次，四面开花，全面受敌，撒胡椒面，那么这种优势也就像今天某些果汁饮料一样，完全稀释了，变得淡而无味，毫无口感，其优势将不复存在，所谓"备前则后寡，备后则前寡；备左则右寡，备右则左寡，无所不备，则无所不寡"。正确的方法是，在充分关照全面、有效照顾整体的同时，合理地配置有限的资源，突出重点，高明地选择战略主攻与突破方向，集中优势兵力，中心突破，以点带面，创造最经济、最优先的效益，达成自己预定的战略目标，这就是"故为兵之事，在于顺详敌之意，并敌一向，千里杀将"，"并气积力，运兵计谋，为不可测"。

正是基于这样的认识，《孙子兵法》全书既坚持全面论，更强调重点论。其所有命题，均以两点之中抓重点的方式来表述，如攻守一体，以攻为重点；奇正相生，以奇为优先；主客相对，以客为侧重；常变并行，以变为主体。"全胜""战胜"不可或缺，而以"战胜"为重中之重；"避实""击虚"相辅相成，而以"击虚"为根本选择。

《孙子兵法》这种思维模式，是符合辩证法的基本原理的，在哲学上，同一个事物内部往往存在着矛盾的两个方面，这其中，矛盾的主要方面决定着事物的性质，决定和制约着矛盾的次要方面。因此，要处理和解决矛盾，就必须从处理与解决矛盾的主要方面入手，以四两拨千斤，以抓纲而举目，从而事半功倍，水到渠成。从这个意义上说，我们不能把两点论与重点论简单地对立起来，不能让关照全局与强调中心机械地割裂开来，面对风云变幻的形势，面对千头万绪的工作，面对纷至沓来的矛盾，面对形形色色的压力，切不可不择主次平均使用力量去应对，见招拆招，而必须沉着镇静，以静制动，突出中心工作，解决关键问题，循序渐进，化整为零，真正做到"有所为，有所不为"。

3. 创新意识

任何事物的活力都来源于锐意开拓，不断创新。《孙子兵法》从本质上说是创新的过程，创新的成就。换言之，"创新"精神融入了《孙子兵法》的整个过程，是《孙子兵法》之所以能够超越其前代兵学理论，独领风骚的根本标志。

《孙子兵法》的创新包括观念的创新、战法的创新、思维的创新等多个层次、多个方面。具体而言，就是对"古代王者司马法"的创新与超越。

"古司马兵法"的军事思想，其主要特点是在战争观、治军理论、作战指导思想原则上，充分反映和贯彻"军礼"的基本精神，提倡"以礼为固，以仁为胜"；主张行"九伐之法"，"不鼓不成列"，"不杀黄口，不获二毛"；贵"偏战"而贱"诈战"，"结日定地，各居一面，鸣鼓而战，不相诈"。这正是汉代班固在《汉书·艺文志·兵书略序》中所指出的"下及汤武受命，以师克乱而济百姓，动之以仁义，行之以礼让，司马法是其遗事也"。

《孙子兵法》则完全不同，它排斥了"以礼为固，以仁为胜"的旧"军礼"传统，提出了一系列反映时代要求、迎合新的战争形势的兵学理论，用"兵以诈立""兵者诡道"取代"鸣鼓而战，不相诈"；用"掠乡分众""隳其城，毁其国"取代"不杀黄口，不擒二毛"；用"兵贵胜，不贵久""兵之情主速，乘人之不及，由不虞之道，攻其所不戒也"取代"逐奔不过百步，纵绥不及三舍"。通过这些全方位的创新，使其兵学理论成为与时俱进、满足现实的战争指导原则，实现了中国古典兵学一次具有革命性意义的飞跃。

《孙子兵法》的创新意识，对我们今天从事各项事业也同样具有深刻的启示。故步自封，墨守成规是前进道路上的最大障碍；抱残守缺，得过且过是人生进取中的致命弱点。朱熹诗云"问渠安得清如许，为有源头活水来"，要提升境界，实现升华，关键在于绝不安于现状，能够以"知昨非而今是"的健康心态，对旧的传统、旧的模式进行挑战，不落窠臼，打破常规，勇于开拓，锐于创新，做到百折不挠，一往无前。这也就是《易经·系辞》上所说的"穷则变，变则通，通则久"的道理。

当然，创新不是不着边际的胡来瞎搞，不是割裂传统的标新立异，那样，创新就成了无本之木，无源之水了，反而会未获其利而蒙其害。真正的创新，是继承与汲取传统基础上的开拓，是尊重与借鉴前人前提下的进取。在这方面，《孙子兵法》同样为我们提供了明亮的镜子，它固然汲汲于创建崭新的兵学理论，但同时也充分吸取了以往兵学的合理成分，保留了"穷寇勿迫""合师聚众"等有价值的兵学原则，从而在新与旧、常与变的结合上找到了最佳的平衡点。

4. 机遇意识

机遇指的就是时机，而所谓"时机"，在战略的层面上就是对我方行动的最有利态势，是关系战局胜负趋势的基本条件，用一句俗语做比喻，便是"时来天地共努力，运去英雄不自由"。故《将苑·应机》云："夫必胜之术，合变之形，在于机也。"

在利用"时机"问题上，一方面自然应该持重，不可忘乎所以，轻举妄动，所谓"时不至，不可强生；事不究，不可强成"；另一方面更应该善于把握战机，一旦遇上有利时机，就要求坚决利用，毫不犹豫，以避免贻误战机，葬送胜利的前景："得时无怠，时不再来"，"从时者，犹救火，追亡人也。蹶而趋之，惟恐不及"；否则便会"失利后时，反受其殃"。

《孙子兵法》的高明，在很大程度上反映为它对创造和把握机遇的重视。它主张在强大的军事实力的基础上，充分发挥将帅的主观能动性，积极创造和运用有利的作战态势，出奇制胜地打击敌人，去夺取战争的胜利。即通过"造势""任势""示形动敌"等手段，寻得最大的机遇，争取最好的条件。所谓"善战者，其势险，其节短，势如彍弩，节如发机"。而一旦捕捉到机遇，则要毫不犹豫地把握住，使之转化为胜利的果实："始如处女，敌人开阖；后如脱兔，敌不及拒"。

今天人们要在人生竞争大舞台上牢牢占据主动地位，淋漓尽致地展示自己的能力与水平，同样离不开创造和把握机遇。利益的蛋糕就这么大，而竞争者又这么多，你要想分得一杯羹，有无强烈的机遇意识是重要的先决条件。不能不切实际地幻想有天上掉馅饼的美事，扫帚不到，灰尘不会自己跑掉。天底下没有免费的午餐，与其抱怨命运，不如参与游戏，所谓"临渊羡鱼，不若退而结网"，该出手时就该出手，要知道人生的拐弯点也就这么寥寥几个，战机稍纵即逝，一旦失之交臂，再也无法追回。

当然，机遇在很多情况下也是可遇而不可求的。有时候太投入去争呀拼啊，反而会南辕北辙，适得其反。所以也要有随缘豁达的心态，顺其自然，无为而无不为，"夫唯不争，故无尤"。应懂得一个简单的真理：机遇错失，这说明事实上它并不是真正的机遇，作如是观，则释然矣。

5. 主动意识

众所周知，主动权乃是军队行动的自由权。在战场上，谁失去行动自由，谁就面临失败的危险，可见，主动权即军队命脉之所系。

孙子对这层道理早有深刻的领会，并用简洁深刻的一句话，概括揭示了牢牢掌握主动权的不朽命题："致人而不致于人"，即善于调动敌人而不被敌人所调动。我们认为这一原则是孙子制胜之道的灵魂。无怪乎《唐太宗李卫公问对》要这么说古代兵法："千章万句，不出乎致人而不致于人而已。"

为了达到掌握主动权的目的，孙子全方位、多角度阐述了相关的要领：第一，示形于敌，迷惑和欺骗敌人，使其暴露弱点，然后给予凌厉的打击。第二，"以十击一"，即集中优势兵力，果断有效地打击敌人。第三，"攻其所必救"，即正确选择作战的主攻方向。第四，"避其锐气，击其惰归"，即高明把握实施攻击的有利时机。第五，"知战之地""知战之日"，察知战场地理，了解战场天候；并采取"策""作""形""角"等手段，全面掌握敌情。第六，"兵无常势，水无常形"，因敌变化而取胜。

社会是复杂的，生活是残酷的，人性是有弱点的，竞争是充满陷阱的，田园牧歌、温情脉脉，只存在于想象之中，要避免出现"人为刀俎，我为鱼肉"的悲凉境况，就应该把命运掌控在自己的手中，《国际歌》唱得好，"从来就没有什么救世主"，对芸芸众生而言，最好的选择就是：求人不如求己。而要掌控自己的命运，最重要的就是必须具备主动意识，即像孙子所说的那样"先处战地而待敌"，"致人而不致于人"。一方面尽可能增强自己的竞争实力，增加自己的竞争资本，把自己的这块"蛋糕"做大，取得话语权；另一方面则应该审时度势，张弛有道，选择最合适的方式参与人生的竞争，以相对小的代价换取最大的利益，实现利益的最大边际化，四两拨千斤，予取予求，随心所欲而不逾矩，真正达到"战胜不复，而应形于无穷"的理想境界。

6. 优势意识

所谓优势意识，也就是实力意识。在军事斗争中，奇谋妙计固然占有举足轻重的位置，但从根本上讲，强大的军事实力才是真正决定战争胜败天平上的砝码。因为不仅"伐兵""攻城"离不开一定的军事实力的巧妙运用，就是"伐谋""伐交"也必须要以雄厚的军事实力为后盾。综观古今中外的战争历史，无一不是力量强大的一方战胜力量弱小的一方，即使本来是弱小的一方，要最后战胜力量强大的一方，也是由于通过各种途径，逐渐完成强弱态势的转换，使自己的力量最后从总体上超过了最初力量强大的一方而实现的，这是战争活动的客观规律。

孙子对这一问题有着清醒的认识，全面系统地论述了军事实力在战争中的地位和作用，以及军事实力运用的原则和实力建设的方法、途径诸问题。具体地说，"先为不可胜""胜兵先胜而后求战"是实力政策；"守则不足，攻则有余"，即"强攻弱守"是对实力的战略运用；"修道而保法"是发展军事实力的基本原则，而"善战者之胜也，无智名，无勇功""胜于易胜"则是实现实力政策所要达到的上乘境界。孙子认为，战争指导者必须依据敌我双方物质条件的优劣，军事实力的强弱，灵活采取攻守两种不同形式，"以镒称铢"，"决积水于千仞之谿"，以达到在战争中保全自己、消灭敌人的目的。

《孙子兵法》注重实力，强调优势的强烈意识，很显然完全可以作为我们今天从事社会竞争、参与人生角逐的有益借鉴。俗话说，鸡蛋碰石头，自不量力，一败涂地；相反，石头砸鸡蛋，则所向披靡，稳操胜券。说明轻重不均，优劣悬殊，则胜负立判，输赢铁定。要赢得主动，争取成功，没有强大的实力，没有充足的优势，不啻是痴人说梦。所谓"善战者，立于不败之地，而不失敌之败也。"因此，个人要出人头地，企业要笑傲江湖，国家要和平崛起，最大的自觉就在于拥有强烈的优势意识，强化硬实力与软实力的建设，做到"胜兵先胜而后求战"，避免"败兵先战而后求胜"。

当然，在形成与强化优势的过程中，为了避免陷入树大招风的困境，必须"形人而我无形"，"形兵之极，至于无形"，巧妙掩饰自己的战略企图，韬光养晦，知雄守雌。同时，任何优势都是相对的，"尺有所短，寸有所长"，这时就应该善于"避实以击虚"，扬长而避短，以自己的长处去对付对手的软肋，而尽量保护好自己的软肋，不要洞开大门，让对手有机可乘，从而使得自己固有的优势得到最充分的利用和发挥，成为竞争中真正的强者，一直笑到最后！

7. 偏锋意识

另类思维，剑走偏锋，往往能起到特殊的效果，达成意外的收获，此所谓"攻其无备，出其不意"。

《孙子兵法》之所以能享有"百世谈兵之祖"的美誉，一个重要的原因，就是它往往不按常规出牌，常常有出人意表的哲理阐发。例如，有关军队法规制度的实施，通常的做法应该是，照章办事，令行禁止。《孙子兵法》承认与强调这一规则，但它又认为，仅仅如此，还是不足以打造一支所向无敌的军队的，在特定条件下，必须剑走偏锋，另出奇招，有变通，有另类。所以，它又提倡"施无法之赏，悬无政之令"，意谓为了激发士卒的杀敌之心，必要时就要施行超出惯例的奖赏，法外施恩，颁布不合常规的命令，莫测高深。又如，军队驻扎与布阵，通常的处理当然是"前左水泽，右背高陵"，"前死后生"，但是在特殊情况下，却要反其道而行之："投之亡地然后存，陷之死地然后生"。再如，有关军队的人员优势问题，既一再提倡要占有数量上的绝对优势，"十则围之，五则攻之"，"以十击一"，又不机械对待，主张精减与压缩人员，"兵非益多也，惟无武进，足以并力、料敌、取人而已"。所以，剑走偏锋，另类思维，是《孙子兵法》思维理性的显著特征之一。

这种偏锋意识，无疑是我们今天应该借鉴的。没有规矩，不成方圆，这固然是处理问题的重要原则；然而，别出心裁，出奇制胜，更常常是达到目标的有效手段。陆游诗云："山重水复疑无路，柳暗花明又一村"，日常社会生活中，往往有"有意栽花花不发，无心插柳柳成荫"的现象，这时候，就需要人们跳出常规思维的窠臼，用反向思维、另类思维对待事物，处理问题，另辟蹊径。切忌因拘泥经验、恪守规矩而瞻前顾后，患得患失，优柔寡断，投鼠忌器，以至于错失良机，葬送前程。更不应该丧失定见，随波逐流，一窝蜂去效仿时尚，追逐潮流，人云亦云，亦步亦趋。

8. 忧患意识

《孙子兵法》的文化精神中，还有一个常为人们所忽略，但却十分重要的内涵，这就是强烈的忧患意识。

中国古代的哲人，尤其是那些堪称思想巨人的大师，都有一种非常可贵的传统，即朝乾夕惕，忧患系心。孟子尝言："无敌国外患者，国恒亡"，又说"人生于忧患，死于安乐"。孙子作为伟大的兵学家，对兵凶战危尤有切身的体会，因此，忧患意识在他的身上特别充沛。一部《孙子兵法》自始至终在字里行间渗透着"慎战节兵"的价值取向，洋溢着"以战止战"的文化理念。

这种忧患意识不仅笼罩在战争观、战略论的层面，而且也反映在具体作战指导的细节上，不仅在战争之前、战争之中有鲜明的体现，而且在战争善后问题上也有突出的表露；不仅在处于逆境情况下一再强调，而且在处于顺境条件下也反复重申，像"兵者，国之大事，死生之地，存亡之道，不可不察也"；像"夫钝兵挫锐，屈力殚货，诸侯乘其弊而起，虽有智者，不能善其后矣"；像"夫战胜攻取，而不修其功者，凶。命曰费留"等等格言，均是其厚重忧患意识的集中流露，反映了一位优秀思想家对国家安危、民众存亡乃至人类命运的终极关怀。也正是由于《孙子兵法》具有强烈的忧患意识，它才超越了普通的兵书层次，而升华到了哲学理论的高度。

这种忧患意识，是值得今天的人们倍加珍视，积极弘扬的宝贵遗产。《礼记·曲礼上》有言，"敖不可长，欲不可从，志不可满，乐不可极"，它提醒人们最大的危险，来自于志满意得，放松警惕，沾沾自喜，无所用心，让胜利冲昏头脑，让太平消磨斗志，从而忘记了"反者，道之动""祸兮，福之所倚；福兮，祸之所伏"的简单道理。

北宋周敦颐《爱莲说》中有两句名言："出淤泥而不染，濯清涟而不妖。"这实际上表述的是和《孙子兵法》一样的忧患意识，告诉的是人们在不同环境下如何做人、怎么处世的深刻含义。其中"出淤泥而不染"所表达的是，一个人不屈服于恶劣的环境，自尊自强，从逆境中奋起，从挫折中进取。而"濯清涟而不妖"，则是喻指为人在顺境中始终保持头脑的冷静和清醒，不忘乎所以，脚踏实地继续前进。

从某种意义上说，一个人做到"出淤泥而不染"的确难能可贵，然而要做到"濯清涟而不妖"则更是大的考验。无论是在历史上，还是在现实中，都有这么一些人，当他们在名微位卑之时，往往能锐意进取，自强不息，最终成就一番气象。然而，当其战胜逆境，走出困厄，功成名就之后，却踌躇满志，忘乎所以，贪图安逸，追名逐利，徜徉于温柔之乡，沉湎于酒肉之林，甚至于巧取豪夺，与民为敌，彻底背叛自己的过去，堕落为不齿的人渣。

由此可见，一个人在逆境中奋斗、自强固属不易，而在顺境中自重、进取实则更难。只有具有强烈忧患意识的人，才能够跨越这个巨大的陷阱，实现人生的升华。这就如同《孙子兵法》中所说的那样："夫智者之虑，必杂于利害。杂于利而务可信也，杂于害而患可解也。"

所以，对所有人而言，忧患意识都是不可或缺的。人们既要善于从逆境中奋起，更要能在顺境之中善始善终，戒骄戒躁，"战战兢兢，如履薄冰"。这才是做人处世的理想境界，也是我们今天领略《孙子兵法》精辟哲理时所应该具备的现代意识。

五、历史地位与影响

明代兵书《投笔肤谈》认为："《七书》之中，惟《孙子》纯粹，书仅十三篇，而用兵之法悉备。"应该承认，这是一句非常允当的评语。《孙子兵法》堪称古代军事理论的集大成者，构筑了古典军事理论的框架，使后世许多兵学家难以逾越。后世的军事理论建树，多是在《孙子兵法》基本精神与原则的指导下进行的。《孙子兵法》对后世军事理论的影响，主要有下列几点：

历史上袭用和征引《孙子兵法》文字和句意，作为自己兵学理论依据的现象非常普遍。兵学家、思想家在相关著作中征引《孙子兵法》文句的，可以举出《吴子》《孙膑兵法》《尉缭子》《鹖冠子》《战国策》《吕氏春秋》《淮南子》《潜夫论》等。至于唐代的《唐太宗李卫公问对》，宋代的《百战奇法》，明代的《登坛必究》《投笔肤谈》等，那更是或全书或单篇以发挥《孙子兵法》的原理来申论自己的学术观点。以《吴子》为例，其暗用、明引、袭抄《孙子兵法》文字和思想者，就有十多处。可以这么说，中国古代兵书，不但精神上是《孙子兵法》的孳乳，而且在外貌上也打上了《孙子兵法》的烙印。①

对《孙子兵法》所提出的基本军事范畴的继承和发展。《孙子兵法》

---

① 参见黄朴民：《孙子兵法在历史上的地位与影响》，《文史知识》1991 年第 8 期。

在军事理论建树上的突出点之一，是基本形成了一整套独特的反映军事理论认识对象的范畴，诸如虚实、奇正、主客、形势、攻守、迂直、众寡等。后世兵学家在构筑自己兵学体系的过程中，无不借用这些基本军事范畴来阐述自己的军事思想。同时，他们也根据新的历史条件，借鉴历史上的战争经验，通过缜密的独立思考，丰富和发展孙子所规定的军事范畴。"奇正"的缘起和充实，即是明证。奇正，作为范畴最早出于《老子》，"以正治国，以奇用兵"。但真正把它用于军事领域并作系统阐发的，则是《孙子兵法》，即"凡战者，以正合，以奇胜"，"战势不过奇正，奇正之变，不可胜穷也"。奇正的含义，显然是指兵力的使用（用正兵当敌，用奇兵取胜）和战术的变换（奇正相生，奇正相变）。孙子确立的"奇正"这一范畴，后世兵家无不奉为圭臬，广为沿用和阐述。如《孙膑兵法·奇正》说："形以应形，正也；无形以制形，奇也。"① 《尉缭子·勒卒令》说："正兵贵先，奇兵贵后。"曹操《孙子注》说："正者当敌，奇兵从旁击不备也。"前者是孙子"奇正"第二层意思的表述，后两说则是孙子"奇正"第一层意思的阐释。而到了《唐太宗李卫公问对》那里，"奇正"范畴则有了新的发展。它对"奇正"的论述更完备，分析更透彻，提出了一个重要论断："善用兵者，无不正，无不奇，使敌莫测。故正亦胜，奇亦胜。"② 这比《孙子兵法》的"奇正"理论显然更全面、更深刻，但它依旧是祖述和发展《孙子兵法》"奇正"观点的逻辑结果。

对后世兵书编修风格与体裁的广泛影响。《孙子兵法》阐述兵理极具特色，突出的特点是舍事而言理，词约而义丰，具有高度的哲理色彩和抽象性。后世兵书祖述《孙子兵法》，很自然形成了以哲理谈兵的历史传统。如《孙膑兵法》《吴子》《尉缭子》《六韬》《黄石公三略》《唐太宗李卫公问对》《阵纪》《兵经百篇》《草庐经略》《投笔肤谈》等著名兵书都以哲理性强而著称。一些大型综合性兵书如《武经总要》《武备志》等也收录了很丰富的军事理论内容。即使那些阵法、兵器等技术型兵书，也大都以理论为纲，进行编纂，从而形成了中国兵书"舍事言理"或"以理系事"的

---

① 《孙膑兵法》，文物出版社 1975 年版。

② 《唐太宗李卫公问对》卷上。

创作风格。至于编修形式上，后世兵书亦多有模仿《孙子兵法》者，如《投笔肤谈》即"仿《孙子》遗旨，出一隙之管窥，谬成十三篇"。[①]

《孙子兵法》对后世军事的深远影响也表现在战争实践之中。中国古代历史上创造的众多以弱胜强、以少克多的战例，有不少是人们活用和暗用《孙子兵法》的结果。像战国时期的齐魏桂陵、马陵之战，显然是孙膑借鉴运用孙武"避实击虚""用而示之不用"诸原则的杰作；像秦汉之际韩信背水布阵攻灭赵国，即系灵活运用孙武"置之死地然后生"思想的手笔；像三国时期邓艾偷渡阴平灭蜀汉之举，可视为对孙子"攻其无备，出其不意"，"以迂为直，以患为利"理论淋漓尽致的发挥；像努尔哈赤对明军的萨尔浒之战，则无疑是孙子集中兵力"并敌一向"用兵艺术的实战诠释。唐代杜牧在其《注孙子·序》中说："孙武所著十三篇，自武死后几千载，将兵者，有成者，有败者，勘其事迹，皆与武所着书一相抵当，犹印圈模刻，一无差跌。"这话虽不免有些绝对化，但古往今来为将者莫不视《孙子兵法》为"兵经"，重视其实战功效，这确是事实。战争无论胜负，我们大都可以从《孙子兵法》中找到个中某些原因。

正因为《孙子兵法》一书具有巨大的军事学术价值和崇高的历史地位，后世兵家对它的肯定和赞誉史不绝书。这类盛誉就其性质而言可以划分为两个基本大类。第一类是对《孙子兵法》全书作基本概括的评价，从总体上把握它的学术价值和深远意义。古人在这方面的言辞实在不胜枚举，这里我们只能挂一漏万地做些介绍，用以再现古人心目中的"孙子"观。

早在三国时期，曹操《孙子注序》曾说："吾观兵书战策多矣，孙武所著深矣。"与曹操同时代的蜀汉丞相诸葛亮也说："战非孙武之谋，无以出其计远。"[②]唐太宗李世民对《孙子兵法》更是推崇备至，据《唐太宗李卫公问对》记载，他曾由衷赞叹："深乎，孙氏之言！""观诸兵书，无出孙武。"宋代人对《孙子兵法》予以高度评价的，更不在少数，如苏洵认为："《孙子兵法》其书，论奇权密机，出入神鬼，自古以兵著书者罕所及……辞约而义尽，天下之兵说皆归其中矣。"[③]陈直中在《孙子发微》中也说：

① 西湖逸士：《投笔肤谈引》。
② 诸葛亮《便宜十六策》，《诸葛亮集》，上海人民出版社 1975 年版。
③ 《嘉祐集·孙武论》。

"自六经之道散而诸子作，盖各有所长，而知兵者未有过孙子者。"明代抗倭名将戚继光于《纪效新书·自序》则这样赞美《孙子兵法》："孙武之法，纲领精微，为莫加焉。第于下手详细节目，则无一及焉，犹禅家所谓上乘之教也。"明代王世贞对《孙子》的评价是：《孙子》十三篇，其精切事理，吾以为太公（姜太公）不能过也。"①而明代李贽甚至把他不能广泛传授《孙子兵法》视为终身遗憾，说："吾独恨其不能以《七书》与《六经》合而为一，以教天下万世也。"②

从上面所征引的古人评论来看，人们对《孙子兵法》在军事史上的重要地位是有深刻认识的，普遍将其书视为历史上的兵学鼻祖而充分肯定和推崇，这是客观的看法，也是经受过历史实践检验的结论。

后世兵家对《孙子兵法》的第二类盛誉，表现为在把握其书总体情况基础上，对孙子某些基本原则和观点的评述和肯定。诸葛亮说："孙武所以能制胜于天下者，用法明也。"③这里就是突出赞扬孙子的治军思想。李世民指出："孙武十三篇，无出虚实。"李靖认为："千章万句，不出乎'致人而不致于人'而已。"④这里所特别强调的是《孙子兵法》的制胜之道，把"避实击虚"，掌握主动权看成是用兵艺术的精髓所在。戴望溪评《孙子兵法》，有云："孙武之书十三篇，众家之说备矣。奇正、虚实、强弱、众寡、饥饱、劳逸、彼己、主客之情状，与夫山泽、水陆之阵，战守攻围之法，无不尽也。微妙深密，千变万化而不可穷。"⑤其对孙子其人其书的肯定，着眼点也在于孙子的主要兵学范畴和作战指导上。梅国桢认为："孙子之言曰：奇正之变，不可胜穷也；又曰：微乎微乎，至于无形，神乎神乎，至于无声。合而言之，思过半矣。"⑥这里梅氏是把"奇正之变"和"因敌制胜"看成为《孙子兵法》的要旨妙道的。他指出，只要真正理解和掌握了这些原则，那就等于完全认识了《孙子兵法》的兵学理论，便可在复

① 《读书后·书司马穰苴·孙武传后》。

② 《孙子参同·自序》。

③ 《三国志·蜀书·马良传附马谡传》裴松之注引《襄阳记》。

④ 《唐太宗李卫公问对》卷中。

⑤ 《将鉴论断·孙武》。

⑥ 《孙子参同·序》。

杂的战争中无往而不胜。

　　以上所引，主要是后人对《孙子兵法》某些原则的看法和评价。与第一类评价高屋建瓴，立足于总体把握《孙子兵法》地位与影响的侧重点不同，它们乃是从更具体、更深层的方面对《孙子兵法》主要价值的挖掘和总结，是关于《孙子兵法》内在哲理的更细致的探索，充分反映了人们对《孙子兵法》认识的深度和广度。应该承认的是，这些评价者的目光十分犀利，他们基本上领悟了《孙子兵法》全书的主旨，从而揭示了其主要价值。因为，他们所涉及的命题，在今天看来，恰恰是《孙子兵法》中能够超越时空的精华部分。

　　明代茅元仪在《武备志·兵诀评序》中指出："前孙子者，孙子不遗；后孙子者，不能遗孙子。"这段话很好地概括了《孙子兵法》在历史上的地位和意义。作为中国古代兵学宝库的一笔珍贵遗产，《孙子兵法》是不朽的。

　　进入近现代以来，《孙子兵法》的地位和影响并没有因社会历史条件的变化而有所下降。恰恰相反，它受到了更大的尊崇，影响更加扩大，应用更加普遍。

　　伟大的中国革命先行者孙中山就非常崇敬古代兵家的思想，将《孙子兵法》尊为军事智谋的理论源泉，指出"就中国历史来考究，二千多年前的兵书，有十三篇，那十三篇便成立中国的军事哲学"[①]，从而充分肯定了《孙子兵法》一书的历史地位。

　　毛泽东最注重总结、继承前人的有益经验，并能结合新的形势和条件加以创造性的发展。在研究和运用《孙子兵法》方面，同样体现了这位伟大战略家、思想家的特点。他高度重视《孙子兵法》，指出："中国古代大军事学家孙武子书上'知彼知己，百战不殆'这句话，是包括学习和使用两个阶段而说的，包括从认识客观实际中的发展规律，并按照这些规律去决定自己行动克服当前敌人而说的，我们不要看轻这句话。"[②]他又说："孙

<hr />

① 《孙中山选集》第 672 页，人民出版社 1981 年版。

② 《中国革命战争的战略问题》，见《毛泽东选集》，2 版，第 1 卷，第 182 页，人民出版社 1991 年版。

子的规律，'知彼知己，百战不殆'，仍是科学的真理。" 观察他的军事著作和指导战争的具体实践，我们可以知道毛泽东对《孙子兵法》的掌握和运用已完全达到了炉火纯青、出神入化的境界，这标志着中国军事思想水平达到了前所未有的高度。

其他中国共产党阵营的军事家，如刘伯承、叶剑英元帅等人，对《孙子兵法》也有非常精深的研究和十分透彻的理解。如刘伯承就发表过这样精辟的见解："《孙子兵法》这部兵法，是研究指导战争最普遍规律的著作……正兵和奇兵，是辩证的统一，是为将者必须掌握的重要法则。奇中有正，正中有奇，奇正相生，变化无穷。" 他们把《孙子兵法》中具有生命力的原则创造性地应用于战争实践，为中国共产党最终夺取全国政权作出了重大的贡献。

《孙子兵法》虽是一部军事著作，但它的影响却并不仅仅囿于军事领域。在哲学思想发展史上，《孙子兵法》包含有丰富的朴素唯物论和辩证法思想，成为中国古代辩证法的源头之一，并且以其特有的理性精神影响着古代辩证法的发展。《孙子兵法》中许多矛盾概念如奇正、虚实、动静、主客等，丰富了古代的哲学范畴，为历代哲学家所重视和阐发。同时，《孙子兵法》"舍事言理"的思维模式，也与诸子（《老子》例外）说理广征博引典故和史实的方式有异，体现了很高的形而上逻辑思辨特色。所以，在其他领域，《孙子兵法》也形成了深刻影响。比如，对古代商业活动、中医、文学和围棋等，都产生了相当大影响。

在现代社会生活中，《孙子兵法》的哲理启示与文化借鉴的意义更为显著。因为它所揭示的实事求是、关照全局、预测发展、掌握情况、权衡利害、辩证分析、主动积极、扬长避短等基本原理和思想方法，始终是我们在从事各项工作时所必须遵循的认识路线和指导原则。特别是在外交、经济、体育这些竞争激烈、变化迅捷的社会领域，尤其需要当事者寻找主客观结合的契机，从实际出发，发挥主观能动性，在复杂多变的环境中应变自如，游刃有余，稳操胜券，有所建树。在这种情况下，《孙子兵法》

① 《论持久战》，见《毛泽东选集》，2 版，第 2 卷，第 490 页，人民出版社 1991 年版。
② 转引自陶汉章：《孙子兵法概论》，第 27 页，解放军出版社 2002 年第 6 版。

总揽全局、综合比较、求实超前的战略运筹理论和辩证能动、因利制权的作战指导思想就可以被引入这些社会领域，对其实践活动产生影响，给人们以思想方法上的极大启迪。[①] 正是在这样的意义上，近年来《孙子兵法》在企业管理、商业经营、体育竞技等领域大显身手，掀起一阵阵"孙子热"。这可以看作是《孙子兵法》在当今社会生活中宝贵价值的又一种具体体现，同时也预示着《孙子兵法》的生命力必将永远旺盛，生生不息！

① 参见黄朴民:《〈孙子〉的真伪、著录、版本及价值》，载（中国台湾）《中国书目季刊》，1994 年第 2 期。

计 篇

孙子曰：兵者，国之大事，死生之地，存亡之道，不可不察也。

故经之以五事，校之以计而索其情。一曰道，二曰天，三曰地，四曰将，五曰法。道者，令民与上同意也，故可以与之死，可以与之生，而不畏危。天者，阴阳、寒暑、时制也。地者，远近、险易、广狭、死生也。将者，智、信、仁、勇、严也。法者，曲制、官道、主用也。凡此五者，将莫不闻，知之者胜，不知者不胜。故校之以计而索其情，曰：主孰有道？将孰有能？天地孰得？法令孰行？兵众孰强？士卒孰练？赏罚孰明？吾以此知胜负矣。

将听吾计，用之必胜，留之。将不听吾计，用之必败，去之。

计利以听，乃为之势，以佐其外。势者，因利而制权也。

兵者，诡道也。故能而示之不能，用而示之不用，近而示之远，远而示之近，利而诱之，乱而取之，实而备之，强而避之，怒而挠之，卑而骄之，佚而劳之，亲而离之。攻其无备，出其不意。此兵家之胜，不可先传也。

夫未战而庙算胜者，得算多也；未战而庙算不胜者，得算少也。多算胜，少算不胜，而况于无算乎！吾以此观之，胜负见矣。

【题解】

本篇是《孙子兵法》十三篇的首篇，具有提纲挈领的作用，主要论述战争指导者如何在战前筹划战争，在战争过程中怎样实施高明作战指挥的问题。孙子从"兵者，国之大事，死生之地，存亡之道"这一基本认识出发，强调通过对敌我双方现有客观条件——"五事七计"的考察比较，对战争胜负做出合乎实际的预测，合理制定战略决策。孙子主张在把握敌我双方政治、经济、军事及天时、地利诸条件的基础上，充分发挥战争指导者的主观能动性，在作战中遵循和贯彻以"利"为宗旨的"诡道十二法"，"攻其无备，出其不意"，通过积极的"造势"和合理的战术，牢牢地掌握主动权，实现克敌制胜的战略目标。

本篇篇题，宋本《武经七书·孙子》（简称"武经本"）作"始计第一"。所谓"计"，是预计、计算的意思，这里指战前的战争预测与战略谋划。

【原文】

孙子曰：兵[1]者，国之大事[2]，死生之地[3]，存亡之道，不可不察[4]也。

【注释】

〔1〕兵：本义指兵械，后引申为兵士、军队、战争等，此处作战争、军事解。

〔2〕国之大事：意谓国家的重大事务。《左传·成公十三年》："国之大事，在祀与戎。"

〔3〕死生之地，存亡之道：意谓战争直接关系到军民的安危，国家的存亡。

〔4〕不可不察：察，考察、研究。不可不察，意指不可不仔细审察，谨慎对待。

计

篇

古人眼中的"大事"：战争与祭祀

《计篇》全文300余字，是十三篇的第一篇，同时也是最为重要的一篇。因为这一篇提纲挈领地把全书的中心思想提出来了。《孙子》十三篇讲什么，**就是讲战争问题，研究战争之法，其中心思想就是"先计而后战"**。其实，《计篇》的中心思想也是这个。《计篇》的基本思想由两个部分所组成，一是战争的筹划理论，二是战争的实施方法。前者是"体"，后者是"用"，"体"与"用"有机结合，相得益彰，相辅相成，从而奠定了孙子兵学体系的坚实基础。

在《计篇》，作者在开篇便强调战争是"大事"：战争是国家的大事，它关系着人民的生死和国家的存亡，不可不认真考察仔细研究。

"大事"一词是人们容易忽略的一个词语。实际上，在中国古代，这不是普通词语，而是具有特定内涵的政治术语。今天，举凡比较重要的事情都可以叫大事，大事也经常变更，但在孙子所处的时代，所谓"大事"是相对固定的，具有特指意义。

《左传·成公十三年》说："国之大事，在祀与戎。"这就是说，古代的国家大事只有两件：祭祀和战争。君主在宗庙祭祀先祖，看起来似乎是迷信，实则是一项重大的政治活动，它等于告诉祖先，政权依然在手，国家仍然存在。司马迁的父亲，因为汉武帝祭祀泰山没带他去，所以非常郁闷，得了重病，不久之后居然去世了。由此可见，古人是把祭祀看得非常重的。

在宗法社会，祠堂也是一个代表着权力的地方。在电影《白鹿原》中，黑娃因为进不了祠堂，他不能参加祭祀活动，同时也不能和田晓娥结婚，这在黑娃的父亲眼里就是非常丢脸的事情。当然，黑娃最后带领一帮人砸掉祠堂，这也是预示着一个崇尚祭祀的时代宣告结束。随着这个时代的结束，中国人无法无天，藐视祖宗，藐视宗族权力，甚至藐视一切权力，这种敬畏之心的缺失会造成很多的社会问题。在今天，我们可以越发看出其中的弊端和危害。

除了祭祀之外，另外一件大事便是战争。战争和祭祀不一样，祭祀在近代之后慢慢不被人们当成大事了，但战争自始至终都是大事。无论什么朝代，战争问题都是关系君主的生死和国家的存亡，所以它始终是一件大事。正是在这个层面上，古人才把战争与祭祀同列为国家的头等大事。

孙子在开篇就点出这一层利害，是要告诉别人，他开始严肃地探讨战争之法，而且他一定是经过深思熟虑，才写下这些战争理论的。因为是"大事"，他不能不慎重对待，仔细研究，认真钻研。这么一认真，便有了杰出的十三篇兵法的诞生。

战争是大事，这一层道理，本来不用多说，但是孙子担心别人缺乏正确认识，还是给予了特别强调。也正是基于这一认识，孙子才说出"不可不察"这样的话语出来。一个"察"字，反映出了孙子对于战争问题的慎重态度，同时也引出了下面"五事七计"的战争分析理论，也即"庙算"。

【原文】

故经之以五事〔1〕，校之以计而索其情〔2〕。一曰道〔3〕，二曰天，三曰地，四曰将，五曰法。道者，令民与上同意也〔4〕，故可以与之死，可以与之生，而不畏危〔5〕。天者，阴阳、寒暑、时制〔6〕也。地者，远近、险易、广狭、死生〔7〕也。将者，智、信、仁、勇、严〔8〕也。法者，曲制、官道、主用〔9〕也。凡此五者，将莫不闻，知之者胜，不知者不胜〔10〕。故校之以计而索其情，曰：主孰有道〔11〕？将孰有能〔12〕？天地孰得〔13〕？法令孰行〔14〕？兵众孰强〔15〕？士卒孰练〔16〕？赏罚孰明〔17〕？吾以此知胜负矣。

【注释】

〔1〕经之以五事：经，度量、衡量的意思。此句意谓要从五个方面分析、预测战争胜负的可能性。

〔2〕校之以计而索其情：校，衡量、比较。计，指下文所言"主孰有道"等"七计"。索，考索、探索。情，情势、实情，也可理解为规律。

〔3〕道：本义是道路，后引申为事理、规律、方法等。此处的含义是指社会政治条件，尤指人心向背。

〔4〕令民与上同意也：令，使、教的意思。民，普通民众、老百姓。上，君主、统治者。意，意志、意愿。同意，同心同德。

〔5〕可以与之死，可以与之生，而不畏危：意谓民众与统治者一条心，乐于为君主出生入死而毫不畏惧危险。不畏危，不害怕恐惧危险。汉简本"不畏危"作"弗诡也"。"弗诡"意即无疑贰之心。有人释"弗诡"为"不敢违抗"，于义亦通。

〔6〕阴阳、寒暑、时制：阴阳，指昼夜、晴晦等天时气象的变化。寒暑，指寒冷、炎热等气温差异。时制，指四时季节的更替。

〔7〕远近、险易、广狭、死生：远近，指作战区域的距离远近。险易，指地势的险厄或平坦。广狭，指战场面积的宽阔或狭窄。死生，指地形条件是否利于攻守进退。死即死地，进退两难的地域；生即生地，易攻能守之地。

〔8〕智、信、仁、勇、严：智，足智多谋，计出万端。信，赏罚有信，令行禁止；仁，爱抚士卒，关怀百姓。勇，英勇善战，杀敌致果；严，严于律己，执法必严。凡此五德，孙子认为是作为优秀将帅所必须具备的基本素质。

〔9〕曲制、官道、主用：曲制，有关军队的组织编制、通信联络等具体制度。官道，指各级将吏的管理制度。主用，指各类军需物资，如车马兵甲、衣装粮秣的后勤保障制度。钱基博认为，主用"属于军令，指中枢之指挥策动而言"，与曹操等传统注家不同。

〔10〕将莫不闻，知之者胜，不知者不胜：闻，知道、了解。知，深切了解之意。

〔11〕主孰有道：指哪一方国君为政清明，拥有广大民众的支持。主，君主、统治者。孰，疑问代词，谁，这里指哪一方。道，有道，政治清明。

〔12〕将孰有能：哪一方的将领更有才能。

〔13〕天地孰得：哪一方拥有天时、地利。张预注："观两军所举，谁得天时、地利。"

〔14〕法令孰行：哪一方能对法令规章加以认真执行。

〔15〕兵众孰强：哪一方兵械铦利。兵，这里指兵械。也有注家认为，"兵"为军队，但是下文孙子即论"士卒"，不当犯重复。

〔16〕士卒孰练：哪一方的军队训练有素。练，娴熟。

〔17〕赏罚孰明：哪一方的奖惩能做到公正无私。

【精解】

孙子对战略要素的优劣分析法："五事七计"

孙子将决定战争胜负的基本要素概括为五个：道、天、地、将、法。"道"是政治条件，就是国内政治清明，上下和谐，在战争问题上，使高居庙堂的统治者和身处草莽的老百姓达成共识，心往一处想、劲往一处使，至少也要做到不唱反调，有意作梗。"天"与"地"，都是讲战争的自然环境，要拥有有利的天时、地理条件，把握住战场的主动权。"将"，讲的是军队的统帅问题。将帅作为一支军队的灵魂，他的素质才能直接关系着军队战斗力的发挥，正所谓"兵熊熊一个，将熊熊一窝"，"置将不慎，一败涂地"，所以它理所当然成为衡量双方军事实力，预测战争胜负的重要因素。至于"法"，同样十分重要，合理的编制，协调的合成，有力的保障，适宜的赏罚，是任何军队从事军事活动过程中须臾不可缺少的环节。我们很难设想，一群乌合之众，没有法纪的约束，做不到令行禁止，单凭血气之勇，而能成就大事的。在这个意义上，三国时期大政治家、军事家诸葛亮才这么说："有制之兵，无能之将，不可以败；无制之兵，有能之将，不可以胜。"[1] 所以，孙子把健全军队法制看作是克敌制胜的基本保证。

近代普鲁士著名军事理论家克劳塞维茨在其不朽著作《战争论》中，曾把"决定战斗的运用的战略要素"，区分为"精神要素、物质要素、数学要素、地理要素和统计要素"[2]。孙子的"五事"实际上已经包含了克氏所列举的战略诸要素，进入了宏观的大战略思维层次，树立了全局意识，这一点足以说明他的战前预测和运筹是高于一般军事家的。美国著名战略学家柯林斯说：大战略是在各种情况下运用国家力量的一门艺术和科学，如果单凭武力那将是十分愚蠢的。只有政治、经济、文化、心理、外交、

---

① 《诸葛亮集·兵要》，中华书局 1960 年版。

② 克劳塞维茨：《战争论》，军事科学院译，第一卷，第 185—186 页，商务印书馆 1978 年版。

计

篇

社会全方位地配合起来,有机结合才能最终赢得战争的胜利。^①孙子的"五事"衡量法,说到底就是一门正确运用"国家力量"的艺术和科学,立足于军事,又不局限于军事,而是讲道、天、地、将、法等综合因素,是综合能力的一种凝聚和归纳。这作为真正的高明算法,印证了一条普遍的战略原则:"不足谋全局者,不足以谋一域。"因为全局能决定局部的成功与得失,而局部的成败或得失有时并不能对全局起决定性的影响。**孙子的"五事"的奥秘正在于用全局的观点来参与战争这一残酷游戏。**

如果说"五事"的重心在于战前全面了解敌我双方的基本战略要素,**那么,孙子讲"七计"的宗旨则在于对这些战略要素的优劣进行仔细周密的考察比较,"较之以计而索其情"。**看一看究竟哪一方君主政治清明?哪一方将帅素质优秀更有才能?哪一方拥有有利的天时地利条件?哪一方法令能够贯彻执行?哪一方武器装备坚利精良?哪一方士卒训练有素、骁勇善战?哪一方赏罚令行禁止公正严明?正确估量敌我双方的态势,在此基础上做出正确的判断,定下正确的决心,制定正确的作战方案。

从历史上的战争实践来看,孙子"五事七计"、预见胜负的战略运筹思想,的确是定谋决策、用兵打仗的客观基础,就像唐代杜牧所说:"孙武所著十三篇,自武死后几千载,将兵者,有成者,有败者。勘其事迹,皆与武所著书一相抵当,犹印圈模刻,一无差跌"^②。这是一个带有普遍性的军事规律,具有强大的生命力的思想体系,可以举出无数个具体战略决策的例子来说明问题。比如"汉中对"中,深富韬略的韩信为刘邦全面算计了军事斗争的得失前景,透彻分析了楚汉双方的战略态势,充分验证了孙子"多算胜,少算不胜"的论断。东汉末年曹操抗击袁绍的官渡之战的战略决策中,曹操和他的部属们从双方主帅、将领、政策、武器装备、士兵素质、组织纪律,以至赏罚等各个方面作了详尽的对比分析后,一致预测出这样的结论:整个形势有利于自己一方而不利于对手袁绍。在这一战略预测的基础上,曹操在官渡之战中笑到最后。这是他遵循孙子"五事七计"战略预测和运筹思想的精神,算得精细的自然结果。

---

① (美)约翰·柯林斯:《大战略》,第43页,中国人民解放军军事科学院(内部参考本)。
② 杜牧:《注孙子·序》。

【原文】

将听吾计[1]，用之必胜，留之。将不听吾计，用之必败，去之[2]。

【注释】

〔1〕将听吾计：将，助动词，读作"江"（jiāng），表示假设，意为假如、如果。《左传·昭公二十七年》："令尹将必来辱，为惠已甚。"如此，则本句意为：如果能听从、采纳我的计谋。十家注多作此解。又一说，"将"在这里当作名词解，读作"匠"（jiàng），即将领。两说相较，当以前说为善。听，依从、遵从的意思。

〔2〕去之：去、离开。

【精解】

<h3 style="text-align:center">孙子的"保证书"</h3>

关于孙武的生平事迹，《史记》记载得稍微详细一些。据《史记》记载，孙武虽是齐国人，却并未守在父母之邦，而是远走他乡，来到吴国建功立业。不知何时，孙武完成了《孙子》十三篇的写作。随后，他因为这十三篇兵法呈递吴王阖闾，受到吴王召见。这之后，便是著名的"吴宫教战"的故事发生，阖闾由此知道孙武很有军事才能，因此任命他为将军。孙子在拜将之后，协助伍子胥伐楚，并获得五战五胜的佳绩，吴王由此成为霸主。

所谓"小试勒兵"，更多人称之为"吴宫教战"，说的是孙武将吴王宫中一群弱不禁风的宫女训练成训练有素的战士的故事。在训练宫女的过程中，孙武曾再三强调纪律，可惜并没有引起这些娇弱宫女的足够重视，他们当中仍有人不断地嬉笑打闹，没有把训练真正当回事情。在这种情形之下，孙武只得斩杀了两位担任队长的美姬以严明纪律。吴王一直端坐在高台之上观看孙武的训练，当他看到自己的两位美姬有性命危险，便赶紧进行劝阻，告诉孙武：寡人如果没有这两位美姬，那就会吃不好睡不香。面对这种请求，孙武以"将在军，君命有所不受"① 为理由坚决予以拒绝。就这样，吴王十分宠爱的两位美姬便成了刀下之鬼。这之后，训练就变得异常顺利。一群娇弱的宫女，就此被训练成一支"虽赴水火犹可也"② 的非常精干的队伍。

孙武在"求职"过程中，被吴王将了一军，却也借机展示了自己杰出的军事才华。在《计篇》中，我们也可以看出孙武求职的某些痕迹遗留。为了实现"求职"的目标，孙武在《计篇》留下了一纸保证书。这张保证书，我们翻译过来，就是这个意思：

如果能听从我的计谋，指挥作战就一定会取胜，那么我就留下。假如不能听从我的计谋，指挥作战就必败无疑，那么我就告辞离去。

打了胜仗，就可以留下来为将；打了败仗，就必须卷铺盖滚蛋。这个保证书，充分体现了现代契约精神。

当然，对于这句话，学界也有不同的解读。他们说，"将"，其实就是"将领"的意思。将领听我的，打了胜仗，那么我就可以留下来为将；将领不听我的，打了败仗，那就必须卷铺盖滚蛋。说到底，还是基于战争实际效用，做好了随时卷铺盖走人的准备。孙子非常清醒，也非常务实。

此外，也有人指出，孙子此语含义模糊，卷铺盖走人的未必是孙子自己。其真实内涵应该是，将领之中，有谁胆敢不听话，耽误了战事，那就必须责令其卷铺盖走人。这种说法初看起来，也有一定道理。但是，再仔细琢磨却不一定对了。耽误了战事，理应问责，就像吴王的美姬，都不能免于死罪——这件事充分说明孙子是个狠人，出手够凶够狠，岂能让他们轻易地就卷铺盖走人，就此溜之大吉？！

【原文】

计利以听[1]，乃为之势[2]，以佐其外[3]。势者，因利而制权[4]也。

---

① 《史记·孙子吴起列传》。

② 《史记·孙子吴起列传》。

【注释】

〔1〕计利以听：计利，计算、衡量敌我双方的有利或不利条件。以，通"已"，已然、业已的意思。听，听从、采纳。

〔2〕乃为之势：意思是指造成一种积极有利的军事态势。乃，于是、就的意思。为，创造、造就。之，语助词，无义。势，态势。

〔3〕以佐其外：作为辅佐以争取战争的胜利。佐，辅佐、辅助。外，曹操注："常法之外也。"

〔4〕因利而制权：意谓根据利害得失情况而灵活采取恰当的对策。因，根据、凭依。制，从、随从；这里是决定、采取的意思。权，本义是秤砣，用作动词，即掂量轻重，权衡利弊，此处引申为权变，灵活处置之意。

【精解】

孙子重"利"，核心是"以诈谋利"

宋代郑友贤将《孙子》与《司马法》进行过对比，他说："《司马法》以仁为本，孙武以诈立；《司马法》以义治之，孙武以利动；《司马法》以正，不获意则权，孙武以分合为变。"[1] 他的这段话，抓住了两部古典兵书的核心要义，说得很有道理。在我们看来，《孙子兵法》的核心价值观是"利"，十三篇的核心内容则是"以诈谋利"，孙子由此出发研究和探讨了一整套"分合为变"的战法，这些内容构成了《孙子兵法》十三篇的主体。

十三篇中除《形篇》之外，有十二篇都或多或少提及这个"利"字，孙子的重"利"不言自明。"利"在各篇的出现没有非常明显的规律性，可说是时隐时现，最多的是《军争篇》，出现11次。由此我们可以看出，**"利"实则是贯彻十三篇的一根若断若连的红线，也就是说，"'利'的思想，贯穿于整部《孙子兵法》"**[2]，可视为支撑孙子兵学思想的重要内容。

在《计篇》中的"计利以听"，是十三篇中出现的第一个"利"字。

---

① 《十家注孙子遗说并序》。

② 黄朴民、高润浩：《〈孙子兵法〉新读》，第68页，长春出版社2008年版。

从中可以看出，对国家有利与否，是孙武考虑军事问题的最重要的一个出发点，也即所谓"非利不动"（《火攻篇》）。《谋攻篇》中说"兵不顿而利可全"，努力保住"全利"，追求利益的最大化，才是孙武谋划战争和进行战略决策的最终目的。十三篇中以《军争篇》出现"利"字最多最为频繁。军争为何，无外乎"利"。在孙子看来，发动战争与否，主要是看己方得利与否，或者是否符合己方的利益，也即"合于利而动，不合于利而止"。其中，"合于利而动，不合于利而止"这句话简单明了地概括了孙子的用兵原则，《九地篇》和《火攻篇》中重复出现两次，这显然是出于一种强调和重视。孙子重利和争利思想，由此可见一斑。

孙子极端重利，一切以利为本，是否发动战争、战争要发动多大规模，都是以"是否得利"作为一个基本的出发点。既然如此，十三篇的兵法未尝不可说是一部"争利之法"或"逐利之法"。所以，孙子的兵法，都是力求占据有利于己的条件，再因此而采取灵活机动的应变措施，以充分掌握战场主动权。所以，孙子的兵法，也可以说是"因利而制权"的兵法。

我们应当看到，兵家之学是一种需要付诸实际、具有很强操作层面意义的学问，是一种务实之学，需要讲究实际效应，乃至追求最大效益。作为兵家，最要不得的就是空谈玄理，空谈仁义。而且，如果是对敌人大谈仁义，那一定是误国误民之举。从这个层面来看，孙子的功利思想既顺应潮流，也抓住了战争现象的本质。《孙子兵法》十三篇甫一诞生便受到普遍重视，并不是出于偶然，而是一种必然。

从兵学史的发展情况来看，孙子的重利，"从根本上划清了同《司马法》为代表的旧军礼的界限，正确揭示了军事斗争的基本规律。"[①] 很显然，按照周礼传统指导下的战争模式一定是特定的历史阶段的产物，不会是战争的常态和主流。战争发展到一定阶段之后，终究会回到保存自己、消灭敌人的这种模式之中。泓水之战中，宋襄公正是没有看到这种发展变化，很不恰当地和自己的对手大谈仁义，结果被楚军打得大败。孙子的高明之处就在于，他看清了战争的本质，把握住了历史发展脉络，所以才推出了一部富有实际操作价值的兵书，并受到了广泛重视。值得一提的是，战国时

---

① 黄朴民、高润浩：《〈孙子兵法〉新读》，第 69 页，长春出版社 2008 年版。

期的法家同样抓住了这种功利的社会思潮，适时推出军功爵制，配合他们的农战思想，成了当时独步一时、受到各国政府普遍重视的一种思想。秦国甚至因为军功爵制之力，最终实现了统一中国的霸业。

所以，孙子张扬利本思想，以"利"为核心价值观，是具有重要意义的，在中国古代兵学史，甚至在中国古代思想史上，都同样占据着相当重要的地位。古往今来，几乎所有战争，都可说是因"利"而生，又因"利"而争。漫长的封建社会，儒家思想长期占据要津，以"利"为核心的价值观，遂长期受到排挤和打压。儒家"重义轻利"的义利观，曾深刻影响和改造了国人的性格和思维。"君子固穷"式的义利观，一度受到追捧和赞颂。然而，这种义利观并非是放之四海而皆准。将它用于改造民风固然有其用武之地，甚至在特定时期需要大力弘扬——尤其是当金钱至上、唯利是图的世界观占据主流之时，但如果是浸染和改造了兵学领域，则显然是非常不利的，甚至会产生巨大危害。最起码的，它很可能会造成大量违背战争规律的笑话出现，类似宋襄公之类的人物可能会因此层出不穷。而这对于保家卫国和保全种族来说，无疑都将是巨大的灾难。这个时候，《孙子兵法》作为中国古典兵学的重要代表，其中的重"利"思想，包括其"以诈谋利"之术，都显得尤其宝贵。因为它代表的是一种务实精神，同时也是一种唯物精神，无疑值得我们坚持和发扬。孙子因为能够摆脱虚名的束缚，坚持唯物精神，讲究实际效应，所以才能写出高明的兵法，并受到万世追捧。

【原文】

兵者，诡道也[1]。故能而示之不能[2]，用而示之不用[3]，近而示之远，远而示之近[4]，利而诱之[5]，乱而取之[6]，实而备之[7]，强而避之，怒而挠之[8]，卑而骄之[9]，佚而劳之[10]，亲而离之[11]。攻其无备，出其不意。此兵家之胜[12]，不可先传[13]也。

【注释】

〔1〕兵者，诡道也：兵，用兵打仗。诡道，诡诈、诡变的行为或方式。诡，欺诈，诡诈。道，行为、方式、原则。

〔2〕能而示之不能：能，有能力，能够。示，显示、假装。言能战却装作不能战的样子。此句至"亲而离之"等十二条作战原则，即著名的"诡道十二法"。

〔3〕用而示之不用：实际要打，却假装不想打。用，用兵。

〔4〕近而示之远，远而示之近：实际要进攻近处，却装作要进攻远处；实际要进攻远处，却显示要进攻近处，致使敌人无从防备。

〔5〕利而诱之：利，此处作动词用，贪利的意思。诱，引诱、诱使。意为敌人贪利，则用小利加以引诱，伺机进行打击。

〔6〕乱而取之：乱，混乱。取，乘机进攻，夺取胜利，一说指伏兵偷袭而败敌。

〔7〕实而备之：备，防备，防范。言对付实力雄厚之敌，需严加防备。

〔8〕怒而挠之：怒，容易生气、愤怒。挠，挑逗、扰乱、骚扰的意思。意谓敌人暴躁易怒，就设法挑逗激怒它。又一说：敌人来势凶猛，当设法扼制其气焰。

〔9〕卑而骄之：卑，小、怯。言敌人卑怯谨慎，则应设法使其变得骄傲自大，然后伺机破之。一说，敌人鄙视我方，则将计就计，使之更骄傲麻痹，然后寻找机会加以打击。又一说：我方当主动卑辞示弱，给敌人造成错觉，令其骄傲。后两说皆不如前说义长。

〔10〕佚而劳之：佚，同"逸"，安逸、自在。劳，疲劳，用作使动。敌方安逸，就设法使它疲劳。

〔11〕亲而离之：亲，亲近、团结。离，离间。此句言如果敌人内部团结，则想方设法离间分化它。

〔12〕兵家之胜：兵家，军事家。胜，奥妙、胜券。此句意为：（上述"诡道十二法"）乃军事家用兵如神、克敌制胜的奥妙所在。

〔13〕不可先传：先，预先、事先。传，传授、规定。言不能够事先传授，必须根据具体情况灵活应用。

孙子的"诡道十二法"

常言道，良好的开始只是成功的一半，"算计"精明，"算计"正确，为夺取战争的胜利创造了可能性，然而可能性毕竟不等同于现实性，要使它真正转化为现实性，就必须发挥主观能动性，运用一切有用的方法，来达到消灭敌人，保存自己的目的。这个方法，就是孙子所说的"计利以听，乃为之势，以佐其外，势者，因利而制权也"。说白了，便是"骗"。

在孙子看来，战争说到底是敌对双方比试"骗术"、你死我活的过程，会骗的打败不会骗的，大骗子战胜小骗子，骗术越是高明，骗法越是多样，就越是拥有赢的把握，越能成为胜利的主宰。正如毛泽东所说："革命不是请客吃饭，不是绘画绣花，不能那样雅致，那样文质彬彬，那样温、良、恭、俭、让。"[①] 战争是血淋淋的杀戮，你不想在战场上做人家的刀下之鬼，你就不能不把那中看不中用的"仁义道德"暂时搁置在一边，让自己变成铁石心肠，冷血动物，无怨无悔地施展出各种阴损恶毒的骗招，让对手的脑袋搬家，这个手段，孙子把它称作为"诡道"。

所谓"诡道"，顾名思义便是"诡诈之道"。这里，"诡"指的是手段运用的特色：诡秘神奇，阴损绝恶，变幻莫测，杀敌于无形之中，害人于不经意之间。至于"诈"，指的是手段运用的性质：骗招迭出，诈敌唬人，用尽可能小的代价，换取尽可能大的胜利，专干顺手牵羊的勾当，不做赔本的买卖。

高明的骗术在于能做到变化多端，花样翻新，即《司马法》所说的"无复先术"，否则一旦形成固定的模式，便容易为对手所识破，会偷鸡不成蚀把米，赔了夫人又折兵。孙子的了不起，就是他不但确立了使诈行骗的基本原则："兵者，诡道也"；而且更一口气传授给我们十多条如何使诈、怎样行骗的方法，这就是所谓的"诡道十二法"：明明要打你却装出不想打的模样，明明能够打却装出不能打的姿态；要从远处打却装出会从近处

打，要从近处动手却装出会从远处下手……不一而足，总之是要实施全方位、多层次的军事欺骗，以假象迷惑对手，真真假假，以假乱真，因势利导，造成不利于敌人而有利于自己的态势，从而牢牢把握战争的主动权。孙子认为，用兵打仗所追求的就是"攻其无备，出其不意"，要在敌人没有防备处发动进攻，在敌人意料不到时采取行动。可是要真正理解和掌握其中的精髓奥秘却并不容易，"此兵家之胜，不可先传也"。天底下没有免费的午餐，要在战场上得心应手、出神入化地施展骗术诡道，赢得胜利，就必须自己亲身去实践、去琢磨，甚至必须有付出沉重代价的思想准备。

"兵之变化，固非一道"，因敌变化，随机制敌，永远是高明的战争指导者自由驰骋的广阔天地。倘若不懂这一层道理，不遵循这一条原则，那么即便是遍读天下兵书，也终究是纸上谈兵，胶柱鼓瑟，隔靴搔痒，到头来难免夸夸其谈，一事无成。历史上赵括、马谡之流丧师辱身，贻笑天下，就是显著的例子。运用孙子"诡道十二法"的奥秘也是一样。战争中离不开军事欺骗的道理也许人人都懂，"兵者，诡道"的原则，只要是头脑正常的人都不会否认，然而，有的人成功，有的人失败，问题就在于骗术掌握、运用得高明与否。这种高明属于"羚羊挂角，无迹可求"的境界，应该是"得鱼忘筌""得意妄言"，而不能用言辞来状摹、来说明，所谓"上骗不言骗"。不过总的精神或许可以着眼于：第一，不能重复，切忌依样画葫芦，所谓"一之为甚，其可再乎"。第二，新奇怪诞，防不胜防，所谓"明枪易躲，暗箭难防"。第三，顺藤摸瓜，请君入瓮，所谓"将欲夺之，必固予之"。第四，逆向思维，反常为常，所谓"出乎意表，合乎其理"。按上述四个思路去设局，去谋策，势必能"眉头一皱，计上心来"，军事欺骗之手段日日翻新，军事欺骗之思维开阖自如。

由于孙子"诡道十二法"的作战指导思想，符合战争活动的内在规律，在战争实践中一再获得验证，因此为后世兵家奉为圭臬，备受青睐。他们沿着孙子开辟的道路前进，进而从各方面深化了"诡道十二法"的思想。

【原文】

夫未战而庙算^[1]胜者,得算多也^[2];未战而庙算不胜者,得算少也。多算胜,少算不胜,而况于无算乎^[3]!吾以此观之,胜负见矣^[4]。

【注释】

〔1〕庙算:庙,古代祭祀祖先与商议国事的场所。算,计算、筹算。古代兴师作战之前,通常要在庙堂上商议谋划,分析战争利害得失,制定作战方略。这一作战准备程序,就叫作"庙算"。

〔2〕得算多也:意为取胜的条件充分、众多。算,即"筹",古代计数用的筹码,此处引申为胜利的条件。

〔3〕多算胜,少算不胜,而况于无算乎:而况,何况,更不必说。于,至于。

〔4〕胜负见矣:胜负的结果显而易见。见,同"现",显现。

【精解】

"庙算"定胜负

用兵打仗先要算计,这是最基本的常识。但是,计算哪些细目,怎样进行计算,却大有讲究,差别大多了,这叫作"戏法人人会变,各有窍门不同"。一类是占卜算卦、装神弄鬼的巫觋祝史,他们的算法最原始,但却最神秘,即通过灼烧乌龟壳或者排列蓍草的方法,预测战争的吉凶,揣度胜负的归属。《史记·龟策列传》称它是"灼龟观兆,变化不穷","卜至预见表象,先图其利"。此外,星占、五行占、梦占、六壬、遁甲、太乙等,也是这一类算法中的节权旁枝,支派衍流。这种算法通常叫作"卜筮",主要流行于我国历史上的夏、商、西周时期,显然是古代宗教迷信观念在军事预测领域的反映。它靠主观想象,牵强附会,随意比附,表面上幽深奥妙,实际上却荒诞不经,与其说是算计胜负,不如说是碰撞大运,算不准可以文过饰非，偶尔碰巧凑上了则不妨大大吹嘘一番。先秦时期这类算法曾风靡，秦汉之后虽然风头不如以前强劲，但是在打仗的指挥官那里还是很有市场的，只要看看"顺时而发，推刑德，随斗击，因五胜，假鬼神而为助者"[①]的"兵阴阳家"，俨然成为兵学四大宗派之一；《三国演义》中的诸葛亮亦人亦神；《水浒传》中的公孙胜撒豆为兵，以及李淳风、袁天罡、刘伯温等人的神奇莫测，便可知用"卜筮"方法算计战争前景对于古代人们来说，有如"芝麻开门"的魔咒一样，始终是有一定吸引力的。对人们的这种无知愚昧，可以悲悯，但却无法改变。

儒家有关战争成败的算法最富道德正义感，但同时也最为天真滑稽。在文圣人孔子和他的接班人"亚圣"孟子看来，决定战争胜负的关键因素是道义，所谓"得道者多助，失道者寡助，寡助之至，亲戚畔之；多助之至，天下归之。以天下之所归，攻亲戚之所畔，故君子有不战，战必胜之"。而道义的核心，是民心向背，"天时不如地利，地利不如人和"。要收拢民心，取决于行"仁政"，搞"德治"。这是最强大的精神原子弹，威力无比，任凭尔有强大军队，任凭尔有快刀利剑，遇上我"仁政"这杆大旗，一定是望风披靡，溃不成军！用孟子的话说，便是"以此可以挞秦、楚之坚甲利兵矣"！可惜的是，儒家算计战争的方法属于一厢情愿，历史上没有用空洞的道德仁义打赢战争的事例。那位憨态可掬的宋襄公在泓水之战中想这么玩上一把，结果没有玩成倒先把性命赔上了。由此可见，儒家的算法好比是"皇帝的新衣"，当古董作谈资勉强可以，如果脑瓜发热较真起来，那么非出尽洋相不可。

法家的算法正好同儒家相反，最注重力量，最迷信暴力。它关于战争胜负的计算公式是，谁农业搞得好，谁就能组建一支强大的军队，有了强大的军队，加上用严刑峻法约束将士，用钱财官爵鼓励将士，那么就没有打不败的敌人，就没有攻不下的城池，就没有征服不了的国家。在嗜血成性的法家眼里，战争是包治百病的良药，是统治国家、稳定秩序、发展实力的捷径，须臾不可离，片刻不可少，可谓拳头出真理，刀剑定是非。应该说，法家的算法最是坦率，最是简洁，没有虚与委蛇的矫情，没有欲说

---

① 《汉书·艺文志·兵书略》。

还休的扭捏，而是直奔主题，实话实说。它无疑有一定的道理，至少比起巫师神道的算法要正确，比起儒家之流的算法要真实。然而，正如常言所说，真理越过一步也就变成了谬误。法家算法的致命伤在于它太单纯迷信军事实力，而忽略了制约战争的其他要素，如民心背向，如政治教化，等等。所以，也许能暂时得逞于天下，"秦皇扫六合，虎视何雄哉，挥剑决浮云，诸侯尽西来"[①]；但往往因其后患过多而无法维系于长久，免不了"一夫作难而七庙隳，身死人手，为天下笑"[②]。从根本的战略利益衡量，法家有关战争胜负的算法同样存在着问题。

计　篇

　　孙子的算法与上面所说的各家算法都有不同。作为兵家的真正创始人和代表者（姜太公虽被后人尊奉为兵家"本谋"，但他有实践而无理论体系传世，只能算作是兵家之先驱），孙子的思想最能体现中国人文传统中的理性精神：不懂兵道，不会打仗，那么"人为刀俎，我为鱼肉"，人家就会杀上门来欺负你，生命财产难以保全，政权社稷危若累卵。但是，打仗可不是一件好玩的事情，既不轻松，也不愉快，它意味着鲜血的滚滚流淌、财富的灰飞烟灭，所以孙子要提出一个既能正视战争现实，又能减轻战争灾难的战略预测方案，它不同于巫史神祝的热衷猜谜，也不同于法家之流的迷信暴力，更不同于老子、孔子的空谈道德，有的只是最普通最平凡却又最实用最高明的计算公式。

　　这个计算公式就是所谓的"五事七计"，具体地讲，就是从五个决定战争胜负的基本要素着眼，通过七个方面的具体比较，对敌我双方的战略态势优劣做出正确的估价。在此基础上对战争的可能性结果做出比较合乎实际的预测，并据此制定好自己这一方的战略决策，这叫作"夫未战而庙算胜者，得算多也"。

　　孙子没有对综合评估的具体情形进行描述，但对于综合评估可能得出的结果作了明确的说明。这种结果有两种：一种是"得算多"，一种是"得算少"。也就是说，经过前两步的单项分析和对比分析，最后还需将所得的筹码综合起来，并从总体上评估出敌我双方的胜算概率。孙子说："未

①　李白《古风》之三。

②　贾谊《过秦论》。

战而庙算胜者，得算多也；未战而庙算不胜者，得算少也。"由此可以看出两层意思，一是，"庙算"的最后阶段需要得出敌我双方总体得算多少的客观结论；二是须由"庙算"所得出的这一结论来预见战争的胜负。

"庙算"理论是春秋时代战争实践的经验总结和理论提升。时至今日，虽然战争的规模和样式已经发生了巨大变化，但是这一古老的理论至今仍有一定的价值，值得我们深入探讨和借鉴。

作战篇

孙子曰：凡用兵之法，驰车千驷，革车千乘，带甲十万，千里馈粮；则内外之费，宾客之用，胶漆之材，车甲之奉，日费千金，然后十万之师举矣。

其用战也胜；久则钝兵挫锐，攻城则力屈，久暴师则国用不足。夫钝兵挫锐，屈力殚货，则诸侯乘其弊而起，虽有智者，不能善其后矣。故兵闻拙速，未睹巧之久也。夫兵久而国利者，未之有也。故不尽知用兵之害者，则不能尽知用兵之利也。

善用兵者，役不再籍，粮不三载；取用于国，因粮于敌。故军食可足也。

国之贫于师者远输，远输则百姓贫。近于师者贵卖，贵卖则百姓财竭，财竭则急于丘役。力屈财殚，中原内虚于家。百姓之费，十去其七；公家之费，破车罢马，甲胄矢弩，戟楯蔽橹，丘牛大车，十去其六。

故智将务食于敌，食敌一钟，当吾二十钟；莁秆一石，当吾二十石。

故杀敌者，怒也；取敌之利者，货也。故车战，得车十乘已上，赏其先得者，而更其旌旗，车杂而乘之，卒善而养之，是谓胜敌而益强。

故兵贵胜，不贵久。故知兵之将，生民之司命，国家安危之主也。

【题解】

在对战争行动进行了基本筹划之后，就进入战争准备阶段，所以本篇就是阐述如何结合实际情况进行战争准备。孙子认为，战争对于人力、物力和财力存在着巨大的依赖关系。鉴于这种内在依赖关系，孙子明确主张，战争决策必须明确树立"兵贵胜，不贵久"的速战速决指导思想，因而一再强调"兵闻拙速，未睹巧之久也"。为了保证速战速决作战指导思想的实现，妥善解决战争需要与后勤补给困难之间的矛盾，孙子提出了"因粮于敌"的重要原则，主张在敌对国家境内就地解决粮草补给。同时，孙子还主张通过厚赏士卒、善待敌俘等手段来壮大发展自己的实力，达到"胜敌而益强"的目的。

作战，始战，即从事战争准备，不是通常意义上的战阵交锋。作，始、开始的意思，同"乍"。在《计篇》之后，孙子紧接着论述战争准备这一问题，充分体现了作者思想体系的内在逻辑性和系统性。

【原文】

孙子曰：凡用兵之法[1]，驰车千驷[2]，革车千乘[3]，带甲[4]十万，千里馈粮[5]；则内外之费[6]，宾客之用[7]，胶漆之材[8]，车甲之奉[9]，日费千金[10]，然后十万之师举[11]矣。

【注释】

〔1〕法：规律，法则。

〔2〕驰车千驷：战车千辆。驰，奔、驱的意思。驰车，快速轻捷的战车，古代也称"轻车""攻车"。驷，原称驾一辆车的四匹马，后通指四匹马拉的战车，此处作量词用。

〔3〕革车千乘：专门用于运载粮草和军需物资的辎重车千辆。革车，一般认为就是守车、重车、辎车。一说革车为重型作战车辆，也能成立。乘，

辆，也是古代一辆四匹马拉的车子。这里也作量词用。

〔4〕带甲：戴盔披甲，此处指全副武装的士卒。

〔5〕千里馈粮：意为当时的战争往往都是深入敌境，远离后方，所以需要有很长的后勤补给线，跋涉千里辗转运输粮草。馈，这里作供应、运送解。

〔6〕则内外之费：内外，这里指前方、后方。此句意为前方后方的开支花费。

〔7〕宾客之用：指招待诸侯国使节、游士的费用。宾客，诸侯使节以及游士。

〔8〕胶漆之材：通指制作和维修弓矢等军用器械的物资材料。

〔9〕车甲之奉：泛指武器装备保养补充的开销。车甲，车辆、盔甲之属。奉，同"俸"，费用、开销的意思。

〔10〕日费千金：每天都要花费大量财力。千金，巨额钱财。

〔11〕举：出动。

【精解】

孙子论战争准备

在孙子看来，战争之前的准备工作必须充分而又细致，对牵涉的各个方面都要有所考虑。孙子在《作战篇》开篇就谈到了他所认为的"用兵常法"：凡兴师打仗的通常规律是，需要动用战车千辆，辎重车千辆，军队十成，同时还要越境千里运送军粮。前方后方的经费，款待列国使节的费用，胶漆器材的用度，车辆兵甲的开销，每天都要耗费千金，然后十万之师才能出动。

对于这一段话，大多数解释纯为论述用兵之害，只看到了"费"字，这应该说只是看到了问题的一个方面。在我们看来，这段话中重点讨论的还有战争动员和战争准备时需要做好的内容和重点项目。

首先就是要准备各种作战兵器，包括驰车、革车、铠甲以及制作其他兵器所需器材等。驰车，一般认为是驱驰之车，车体较轻，因此速度较快。

革车，则可视为运输粮草的载重之车。古往今来的战争，包括冷兵器时代的战争，武器装备都是非常重要的因素，这些内容当然是需要首先作重点准备。春秋时代，车战为主要作战样式。一辆兵车叫作一乘，包括一车、驷马、甲士和步卒，是一个作战单元。一辆战车通常配备十名甲士，这样一来，"乘"就可以算作兵力的计算单位，所以历史上经常用"万乘之国""千乘之国"来称说一国的军事实力。"千乘之国"意味着这个国家有一万甲士，"万乘之国"则意味着这个国家有十万甲士。车战的战术动作有其特定要求，既有射箭击刺之类的单兵军事技能，又有旅进旅退之类的士卒之间的战术协同。**《孙子兵法》十三篇中描述的基本是车战，围绕车战而展开，这是西周到春秋时期的作战面貌。《孙子兵法》并没有谈到骑兵，因为这是战国时期才兴起的兵种。从这一点也可以看出其成书年代可能不是晚至战国。**战国晚期的兵书《六韬》已经开始大量讨论骑兵战术以及骑兵、车兵、步兵之间的协同作战问题，这显然才是战国时期的特点。从《孙子兵法》到《六韬》，我们可以看出先秦军事的发展和演变情况。

第二个需要准备的则是粮草和各种军费开支，重点是粮食。古语说"民以食为天"，自古至今，人们一直在强调粮食生产的重要性。中国古代社会的分期——渔猎社会、游牧社会、农耕社会，这些其实都是以食物和吃饭问题紧紧地联系在一起的，这就能充分说明粮食问题的重要性。就部队来说，其实也是这样，因为部队是由一个个士兵组成，士兵也是人，是人就同样需要吃饭。所以，上面的民谚未尝不可以改成"兵以食为天"。这个缘故，古语又说："兵马未动，粮草先行。"可以说，粮食补给在战争中起到生命线的作用。在不少军事家眼里，打仗就是打后勤，拼补给。如果是边防保卫战和越境作战，则需解决长途运输问题，孙子谓之"远输"，或者叫作"千里馈粮"。此外则要考虑到三军的日常开销等问题，在下面的文字中，孙子讨论用兵之害时，结合"远输"，还有更进一步、更为深入的讨论。在孙子看来，必须将以上各个环节都准备充分之后，然后才能出动大军与敌作战。

除了粮食之外，孙子对于军费的开支也大致列了几个大项："内外之费""宾客之用""胶漆之材""车甲之奉"。所谓"内外之费"，可以理解为前方后方的开支花费。王皙注释该句时说："内谓国中，外谓军所"，"国中"即战略后方，"军所"则为前线部队。这两处都需要大量的军费开支，所以总称"内外之费"。所谓"宾客之用"，是指招待诸侯使节、游士的费用。俗话说"两军交战，不斩来使"，即便交战双方，也可能牵涉使节的来往，不但不能简单处决，反而要好生招待。除此之外，其他诸侯也可能会派来使节进行调节，商谈利益纠纷等事，这更需要很好地接待。所谓"胶漆之材"，可以统称制作和维修弓矢等各种作战武器所需的材料。这些材料和作战武器装备一样，消耗很大，同样需要大量的军费开支。所谓"车甲之奉"，主要指的是战车和铠甲的补充消耗所产生的费用。"奉"同"俸"，指的是费用和开销的意思。当时的作战，战车是主战武器，很多战争都围绕车战展开。战车大概就是第二次世界大战时期的坦克了，属于威力巨大、富有作战效能的武器，所以得到普遍重视。但是，这样下来，消耗和维修的费用必然也非常巨大，所以需要单列出来，予以特别的重视。

【原文】

其用战也胜[1]；久则钝兵挫锐[2]，攻城则力屈[3]，久暴师则国用不足[4]。夫钝兵挫锐，屈力殚货[5]，则诸侯乘其弊而起[6]，虽有智者，不能善其后矣[7]。故兵闻拙速，未睹巧之久也[8]。夫兵久而国利者，未之有也[9]。故不尽知用兵之害者[10]，则不能尽知用兵之利也。

【注释】

〔1〕其用战也胜：指在战争耗费巨大的情况下用兵打仗，就要求做到速决速胜。胜，取胜，这里作速胜解。一说，"胜"通"速"。

〔2〕久则钝兵挫锐：意谓用兵旷日持久就会导致军队疲惫，锐气挫伤。钝，疲惫、困乏的意思。挫，挫伤。锐，锐气。

〔3〕攻城则力屈：力屈，指力量耗尽。屈，通"绌"，竭、竭尽。

〔4〕久暴师则国用不足：意谓长久陈师于外就会给国家经济造成困难。暴，露，"曝"的本字。

〔5〕屈力殚货：指力量耗尽，经济枯竭。殚，尽、枯竭。货，财货，

此处指经济。

〔6〕诸侯乘其弊而起：其他诸侯国家便会利用这种危机前来进攻。弊，疲困，此处作危机、危难解。

〔7〕虽有智者，不能善其后矣：意谓即便有智能超群之人，也将无法挽回既成之败局。后，后事，此处指败局。

〔8〕兵闻拙速，未睹巧之久也：拙，笨拙、不巧。速，迅速取胜。巧，工巧、巧妙。

〔9〕夫兵久而国利者，未之有也：谓长期用兵而有利于国家的情况，从来不曾有过。

〔10〕不尽知用兵之害者，则不能尽知用兵之利：不尽知，不完全了解。知，了解、认识。害，害处、危害。利，利益，好处。意谓必须充分认识用兵的危险性。

【精解】

孙子的速战速决思想：用兵贵速

中国人的性格一向温顺平和。对他们来说似乎最不缺乏的，就是耐心，温吞吞、慢悠悠，你急我不急，喜欢用时间换空间，像"只要功夫深，铁杵磨成针""君子报仇，十年未晚""善有善报，恶有恶报，不是不报，时候未到，时候一到，一切都报"之类的格言、谚语广泛流传，大有市场，就是这种民族文化性格的证明。所以，越王勾践"十年生聚，十年教训"历经千辛万苦终于灭吴的做法，一直受到国人的推崇和颂扬。

然而，从军事学角度来讲，通过旷日持久同敌人拼消耗、拼意志来完成战略优劣态势的转换，最终赢得战争的胜利，毕竟是一种颇不情愿但又无可奈何的选择。如果自己方面在实力上明显占有优势，又机遇凑合，那么自然应该采取"快刀斩乱麻"的手段，干净利落地摆平对手，尽可能用最小的代价换取最大的胜利，这就是所谓的速战速决。古今中外有头脑、不糊涂的军事家都遵奉这条原则，都把在尽可能短的时间里打败敌人，实现预定的战略目标作为用兵打仗的理想追求。因为他们都知道一个普通的道理：一分钟决定战斗的结局，一小时决定战局的胜负，一天决定帝国的命运。军队的迅速机动和闪电般的冲击永远是真正的战争灵魂。所以《吕氏春秋》的作者把迅猛神速、进攻速胜看成是"决义兵之胜"的关键，[①]明朝人尹宾商更是强调"时不再来，机不可失，则速攻之，速围之，速逐之，速捣之"，认为如此这般，则"靡有不胜"。[②]

当然，这种速战速决思想的发明权不可能属于西方人，而只能是属于军事谋略学的原生地——古代中国，更具体地说，兵圣孙武就是进攻速胜论的首创者，他汲汲主张的"兵闻拙速，未睹巧之久也""兵贵胜，不贵久"，实际上已经十分精辟地概括了速战速决理论的本质属性。

孙子的速战速决思想，不是凭空产生的，而是通过核算战争经济成本后得出的基本认识。作为参悟战争禅机的军事家，孙子充分认识到战争对人力、物力和财力存在着巨大的依赖关系。这种深刻的依赖关系，在当时生产力比较低下，战争规模、作战方式相对原始的特定历史条件下，不可避免地决定了战争中速战速决的极其重要和旷日持久的莫大危害。这一特点，要求战争指导者在从事战争准备活动的过程中，明确树立起"兵贵胜，不贵久"的速战速决指导思想，一切战争准备工作都必须紧紧围绕这一中心来开展。

孙子不但是一位军事学家，更是一位经济学家。在他看来，战争不仅是智慧的角逐，同时也是国家综合实力的较量。而在构成国家综合实力的诸多因素中，经济又占据特殊的地位，换句话说，经济是从事战争的前提和基础，是制约一切军事活动的最主要物质因素。没有充足的财力、物力，任何美好的战略计划都是空中楼阁，说白了便是望梅止渴，画饼充饥。所以，孙子说，用兵打仗，不能不算经济账，贵在速胜，旷日持久就会使军队疲惫，锐气受挫。

---

① 《吕氏春秋·论威》："急疾捷先，此所以决义兵之胜也，而不可久处。"
② 《白豪子兵䜌》卷一，《迅》。

【原文】

善用兵者，役不再籍[1]，粮不三载[2]；取用于国[3]，因粮于敌[4]。故军食可足也。

【注释】

〔1〕役不再籍：役，兵役。籍，本义为名册，此处名词活用作动词，即登记，征集，按名籍征发。再，二次。

〔2〕粮不三载：粮草不多次运送。三，多次。载，运输，运送。

〔3〕取用于国：指兵甲战具取用于国内。

〔4〕因粮于敌：粮草给养依靠在敌国就地解决。其主要途径是抄掠敌境。因，依靠、凭借。

【精解】

孙子的后勤保障原则："因粮于敌"

为了确保速战速决作战指导思想的实现，就需要解决战争消耗巨大与后勤补给困难之间的矛盾。为此，孙子提出了"取用于国""因粮于敌"的军事后勤保障原则。众所周知，**后勤保障是军队战斗力的重要组成部分，是重要的战略因素，它直接关系到战争的胜负**，孙子对此是有深刻认识的。所谓"取用于国"，就是主张武器装备由国内提供。这是因为，一是士兵对战场上使用的兵器必须事先熟悉其性能，长短轻重适用，能掌握其特点，这样使用起来才能得心应手，杀敌制胜。二是武器装备直接为敌国兵库所收藏和控制，不能像粮秣那样可以随时就地征发。受这两个基本因素的制约，所以武器装备最佳的保障途径乃是"取用于国"。所谓"因粮于敌"，就是指在敌国境内就地解决粮饷补给的后勤保障原则。孙子认为，军粮问题生死攸关，然而假如采取"千里馈粮"的方式来解决补给问题，实在是弊大于利，既造成民穷国困，又导致物价飞涨，从而引起"内外骚动"，埋下社会动乱的种子。所以，"千里馈粮"乃是不得已的选择，正确的做法应该是"因粮于敌"。

打仗在很大程度上是打后勤，当年诸葛亮六出祁山却大多无功而返，固然有战略指挥失误的问题，包括重用了不该重用的人（马谡），没有采纳魏延提出的大胆从子午谷突袭长安的作战建议，等等。然而更主要的原因恐怕还是后勤补给无法跟上，饿着肚子支撑不住，不得已只好"粮尽退兵"。尽管也造了木牛流马来运送粮草，但毕竟杯水车薪，不能从根本上解决问题。所以，古代兵家都把搞好军事后勤保障看成是克敌制胜的重要前提，所谓"兵马未动，粮草先行"便是这种认识的形象表述。

"民以食为天"，在整个军事后勤保障体系中，以粮食的补给供应为首要条件。中国自古以农立国，农耕经济方式影响人们的思维，把填饱肚子作为生存的基本要义，"军无粮食则亡"，粮食问题在军事后勤乃至整个战争过程中始终占有最突出的地位，军事后勤是否成功，战争准备是否充分，很大程度上取决于粮食是否供应得上，是吃香软的干饭还是喝"坚硬的稀粥"，所以说"用兵制胜，以粮为先"。曹操一把大火烧掉了袁绍存放在乌巢的军粮，袁绍数十万大军顿时不战自溃，袁绍也就彻底玩完了。张巡守睢阳城，一旦粮食吃光，即使是杀了自己的小老婆，把肉分给战士吃，依然是无济于事，睢阳城还是落入了安史叛军的手中。可见，断炊绝粮是军队打仗的大忌，克敌制胜必须以有饭吃为前提。

怎样解决军队的吃饭问题，孙子出的主意是四个字："因粮于敌"。他算了一笔账，千里馈粮成本太高，很不划算。"食敌一钟，当吾二十钟；萁秆一石，当吾二十石。"所以正确的方法是在敌国境内就地解决军粮供应问题，以战养战，来维系战争机器的正常运转。

至于"因粮于敌"的具体手段，孙子也非常坦率地提了出来，这就是"重地则掠""掠于饶野，三军足食""掠乡分众"，等等。一个字便是"抢"：抢对方田地上长的庄稼，抢对方牧场上放的牛羊，抢一切可以用来填饱自己肚子的东西。手段很单纯，目的很简要，就是要让对手当自己的"运输大队长"，恰如贺绿汀《游击队员之歌》中所讴歌的那般："没有吃，没有穿，自有那敌人送上前；没有枪，没有炮，自有那敌人替我们造。"孙子认为，纵兵大掠，抢得快，抢得好，至少有三层好处：一是缩短了补给线，减少了损耗率，大大节省了本国粮草开销与运输成本，也有效减轻了本国

孙子兵法 精解

民众的战争负担。二是有力地削弱了敌人的后勤补给能力，从根本上打击了敌人用以支持战争的经济潜力，彼消而我长，速战速决有了更大的希望。三是补给上更有及时性，就地抢粮要比路远迢迢运送粮草来得方便、迅捷，从而使捕捉战机，掌握战场主动更有了保障。

也许有人会觉得孙子公然鼓吹纵兵抢掠不人道，太残暴，但这无疑是按道德家的标准来要求孙子了，用心是好的，可实际中却行不通。孙子不是文质彬彬的道德君子，而是以功利追求为目标的兵学家。对于孙子来说，衡量一位军事家是否成功的标志，不是虚无缥缈的仁义道德，而是实实在在的军事胜利。与其虚仁假义标榜自己的高尚道德，不如直截了当、干脆利索地坦白自己的克敌制胜之道。只要能达到自己的战略目的，又何妨使用有伤大雅的手段，抢掠不合人道，但却能有助于战争的取胜；仁义合人道，但却解决不了战争后勤的实际需要，所以也只好是"以菩萨的心肠，行霹雳的手段"了。实在用不着"犹抱琵琶半遮面"，图虚名而取实祸。

不过这么一来，孙子也便成了许多人讨厌憎恶的对象。中国传统文化的特色，是要求人们具有双重人格，言行最好不一致，心里想的不是手上做的，手上做的又不是心里想的。就像鲁迅先生所针砭揭露的那样："大家去谒陵，强盗装正经。静默三分钟，各自想拳经。"[1] 以此之故，中国文化提倡人们要善于掩饰，扭扭捏捏，故作姿态，即所谓"逢人且说三分话，未可全抛一片心"。如今孙子赤裸裸地把底线告诉了大家，这就让道学之士感到芒刺在背，不舒服到了极点。为了表达自己"既要做婊子，又要立牌坊"的"道德勇气"，就不能不斥骂孙子这样的"异数"："非诈不为兵，盖自孙、吴始。甚矣，人心之不仁也！"把孙子高明的兵学理论斥为人见人憎的"盗术"。在中国，说话不容易，说真话更难，孙子说了老实话，遭到那些依靠扯谎混日子的冬烘先生、迂腐陋儒的攻击，乃是非常正常的，否则才是不正常哩。

---

① 《鲁迅诗集·南京民谣》，人民文学出版社 2001 年版。

【原文】

国之贫于师者远输[1]，远输则百姓贫[2]。近于师者贵卖[3]，贵卖则百姓财竭，财竭则急于丘役[4]。力屈财殚，中原内虚于家[5]。百姓之费，十去[6]其七；公家之费[7]，破车罢马[8]，甲胄矢弩[9]，戟楯蔽橹[10]，丘牛大车[11]，十去其六。

【注释】

〔1〕国之贫于师者远输：之，虚词，无实义。师，指军队。远输，远道运输。

〔2〕远输则百姓贫：远道运送就会造成百姓的贫匮。百姓，金文中多作"百生"，指当时的世族大家。

〔3〕近于师者贵卖：近，临近。贵卖，指物价飞涨。意为临近军队驻扎地区的物价就飞涨。按，古代往往在军队驻地附近设置军市，以供交易。

〔4〕丘役：军赋。丘，古代的地方行政区划单位。古代以丘为单位征集赋税。

〔5〕中原内虚于家：中原，此处指国中。此句意为，国中百姓之家因远道运输而变得贫困、空虚。

〔6〕去：耗去、损失。

〔7〕公家之费：公家，国家。费，费用，开销。

〔8〕破车罢马：罢，同"疲"。疲惫不堪的马匹。

〔9〕甲胄矢弩：甲，护身的铠甲。胄，头盔。矢，箭，箭镞。弩，弩机，一种依靠机械力量发射箭镞的弓，在当时为杀伤力颇大的新式武器。"积弩齐发"，是当时具有大规模杀伤作用的重要战法。

〔10〕戟楯蔽橹：戟，古代戈、矛功能合一的兵器。楯，同"盾"，盾牌。蔽橹，用于攻城的大盾牌。甲胄矢弩、戟楯蔽橹，是对当时攻防兵器与装备的泛指。

〔11〕丘牛大车：丘牛，从丘役中征集来的牛。大车，指载运辎重的牛车。

孙子认为战争是一场豪赌

在孙子看来，战争是一场成本极其昂贵的"豪赌"：动用十万部队规模的军事行动，花销大得让人吃惊，"日费千金"，简直是一个填不满的无底洞。在"丘牛大车"的农耕社会里，没有比兴师动众更花费钱财的事情了。如此高投入、高消耗的战争，一旦旷日持久，久拖不决，那么它的后果必定是极其严重的，甚至是非常可怕的。孙子认为这种后果至少有三个方面：

第一，战争旷日持久一定会导致国家财力物力的巨大消耗。国家经济资源再丰富，也承受不起长期战争所带来的巨大支出，"久暴师则国用不足"，"力屈，财殚，中原内虚于家。百姓之费，十去其七；公家之费，破车罢马，甲胄矢弩，戟楯蔽橹，丘牛大车，十去其六。"金山银山，也经不得"坐吃山空"，老是打仗，老是用兵，国库当然空空如也，银子流水一般花掉，国家的建设还搞不搞？朝廷的前途还要不要？这显然是一桩十分不划算的买卖。

第二，战争久拖不决势必会进一步加重普通老百姓的负担，激化社会各种矛盾。国家的财富从哪里来，自然不是从天上掉下来，从来没有天上掉馅饼的好事，说到底还不是从老百姓身上征收来的，所谓"羊毛出在羊身上"。打仗打久了，国库空虚了，可还想打下去，怎么办，唯一的出路，便是加大对老百姓的搜刮力度，"财竭则急于丘役"，把战争负担转嫁到平民百姓身上。而那些不法奸商也会乘机哄抬物价，大发战争横财，"近于师者贵卖，贵卖则百姓财竭"，使得底层民众"屋漏偏逢连夜雨，船破更遇顶头风"，雪上加霜，苦不堪言。肚子里怨气积多了，迟早有一天会宣泄出来，这样就会激化各种矛盾，导致尖锐的社会危机。这在历史上是有很多的例子的：汉武帝长期对匈奴用兵，"海内虚耗，户口减半"[1]，结果面临民众暴动的威胁："盗贼滋起……大群至数千人，擅自号，攻城邑，

---

① 《汉书》卷七，《昭帝纪》。

取库兵，释死罪，缚辱郡太守、都尉，杀二千石"①；隋炀帝远征高丽，劳民伤财，导致隋末阶级矛盾的高度激化，最终酿成隋末农民大起义的爆发，等等，便是证明。如此看来，战争旷日持久绝对不是一桩好事。

第三，战争时间久了很容易使国家陷入多面受敌、两线作战的被动局面。俗话说"螳螂捕蝉，黄雀在后"，"鹬蚌相争，渔翁得利"。要知道，春秋战国是诸侯林立、列国纷争的分裂动荡时代，"国际"关系十分复杂。在这种情况底下，如果某一个国家长期从事征战攻伐，暴师在外，导致国内防御空虚，实力锐减，那么就会给原先坐山观虎斗的第三国提供可乘之机，最终使得自己陷入多线作战的不利处境，即所谓"夫钝兵挫锐，屈力殚货，则诸侯乘其弊而起"，而这样的危险局面一旦形成，那么即便是有十个诸葛亮、一百个刘伯温也是无法挽回了，"虽有智者，不能善其后矣"。这叫作"天作孽，犹可违；自作孽，不可活"。

从历史的情况看，春秋末期吴国的衰亡，战国中期魏国的没落，都是明显的例子。吴王夫差的穷途末路，让对手勾践逼得在姑苏台上自杀身亡，原因固然很多，但他好大喜功，长期穷兵黩武，追逐"图虚名而取实祸"的霸权，多线出击，倾全国之师北上与齐、晋等大国较量高下，造成"钝兵挫锐，屈力殚货"，以至为世仇越国所乘隙蹈虚，惨遭败绩，无疑是其中最主要的因素。而战国时期魏国霸权的中衰，也实与魏惠王爱面子不爱里子，战略眼光短浅，多方树敌，陷于东西两线作战困境，最终为齐国所趁，一败于桂陵，再败于马陵，丧师辱国，破军杀将有直接的关系。可见，要想避免出现"诸侯乘其弊而起"的糟糕局面，最好的办法，是尽可能地缩短打仗的时间，在别人还没有反应过来的时候，已经迅速地把所有事情给摆平了。

【原文】

故智将务食于敌[1]，食敌一钟[2]，当吾二十钟；䓪秆一石[3]，当吾二十石。

---

① 《汉书》卷九十，《酷吏传》。

〔1〕智将务食于敌：智将，明智的将领。务，务求、力求。意为明智的将帅总是务求就食于敌国。

〔2〕钟：古代的容量单位。每钟六十四斗。

〔3〕莛秆一石：莛秆，泛指牛、马等牲畜的饲料。莛，同"萁"，豆秸。石：古代的重量单位。每石一百二十斤。据出土衡器，战国时期的"石"重约30公斤。

【精解】

如何解决士兵的吃饭问题："务食于敌"

孙子"因粮于敌"，是到敌国去抢，就地抢劫。这个道理不难理解：敌国的粮食，如果没有下过毒药，和我们的肚皮是能保持配套的，因此可以"因粮于敌"。这样可以尽量减少战争行为给国家带来的消耗，避免因为远程运输带来的很多麻烦。

俗话说，民以食为天，军队也然。古往今来的战争，都要解决粮食问题，粮食可以说是最为重要的军备物资。中国古代一直以农业立国，国家努力发展农业生产，才会有充足的粮食储备，这就叫作"务本"。"本"，即指农业。在他们看来，农业是一切经济生活的基础。战国时期的法家尤其清醒地看到了这个问题。在商鞅等法家看来，农业问题是不仅关系到百姓衣食的根本问题，也是国家生存的基本条件，也是夺取争霸战争胜利的重要保障，所以必须给予高度重视。《管子·治国》中说："不生粟之国亡……粟也者，民之所归也；粟也者，财之所归也；粟也者，地之所归也。粟多则天下之物尽至矣。"这句话非常典型地说明了古代思想家对于农业问题的重视。在他们看来，只有粮食充足，百姓才会归附，天下的财富也会伴随而来，国家才可以在这个基础上从事政治、军事上的争霸和图强活动。相反，一切的争霸图强，都会沦为空话。

战国时期是一个群雄并起的时代，各国都在着力营建实力，图强争霸。如果不思进取则会落后挨打，就会丧师辱国，直至被别国吞食。以李悝、商鞅等为代表的法家一派，对此有着深刻的认识。他们将重农务本与耕战军功紧紧地统一起来，希望通过发展农业，不断增强国家的经济实力，刺激军事实力的提升，以期在诸侯争雄的局面中占得先机。由于"一于农战"①的思想在魏国和秦国收到了立竿见影的实效，使得二者立刻在诸侯争霸的局面中占得主动，证明了自身相对的先进性和合理性，一度风行一时。秦国的最后统一中国与这种奖励农战的做法不无关系。

孙子"务食于敌"的主张，就是解决士兵的吃饭问题。按理说，吃饭问题都要靠后勤补给来解决，本属于政治家操心的事情。作为一个军事家，孙子对此也进行了深入思考。大概在孙子看来，这也是军事家所要操心的事情。因为部队在开到前线、进入战场之后，立即就需要面临吃饭问题，而且是每天都需要。这就是所谓兵以食为天。

细读《孙子兵法》我们可以不难发现，"因粮于敌"是其一贯主张，是他非常得意的后勤补给之法，不仅在《作战篇》公然鼓吹，《军争篇》中探讨"军争之法"时，孙子再次强调"掠乡分众"，《九地篇》围绕"为客之道"，也再次把"掠于饶野"作为一种战争之法提出。孙子"务食于敌"的主张，立足点还在于和敌人争夺粮食。把敌人的粮食抢过来，己方的粮食增加了，敌人的粮食就减少了。**孙子更看重的可能就是这种此消彼长所带来的效应。**所以，在孙子眼里："食敌一钟，当吾二十钟；萁秆一石，当吾二十石。"当然，在实际战争中，想达到这种"一比二十"的效益，其实是很难的。"务食于敌"的这种二十倍效益，应当是孙子的一种夸张之词，或者说，只能是一种理想状态吧。

【原文】

故杀敌者，怒也〔1〕；取敌之利者，货也〔2〕。故车战，得车十乘已上〔3〕，赏其先得者，而更其旌旗〔4〕，车杂而乘之〔5〕，卒善而养之〔6〕，是谓胜敌而益强〔7〕。

---

① 《商君书·农战》。

【注释】

〔1〕杀敌者，怒也：言军队英勇杀敌，关键在于激励部队的士气。

〔2〕取敌之利者，货也：货，财货。这里指用财货进行奖赏，以调动广大官兵杀敌制胜的积极性。句意为要让军队夺敌资财，就必须先依靠财货奖赏。

〔3〕已上："已"同"以"。

〔4〕更其旌旗：意为在缴获的敌军战车上更换上我军的旗帜。更，变更，更换。旌旗，古代用羽毛装饰的旗帜，是重要的军中指挥号令工具。

〔5〕车杂而乘之：杂，掺杂、混合。乘，驾、使用。意为将缴获的敌方战车和我方车辆掺杂在一起，用于作战。

〔6〕卒善而养之：意谓优待被俘虏的敌军士卒，使之为己所用。卒，俘虏、降卒。

〔7〕胜敌而益强：指在战胜敌人的同时使自己变得更加强大。益，增加。

【精解】

如何处置战俘："卒善而养之"

孙子在讨论"取敌之利"时，非常看重对敌人战车的抢夺。在车战中，如果谁先"得车十乘已上"，则需要马上予以重赏。并且，在车战中，在抢夺敌人的战车之后，一定要"更其旌旗"，让敌军看到我军实力强盛。这样一来，加上"车杂而乘之，卒善而养之"的战法，就可以做到"胜敌而益强"。

在这里，孙子还给我们提供了对待战俘的态度："卒善而养之"。"善"，汉简本作"共"。"善"与"共"，在意思上是有很大差别的。如果考虑到前面一句用的是"杂"，那么此句用"共"字似乎更加合理，因为"杂"和"共"相对成文，于义为长。而且，"共"和"杂"一样并不带有什么感情色彩，前后一致。而与之对比，"善"则带有强烈的感情色彩。是故，此处以汉简本为长，传本疑为后人篡改。本来，在孙子看来，所有的战俘都可以加以利用的，并不辨别什么善和恶。但是，后来可能有人觉得战俘中并不能全部都留下为我所用，只能留下一些听从指挥的，留下一些"善"的，于是便动手进行改字。殊不知，这样一改，把孙子对战俘的态度完全改变了。本来在孙子眼中，大概所有的战俘都可以加以改造和利用的，在现在的传本中，则只是用一部分，也即用一部分"善"的。这二者之间的意思差别很大。

即便孙子可能没有善待战俘的意思，但是在那个久远的年代，孙子能够提出如此富有人性的方法，也是非常了不起的。一方面是他遵从战争规律，努力寻找补给方法，尽量减少战争损失，另一方面则可能是尊奉古军礼的结果。所以，我们不要小看这个"卒善（共）而养之"，这很可能是野蛮和文明的区别。战国时期，白起坑杀赵国降卒四十万，暴露出一种非常残忍的兽性，与孙子相比是有很大差距的。即便在近代文明社会，孙子的这种思想仍值得颂扬。因为在近代战争中，我们还可以看到那种极度兽性的行为。日本在侵华战争中，大肆烧、杀、抢，在攻陷南京之后，大量坑杀手无寸铁的降卒，甚至是大量的无辜百姓，其残忍的兽性和暴行也已经到了令人发指的地步。

【原文】

故兵贵[1]胜，不贵久。故知兵之将[2]，生民之司命[3]，国家安危之主也[4]。

【注释】

〔1〕贵：重、推重的意思。

〔2〕知兵之将：指深刻懂得用兵之法的优秀将帅。知，认识、了解的意思。

〔3〕生民之司命：意为普通民众命运的掌握者。生民，泛指一般民众。司命，星宿名，主死亡。此处是喻指命运的主宰。

〔4〕国家安危之主：国家安危存亡的主宰者。主，主宰之意。

速决战并非万能

孙子大概是出于对速决战的强调，在《作战篇》的结尾处，再次说道："故兵贵胜，不贵久。"很显然，这一句是与"其用战也胜"这一句形成了前后呼应之势，为的是更加突出强调速决战思想。在孙子看来，用兵打仗贵在速战速决。但是，这一主张仍需客观看待。

讨论速决战和持久战的优劣问题，我们认为，历史上最具典型的战例是战国时期燕、齐之间发生的一场战争。这个战例中，乐毅起初是用速决战取得了大捷。但是，在即墨之战中，两军陷入僵持，成为持久战，燕军的后勤补给等问题都出来了，田单则趁机使了反间、诈降、火牛阵等一系列的组合拳，终于把燕国军队打败。可见，速决战，尤其是在深入敌境作战时，应该是一个颇有效果的战法。

我们要看到，**孙子的速决战思想，主要是从战争对物资伤害，从战争所带来的危害性出发所进行的考虑**，但他的这一思想，在今天并不一定就完全失去了价值。在军事家看来，虽则战略上可采用速决，也可采用持久，但在战术上则一定是要采用速决。毛泽东对其中的辩证关系有过精彩的阐述："在战术和战役上的速决，是战略上持久的必要条件。"[1] 第二次世界大战时期，希特勒袭击波兰等国，完全就是一种速决战的打法，让对手毫无喘息之机，迅速就解决了战斗。这些都是速决战所带来的效应。从这个意义上说，孙子的主张在今天看来，也不能算是完全过时，甚而还是很有价值的。

在西方世界，速战速决的作战原则，也被众多军事家奉为圭臬，践行遵循。拿破仑的军事成就，就集中体现为他善于分析战场形势，捕捉住稍纵即逝的战机，集中优势兵力，积极机动，速战速决，在尽可能短的时间里，歼灭敌人的有生力量，实现战役的目的。他在奥茨特里茨战役中，迅速展开兵力，凶猛攻击，坚决突破，大破俄奥联军，确立起对整个欧洲的

---

① 《毛泽东选集》第4卷，第1197页，人民出版社1991年版。

霸权，就充分反映了他敢于速胜，善于速胜的精湛军事艺术造诣。

从 19 世纪上半叶开始，随着军队快速机动性的提高和兵器杀伤威力的增强，速战速决的理论更是风靡一时，成为克劳塞维茨、约米尼、毛奇、施里芬、福煦、鲁登道夫等著名军事思想家所十分热衷、倾心阐发的军事理论命题，并在战争实践中予以充分运用。换句话说，孙子所总结的先发制人、速战速决的作战指导原则，作为一般战争的规律，在近现代战争中仍未失去它特有的价值。第二次世界大战中，希特勒发动"闪击战"横扫整个欧洲大陆，几乎得逞；日本军国主义分子偷袭珍珠港，一举得手。这些都是贯彻速决战思想比较明显的例子。

当然，任何高明的军事思想，任何卓越的作战原则，都存在着思维上的盲区，都不是无懈可击的，这就是所谓的"智者千虑，必有一失"。 在这方面，孙子的速战速决战争指导思想也不例外。它的局限性在于其观察、分析、把握问题上的片面化、绝对化倾向，缺乏全面辩证、有机统一的思维理性，就"因粮于敌"问题而言，他同样未能意识到它与"千里馈粮"的后方供应之间辩证统一、互为弥补的关系，而忽略两者的有机结合，对此，我们自然用不着替孙子避讳。

就军事斗争的基本规律而言，孙子一再强调进攻速胜固然有相当合理、相对正确的一面，也大致符合春秋晚期的战争实际需要。但是，让人感到遗憾的是他并没有能辩证地认识到军事行动中速决与持久的内在关系，有意无意地忽略了防御持久在战争中应有的地位、必要的意义，以至于将速胜与持久的关系机械地截然对立起来，给人们留下"凡是进攻速胜便是好的，凡是防御持久便是差的"深刻印象。其实速胜与持久乃是对立的统一，不应该人为地割裂开来。因为虽然在战役与战斗的层次上采取速战速决的方针始终有必要，绝对不能有所动摇；然而，在战略的层次上，究竟是防御持久还是进攻速胜，则不是由战争指导者的主观愿望决定的，而必须由特定的历史条件，特别是敌对双方各种力量的对比来决定的，即战争指导者必须根据双方力量对比、战略态势、国际环境等实际情况，来具体决定到底是进攻速胜抑或是防御持久，当速则速，宜久则久，"兵无常势，水无常形"，不可意气用事，拘泥局囿。否则，"欲速则不达"，便是形而上学，便是画地为牢，到头来必定会遭到战争规律的无情惩罚。

对于弱势的一方，其要战胜强大的对手，自然不能指望速战速决，而只能采取积极防御的对策，这时候在战略上同对手持久抗衡就显得十分必要了。它要像牛皮糖一样紧紧把敌人粘贴住，拖垮对手，磨得对手没有脾气，在这个过程中，利用时间换取空间，悄悄地完成双方优劣态势的转换，等到时机完全成熟之后再果断发起反击，赢得战争的胜利。抗日战争时期，毛泽东针对"亡国论"与"速胜论"两种错误观点，提出"持久战"理论，为抗日战争的最后胜利指明方向，就是典型的以弱胜强原则，也是对孙子兵学思想的继承与发展。可见"江山代有才人出，各领风骚数百年"，"天外有天，山外有山"，孙子是了不起的，但有比他更了不起的。对孙子应该尊重，但却不必迷信。

作
战
篇

谋攻篇

孙子曰：凡用兵之法，全国为上，破国次之；全军为上，破军次之；全旅为上，破旅次之；全卒为上，破卒次之；全伍为上，破伍次之。是故百战百胜，非善之善者也；不战而屈人之兵，善之善者也。

故上兵伐谋，其次伐交，其次伐兵，其下攻城；攻城之法，为不得已。修橹轒辒，具器械，三月而后成，距闉，又三月而后已。将不胜其忿而蚁附之，杀士三分之一而城不拔者，此攻之灾也。

故善用兵者，屈人之兵而非战也；拔人之城而非攻也；毁人之国而非久也。必以全争于天下，故兵不顿而利可全，此谋攻之法也。

故用兵之法：十则围之，五则攻之，倍则分之，敌则能战之，少则能逃之，不若则能避之。故小敌之坚，大敌之擒也。

夫将者，国之辅也，辅周则国必强，辅隙则国必弱。

故君之所以患于军者三：不知军之不可以进而谓之进，不知军之不可以退而谓之退，是谓縻军。不知三军之事，而同三军之政者，则军士惑矣。不知三军之权，而同三军之任，则军士疑矣。三军既惑且疑，则诸侯之难至矣，是谓乱军引胜。

故知胜有五：知可以战与不可以战者胜；识众寡之用者胜；上下同欲者胜；以虞待不虞者胜；将能而君不御者胜。此五者，知胜之道也。

故曰：知彼知己者，百战不殆；不知彼而知己，一胜一负；不知彼，不知己，每战必殆。

【题解】

当武器、粮草等作战物资准备完毕之后，便需要开始谋划战争，所以本篇主要论述如何运用谋略以夺取军事胜利的"全胜"战略问题。"上兵伐谋""不战而屈人之兵"是孙子所汲汲追求的用兵艺术的最高境界，也是全篇的核心思想。孙子认为，"百战百胜"并非用兵的最佳手段，高明的战争指导者应该做到"屈人之兵而非战也，拔人之城而非攻也，毁人之国而非久也"，从而实现战略上的"全胜"。孙子同时认识到，达到"不战而屈人之兵"这样的境界并非易事，所以也要立足于通过战场交锋来赢得胜利。为此，他提出了一系列正确的战术运用方针："十围""五攻""倍战""敌分""少逃""不若避"。孙子还指出不谙军事的君主干预战场指挥的危害性，强调了"知胜"的五个基本条件，并在篇末揭示了"知彼知己，百战不殆"的军事规律。

本篇题为"谋攻"，意思就是如何运用谋略战胜敌人，赢得胜利。"谋"的意思，与常言所谓"谋事在人，成事在天"中的"谋"含义略同，在这里更有智谋、谋略之义。一释"谋攻"为谋划进攻，或径称系用智谋攻城，也能够说得通。

【原文】

孙子曰：凡用兵之法，全国为上，破国次之[1]；全军为上，破军次之[2]；全旅[3]为上，破旅次之；全卒[4]为上，破卒次之；全伍[5]为上，破伍次之。是故百战百胜，非善[6]之善者也；不战而屈[7]人之兵，善之善者也。

【注释】

〔1〕全国为上，破国次之：以实力为后盾，迫使敌方城邑完整地降服为上策，而通过战争交锋，攻破敌方的城邑则稍差一些。全，完整、全部。国，

在春秋时指的是国都或大城邑。破，攻破、击破的意思。按，"国"在这里也可以理解为国家，因为古人一般以国都代指整个国家。

〔2〕全军为上，破军次之：意为能使敌人的"军"完整地降服是上策，击破敌人的"军"则略逊一筹。以下"全旅""破旅"，"全卒""破卒"，"全伍""破伍"等句，也是这一观点的不同表述。军，本义为驻屯，后来泛指军队，也是军队的一个编制单位。此处当是后义。春秋战国时各国军队编制不尽相同，故"军"的编制人数也各有差异。

〔3〕旅：古代军队编制单位。通常以五百人为一旅。

〔4〕卒：军队编制单位。《左传》杜预注："百人为卒。"但春秋齐国之"卒"则为二百人，《管子·小匡》："四里为连，故二百人为卒。"

〔5〕伍：古代军队最基本的编制单位，《周礼·地官·乡大夫》："五人为伍。"按，古代各种军队编制均从伍法起源。伍，既可按前、中、后成"列"，也可按左、右、前、后、中成方阵，是决定古代队形编制（阵法）的最基本要素。

〔6〕善：好、高明之意。

〔7〕屈：屈服、降服，此处是使动用法，使……屈服。

【精解】

孙子的"全胜"思想：不战而屈人之兵

战争是流血的政治，它固然是社会进步、文明嬗递过程中一个不可逾越的阶梯，但是，它对物质、文化的毁耗，对生命的吞噬等种种严重后果也同样显而易见。所以，历史上真正伟大的军事家，出于对人类命运的终极关怀，都致力于在确保战略目标实现的前提下，寻找最大限度减少战争伤亡和损失的道路，兵圣孙武就是这方面最杰出的代表。他所找到的道路即所谓的"全胜"理论，提出的方案便是"必以全争于天下"，做到"兵不顿而利可全"。

从全篇文字来看，"全胜"思想包含两个主要层次，一是追求"不战而屈人之兵"的理想境界，二是在不得已而用兵作战的情况下，尽可能减

孙子兵法 精解

少损失，实现破中之全。前者是高层次的"全胜"，而后者则是相对低层次的"全胜"，然而两者互为关系，相互弥补，相得益彰。[1]

孙子认为"百战百胜"，表面上轰轰烈烈，风光无限，其实是"如鱼饮水，冷暖自知"，并非用兵打仗的上乘境界，唯有"不战而屈人之兵"，才是战争指导者所应该孜孜追求的神圣目标："是故百战百胜，非善之善者也；不战而屈人之兵，善之善者也。"换句话说，高明的战略家应该真正做到"屈人之兵而非战也，拔人之城而非攻也，毁人之国而非久也，必以全争于天下，故兵不顿而利可全"，即以强大的军事实力作为后盾，通过高明的谋略算计敌人，唬住敌人，摧毁敌人的抵抗意志，不经过直接的战场交锋而使得对手屈膝投降，从而实现战略上的"全胜"。在孙子看来，推行"全胜"战略乃是理有固宜，势所必然。因为对自己一方来说，这样做代价最小；对敌人一方来说，这样做反抗最小；对普通老百姓来说，所遭受的灾难最小；对天下来说，所获得的利益最大，毫无疑义属于最佳的选择。

孙子"不战而屈人之兵"的"全胜"战略思想，对后世兵家的影响是非常深远的。如《六韬》就一再宣扬"全胜不斗，大兵无创"，"故善战者，不待张军；善除患者，理于未生。善胜敌者，胜于无形。上战无与战"[2]。《尉缭子》也说："高之以廊庙之论，重之以受命之论，锐之以逾垠之论，则敌国可不战而服。"[3] 其他像《淮南子·兵略训》《神机制敌太白阴经》《百战奇法》《翠微先生北征录》等典籍在这方面也有大同小异的说法。它们之间论述的侧重点虽然不无差异，论述的深度也有高下之别，但是其核心精神却完全一致，这就是要做到"以威德服人，智谋屈敌，不假杀戮，广致投降"[4]，真正进入用兵的理想境界。

再从战史上看，那种折冲樽俎，"上战无与战"的现象也是曾经存在过的。仅在先秦两汉时期，就曾有墨子救宋不以兵革，与鲁班先生一番沙盘攻守作业推演下来，逼得楚国国君不得不打消攻打宋国的念头；郑国烛之武夜见秦穆公，巧舌如簧、口若悬河劝退秦师，一举挫败秦晋联军灭亡

---

① 参见黄朴民、高润浩：《新读孙子兵法》，第45页，长春出版社2008年版。

② 《六韬·龙韬·军势》。

③ 《尉缭子·战权》。

④ 《阵纪·赏罚》。

郑国的企图；韩信采纳李左车的建议，派遣使者传檄威慑，不动干戈而顺利平定燕地；赵充国以谋代战，屯田备边，显示实力，慑服羌人等脍炙人口的事例。由此可见，战争固然是铁血的交锋，生灵的厮杀，但是在一定的条件之下，开展正确有力的政治、外交斗争，加上机遇凑巧，仍是有可能达到"不战而屈人之兵"的目的。从这个意义上讲，孙子的"全胜"战略思想不是空穴来风、一厢情愿，有人把它斥责为"主观唯心主义"的单纯"空想"，大加鞭挞，是粗暴且不公正的做法。

不过，假如因为孙子"不战而屈人之兵"思想具有合理的成分，而把它尊奉为孙子整个学说的精髓，说孙子理论的宗旨是"不战主义"，孙子本人是"和平"大使，那又完全是郢书燕说、胡说八道了，这叫作"差之毫厘，谬之千里"。世间之事，"不如意者常八九，可心人儿无一二"，孙子的"全胜"理念毕竟是阳春白雪，曲高和寡，"不战而屈人之兵"全胜战略思想作为一种十分美妙、令人羡慕的用兵理想境界，那么在活生生的现实生活之中，它的实现难免是荆棘丛生、困难重重。因为理想与现实之间，毕竟存在着很难逾越的巨大鸿沟，在处理阶级之间、民族之间、集团之间以及国家之间不可调和的对抗性矛盾的时候，"不战而屈人之兵"当然是一种选择，但是这种选择实属偶然，并不带有普遍性的意义。一般地说，只有在一方处于绝对的优势，另一方处于绝对的劣势，而处于绝对劣势的一方又由于各种各样的原因丧失了抵抗意志、双手放下武器的情况下，"不战而屈人之兵"才有可能变成现实。换句话说，与大量存在的"困兽犹斗""负隅顽抗""狗急跳墙""即便是死，也得找个人做垫脚"的现象相比，"不战而屈人之兵"的情况毕竟十分罕见，少之又少。

【原文】

故上兵伐谋[1]，其次伐交[2]，其次伐兵[3]，其下攻城；攻城之法[4]，为不得已[5]。修橹[6]轒辒，具器械[7]，三月而后成，距闉[8]，又三月而后已[9]。将不胜其忿而蚁附之[10]，杀士三分之一而城不拔者[11]，此攻之灾也[12]。

【注释】

〔1〕上兵伐谋：上兵，上乘的用兵之法。伐，进攻、攻打。谋，谋略。伐谋，以谋略攻敌赢得胜利。此句意为：用兵的最高境界是用谋略胜敌。

〔2〕其次伐交：交，交合，两军对峙示威。曹操注："将合也。"伐交，在两军阵势已列，战衅将开之际，向敌显示己方的严整军容、强大实力，震慑对手，吓阻敌人，从而使敌人丧失斗志和信心，被迫退兵或无奈投降。即所谓"以威胜"（梅尧臣注）。

〔3〕伐兵：通过军队间交锋一决胜负。兵，此处指进行野战。

〔4〕攻城之法：法，途径、手段的意思。

〔5〕为不得已：实出无奈而为之。

〔6〕修橹轒辒：制造大盾和攻城的四轮大车。修，制作、建造。橹，藤革等材料制成的大盾牌。一说，橹即"楼橹"，一种攻城用的器具。轒辒，攻城用的四轮大车，用大木制成，外蒙生牛皮，可以容纳兵士十余人。

〔7〕具器械：准备攻城用的各种器械。具，准备。

〔8〕距闉：为攻城做准备而堆积的高出城墙的土山。距，依杨丙安《孙子会笺》，"距"与"拒"相通，皆有"备""治"之义，故可理解为准备。闉，小土山。武经本作"堙"，义同。

〔9〕已：完成、竣工之意。

〔10〕将不胜其忿而蚁附之：胜，克制、制服。忿，愤懑、恼怒。蚁附之，指驱使士兵像蚂蚁一般爬梯攻城。

〔11〕杀士三分之一而城不拔者：士，士卒。杀士三分之一，言使三分之一的士卒被杀。拔，攻占城邑或军事据点。

〔12〕此攻之灾也：攻，此处特指攻城。

谋攻篇

【精解】

"全胜"与"战胜"：理想追求与实际操作的辩证关系

孙子是聪明人，他非常清醒地认识到"不战而屈人之兵"是可遇而不可求的，与其仰着脖子眼干巴巴等待天上掉馅饼的好事，不如脚踏实地去争得属于自己的利益。所以，在本篇中，他更注重从实际出发，立足于高明的作战指导，心无旁骛地通过战场上一刀一枪去争取胜利。当然，**这种胜利的出发点也完全建立在以最小的代价换取最大的战略利益认识基础之上，即所谓"以破求全"**；而不是逞血气之勇，鲁莽行事，打"舍命仗"，打"糊涂仗"。这显然是孙子"全胜"战略思想的第二个层次，与前一个层次相比，它更具有可操作性，不是花拳绣腿，而是见血封喉的毒辣功夫。

如果说实现高层次的"全胜"的基本途径是"伐谋"（跟敌人拼智慧、斗计谋，让对手甘拜下风）和"伐交"（向敌人显实力、展威风，让对手知难而退），那么，实现这一层次的"全胜"的主要手段便是"伐兵"（在野外旷地上拼个你死我活），在没有其他招数的情况下也不排斥"攻城"。当然，这种"伐兵"与"攻城"，绝不是鲁莽进攻，死打硬拼，而是依靠智谋奇计，开动脑筋，胜得巧，胜得妙，同样立足于对战争效果的积极追求。为此，孙子他在本篇中独具匠心地提出了一整套的战术运用方针：拥有十倍于敌的兵力就包围敌人，拥有五倍于敌的兵力就进攻敌人，拥有两倍于敌的兵力就分割敌人，兵力与敌人相当就要努力抗击敌人，兵力少于敌人就要设法摆脱敌人，实力弱于敌人就要努力避免决战。总之，是要根据集中优势兵力各个击破敌人的根本原则，针对敌我兵力对比不同而采取灵活机动的战术，"分别主客，指画攻守"，迫使敌人在我方凌厉打击下丧失抵抗的意志，摇白旗投降。

这样一来，孙子就使得他的"全胜"战略思想系统化和具体化了，一方面确立了崇高的理想追求目标："不战而屈人之兵"，另一方面又规范了付诸军事斗争实践的可操作性，"十围、五攻、倍分、敌战、少逃、不若避"。两者互为弥补，相辅相成，共同服务于"必以全争于天下"这个基本宗旨。由此可见，孙子已经在理想与现实之间寻找到了最好的平衡点与结合点，既不乏崇高的追求，又能充分尊重现实；既志存高远，不甘于庸碌无为，又平心静气，不存异想天开之念。

应该说，孙子思想体系中"全胜"策与"战胜"策的浑然天成、水乳交融，恰好是合乎中国传统文化的价值取向与思辨逻辑的。从历史考察，中国人在对待和处理任何问题时，都习惯于区别理想追求与实际操作之间的辩证关系，既确定最高的标准，用以弘扬己之理想，这就是所谓的"取法乎上"；

又立足于具体的目标，用以躬践实行，这就是所谓的"得乎其中"。前者只是说的，主要用来作姿态给外界看；后者才是做的，主要用来满足自己心灵的真正渴求。譬如孔老夫子，他虽然主张"祖述尧舜"，大吹大擂尧、舜的丰功伟绩，"唯天之大，唯尧则之"，但真正的用力处却在于"宪章文武"，寻梦周公，一生颠沛流离，奔走呼号，为恢复西周"礼乐文明"倾注全部的精力。又如诸葛亮丞相，表面上汲汲致力于"奖掖三军，北伐中原，兴复汉室，再造一统"，实际上聪明如他，又何尝不明白所谓"兴复汉室"不过是一个凝聚人心、鼓舞士气的口号而已。真正要做和能做的，是尽可能维系住偏处西南一隅的蜀汉政权命脉，能拖多少时间就拖多少时间。所以，"兴复汉室"是理想追求，维系三国鼎立之局是操作要务。当然，能以一州之地与强大的曹魏势力相周旋，对诸葛亮来说已是极不容易了，后人对其赞颂有加，说什么"伯仲之间见伊吕，指挥若定失萧曹"云云，也不算是太离谱。再如近代那位康南海（康有为）先生，他当年思想境界之高，即便在今天仍教人肃然起敬。具体的标志，便是在"万马齐喑究可哀"的封建帝制时代，他已经在考虑"天下大同"问题，还为此专门写了《大同书》，追求公平合理，没有人剥削人的社会理想秩序，但实际上他真正致力去做的，却是"变法维新"，"君主立宪"。

这类双重人格的差异，双重目标的分歧，在兵圣孙武身上，也没有例外，他积极倡导"不战而屈人之兵"，津津乐道"必以全争于天下"，但最重视的却是如何打仗、怎样用兵。换句话说，在孙子那里，"兵不顿而利可全"只是一面高高飘扬的旗帜，"致人而不致于人"，夺取作战主动权，才是现实，才是其兵学的旨趣所在。

【原文】

故善用兵者，屈人之兵而非战[1]也；拔人之城而非攻也[2]；毁人之国而非久也[3]。必以全争于天下[4]，故兵不顿而利可全[5]，此谋攻之法也[6]。

【注释】

〔1〕屈人之兵而非战：言不采用直接交战的办法而迫使敌人屈服。

〔2〕拔人之城而非攻也：意为夺取敌人的城池而不靠硬攻的办法。

〔3〕毁人之国而非久也：指灭亡敌人之国而无须旷日持久。非久，不旷日持久。

〔4〕必以全争于天下：全，即上言"全国""全军""全旅""全卒""全伍"之"全"。此句意为一定要根据全胜的战略争胜于天下。

〔5〕故兵不顿而利可全：顿，同"钝"，指疲惫、受挫折。利，利益。全，保全、万全。

〔6〕此谋攻之法也：这就是以谋略胜敌的最高原则。法，原则、宗旨。

【精解】

跳出"万全之策"的束缚

《孙子兵法》十三篇中，提到"全"的地方多达十余处，什么"全国为上，全军为上，全旅为上，全卒为上，全伍为上"，"必以全争于天下"，什么"自保而全胜""安国全军之道"，等等，不一而足。可见，**"全"在孙子兵学思想体系中的地位非常之高。**

"全"无疑是一种美好的事物，是值得锲而不舍追求的理想目标。然而，正因为它太美好了，太高尚了，所以要真正做到"计出万全"实在太困难了，变得可遇而不可求。在很大程度上，它只能是一种美好的愿望，而不是一种客观的现实。在军事活动实践中，最值得注意，最应该避免的，是因追求万全而优柔寡断，以致错失战机。因为"先作万全之计，然后图彼。得之则大克，不得则自全"，往往只是一种虚幻性的设想，如果处处求全，事事求备，就会不分主次，面面俱到，"眉毛胡子一把抓"，结果顾此失彼，进退维谷，什么都是浅尝辄止，什么都是蜻蜓点水，这叫作"备前则后寡，备后则前寡，备左则右寡，备右则左寡，无所不备，则无所不寡"。

可见，**真正的"万全之策"是不存在的，战前准备的充分只是相对的，战争的进程是复杂多变的，战争的前景是充满各种不确定因素的，对战争**

的预期只有可能性、或然性而没有肯定性、盖然性，在任何情况下，军事行动都带有一定的冒险性，是赌博投机的行为，更何况你的对手并非泥塑木偶，也不会毫无作为，等在那里被动挨打。所以正确的态度是，且把所谓的"万全之策"暂时搁置在一边，立足于以自己为主，排除各种干扰，敢于冒一定的风险，敢于走"偏锋"，发挥主观能动性，在有七八成，甚至五六成把握的前提下，及时采取必要的军事行动，"并敌一向，千里杀将"，重点突破，中心开花，从而以点带面，扩大战果，控制全局，赢得胜利。

这方面西晋时期大军事家（也是大学问家）杜预的做法值得人们好好借鉴。当时晋武帝司马炎计划兴师南下征伐东吴孙皓政权，实现国家统一大业。但由于考虑到东吴水师实力比较强大，且拥有长江天险之利，"孙氏负江山之阻隔，恃斗牛之妖氛，奋有水乡，抗衡上国"[1]，大举南征并无万全的把握，因此不免踌躇迟疑，不敢轻易下定决心。杜预对此看在眼里，急在心里，遂上书晋武帝，具体分析灭吴之战的利弊得失，对万全与风险之间的关系做出辩证深刻的判断。他认为"凡事当以利害相较，今此举（指南下灭吴）十有八九利，其一二止于无功耳"[2]。结论是这样的：风险值得去冒，灭吴之战箭在弦上，不得不发，应该尽快拍板，迅速展开。晋武帝听取了杜预的建议，大军齐发，直捣建康，很快完成了统一南北、平定天下的赫赫大业。不妨设想一下，如果西晋王朝一味追求万全而在"十之一二"不利条件面前畏头缩尾，自缚手脚，那么其灭亡东吴统一全国的事业究竟要拖到哪一天才能够得到实现？

北宋攻灭南唐统一江南地区同样反映了赵匡胤等战略决策者对待军事上"万全"与风险问题上的辩证态度。当时北宋对南唐虽然拥有相当大的政治、军事优势，但平心而论却远未达到"以碫击卵""以镒称铢"的程度。南唐方面兵力众多，水师强大，总兵力达30余万人，而且还据有长江天险。在这样的背景下，北宋大军渡江作战并没有十成的把握，更何况北宋王朝侧后还存在着北汉势力以及辽朝政权的严重威胁。然而，北宋君臣没有因这些困难（也就是所谓的"不全"）而放弃席卷江南、统一南北的计划，

① 《晋书》卷四十二，《王浑王浚唐彬列传》。

② 《晋书》卷三十四，《杜预传》。

谋
攻
篇

而是在经过较为充分的准备之后，权衡整体形势，把握战机，适时发起攻击南唐之役，并通过正确的运筹，在高明的作战方针指导下，克服种种不利因素，长驱直入，纵横驰骋，克敌制胜，最终一举翦灭南唐小朝廷。这里，北宋军队取胜的前提，就在于其决策者跳出了"万全之策"思维怪圈的束缚，于"不全"中求"全胜"，炉火纯青地驾驭了用兵的艺术。

【原文】

故用兵之法：十则围之[1]，五则攻之[2]，倍则分之[3]，敌则能战之[4]，少则能逃之[5]，不若则能避之[6]。故小敌之坚，大敌之擒也[7]。

【注释】

〔1〕十则围之：兵力十倍于敌就包围敌人。

〔2〕五则攻之：兵力五倍于敌就主动向它发起进攻。

〔3〕倍则分之：倍，加倍。分，分散。有一倍于敌的兵力，就设法分散敌人，造成局部上的更大优势。

〔4〕敌则能战之：敌，指兵力相等，势均力敌。能，乃、则的意思。此处与则合用，以加重语气。此句言如果敌我力量相当，则当敢于抗击、对峙。

〔5〕少则能逃之：少，兵力少。逃，退却、躲避。

〔6〕若则能避之：不若，不如；指实际力量不如敌人。

〔7〕小敌之坚，大敌之擒也：小敌，弱小的军队。之，若、如。坚，坚定、强硬，此处指固守硬拼。大敌，强大的敌军。擒，捉拿，此处指俘虏。此句通常的解释是：弱小的军队如果一味坚守硬拼，就势必沦为强大敌人的俘虏。

【精解】

孙子的用兵之法："十围五攻"

如果说孙子的"谋攻之法"还只是讨论原则问题，那么这一段中的"十围五攻"之法则相对更加具体。**"十围五攻"之法，其中体现的是实力原则，还有集中兵力和机动用兵的原则。**

孙子认为，当己方的兵力是敌人的十倍时，就可以对敌人实施包围之术，可以歼灭敌人，也可以迫使敌人投降；当己方兵力大约是敌军的五倍时，也可以发起攻击。兵力是对方的一倍时，则可以通过分割对方，形成兵力优势。本来就是对方的倍数，如果再能把对手分割成两块，则可形成四倍的优势，如果是分割成三块、四块的话，则兵力优势更大，那就可以放手对敌发动攻击了。如果遇到双方兵力相当的情况，则需要能够阻击对手，形成对峙和对抗的局面，这便是"敌则能战之"。"敌"，意思是：兵力相当，势均力敌。

此处"十"和"五"等数字，似不能确指，只可当作是大约的数字。这一层意思，曹操的相关注释，可以作为参考。曹操以他自己在下邳生擒吕布的这个战例说明，如果是主弱客强，兵力无须达到十倍，也一样可以组织围攻对手。①

关于"少则能逃之，不若则能避之"一句，需要提起注意。清人于鬯认为此"逃"当训为"挑"，意思是采取扰乱敌人的战法。② 这种解说固然巧妙，但"逃"大多还是作为"逃跑"之意。关键是"不若"和"少"的意思非常相近，而战法上却有不同，所以将"逃"训为"挑"貌似有理，实则不通。总体上看，后一句几乎是前面一句的翻版，意思太过相近。所以，联系上下文，感觉"不若则能避之"更像是旁注文字衍入。遗憾的是，在简本中，这一大段文字刚好漫漶不清，我们并不能从中找到可供参考的依据，故此，此处只能存疑，不敢判定它就是衍文。总之，"少则能逃之，

---

① 杨丙安校理：《孙子十一家注校理》，第 52 页，中华书局 1999 年版。

② 于鬯：《香草续校书》（下），第 423 页，中华书局 1963 年版。日本服部千春也持此说，疑从于鬯处得之。参服部千春：《孙子兵法校解》，第 93 页，军事科学出版社 1987 年版。

不若则能避之"这两句，意思稍犯重复，主要是告诉我们：打得赢就打，打不赢就跑，而且一定要能跑掉，而不是被敌人包围，被敌人歼灭。

"十围五攻"之法，红军在早期的反"围剿"战争中运用得最为精妙。国民党军队"围剿"苏区的部队无论在数量上还是质量上都占据着明显的优势。面对这种危险的局面，红军灵活机动，极力与敌军周旋，进而寻找机会分割对手，再形成局部的兵力优势围歼对手，成功地取得反"围剿"战争的胜利。这个过程中，兵力机动是关键的。说白了，就是处理好"打"和"走"的关系，正确处理进攻和防御的关系。这里的"走"不是被动逃跑，而是通过积极的兵力机动来调动对手，诱敌深入，或者寻机分割敌军。所谓防御也不是保守御敌，不是消极应敌，而是要在防御的过程中寻找反击的机会，伺机消灭敌人。张辉瓒率领十万兵马浩浩荡荡开进，苏区的红军加在一起也仅仅十万人马，能拉出作战的也只有四万人马，而且装备和国民党军队无法相提并论。但是红军通过积极的兵力调动，把张辉瓒的"围剿"部队逐渐拉开，最终形成包围切割的机会。所谓兵力调动，既是"少则能逃之，不若则能避之"，同时也是寻找机会反击。最终，张辉瓒的师部和两个旅共九千人形成孤军深入之势，钻进红军布置的口袋阵，最终被团团包围。这个时候双方作战的兵力对比约为五比一，正可"五则攻之"。战斗中，张辉瓒被活捉，九千兵马也无一漏网。这次声势浩大的"围剿"行动遭到彻底失败。

真正运用好"十围五攻"的用兵之法，其关键都在正确认清敌情，做好"知彼知己"，做好诸如"五事七计"这种分析工作。 只有对"知彼知己"下足了功夫，只有根据敌我双方客观情况，主要是兵力对比，有了清醒的认识，才能真正运用得好。可以说，前几次反"围剿"战争都是因为正确的兵力机动，寻找到了合适的反击机会，形成局部的优势，再进而取得战争胜利。与此形成对比的是，第五次反"围剿"战争中，红军由于缺少正确的指挥，以劣势的兵马和"围剿"队伍火拼，最终招致惨败，进而有了湘江血战，被迫进行长征。这也正是孙子所总结的"小敌之坚，大敌之擒"的情况。我们可以从红军几次反"围剿"战争的不同结果，看出孙子"十围五攻"用兵之法的价值。

从"谋攻之法"的讨论原则问题，到"用兵之法"讨论稍微具体问题，

这是非常符合逻辑的。十三篇兵法就是这样一步步具体展开，先是摆出一些原则问题，接着就一些细节问题逐步展开论述。从《计篇》开始，到后面的《作战篇》《谋攻篇》，乃至到后面的《火攻篇》《用间篇》都体现出这样一个逐步展开的过程。通过这种方式，孙子把自己的兵学思想一步步地深入化、具体化。

【原文】

夫将者，国之辅也^[1]，辅周则国必强^[2]，辅隙则国必弱^[3]。

【注释】

〔1〕国之辅也：国，指国君。辅，原意为辅木，这里引申为辅助、辅佐。

〔2〕辅周则国必强：言辅助周密、相依无间国家就强盛。周，周密。

〔3〕辅隙则国必弱：辅助有缺陷则国家必弱。隙，缝隙，此处指有缺陷、不周全。

【精解】

孙子论君将关系

为了真正达成"全胜"，孙子对战争中不可避免要遇到的"君将关系"进行了讨论。

为什么要关注将、君关系，道理很简单，仗是要靠将军去打的，而将军又是国君任命的。处理好这一层关系，对于确保战争获胜显然是非常重要的。在《计篇》中，孙子举出影响战争胜负的五个因素（即"五事"）时，就把"将"列为其中之一。不仅如此，十三篇中数次论及君将关系。除了《计篇》之外，《谋攻篇》《九变篇》等都对此有所讨论。在《谋攻篇》中，孙子对"将"的作用和地位进行了定位："夫将者，国之辅也。辅周则国必强，辅隙则国必弱。"

这里的"辅"，是"辅佐"之意。把"将"作为国家的主要辅助，这并不是要肆意抬高将帅的地位，而是冷峻地道出了将帅的作用。将帅如果辅佐周全，国家就会强盛。将帅如果辅佐有缺陷，国家就会虚弱。俗话说，千军易得，一将难求。将帅为什么重要，因为是将帅领导着军队，而军队是保家卫国的最重要工具。这个工具能不能起到应有的效果，将帅往往起到决定性作用。此外，在战场上披坚执锐、指挥作战的也是要靠将帅。所以，孙子必须要很认真很严肃地讨论将、君关系。那么，如何处理好将、君关系呢？孙子提供了"二选一"的选择模式，而且同样是告诉我们"非"，由此得出"是"将帅是国家的辅佐。辅助周密，国家就一定强盛；辅助有缺陷，国家就一定衰弱。

相关"君将关系"，孙子在其他地方也有讨论。在《谋攻篇》的最后，孙子的主张是："将能而君不御者，胜"，孙子的意思非常明确：将帅有才能而国君不加掣肘的，就能够胜利。这个思想，其实和前面是一致的：将帅能力强，辅助就会周密，这个时候国君如果不加过多干预，国家就一定会走向强盛。

当然，相关"君将关系"，孙子最有名的名言出现在《九变篇》中。在这一篇中，孙子说："君命有所不受。"孙子这种相关君将关系的认识，在古代社会是个极富震撼力的言论。因此有人批评孙子有"扶将而弱君"的倾向。究竟是不是这样，我们在后面还有深入讨论。此处姑且省略部分笔墨。

【原文】

故君之所以患于军者三[1]：不知军之不可以进而谓之进[2]，不知军之不可以退而谓之退，是谓縻军[3]。不知三军之事[4]，而同三军之政[5]者，则军士惑矣[6]。不知三军之权，而同三军之任[7]，则军士疑矣。三军既惑且疑，则诸侯之难至矣，是谓乱军引胜[8]。

【注释】

〔1〕君之所以患于军者三：患，危害、贻害。三，指三类情况、三种做法。

〔2〕谓之进：谓，告诉，此处是命令的意思。谓之进，犹言"使（命令）之进"。

〔3〕是谓縻军：这叫作束缚军队。縻，束缚、羁縻。

〔4〕不知三军之事，而同三军之政者：三军，泛指军队。周朝一些大的诸侯国设三军，有的为上、中、下三军，有的为左、中、右三军。同，共。此处是参与、干预、干涉的意思。

〔5〕政：政务，这里专指军队的行政事务。

〔6〕军士惑矣：军士，指军队的吏卒。惑，迷惑、困惑。

〔7〕不知三军之权，而同三军之任：此句意谓不知军队行动的权变灵活性质，而直接干预军队的指挥。权，权变、机动。任，指挥、统率。

〔8〕是谓乱军引胜：乱军，扰乱军队；引，去、却、失的意思。引胜，即却胜。一说"引"为引导、导致之意，引胜即导致敌人胜利。于说虽可通，但孙子此处实就己方军情发议，故应以前说为善。

【精解】

解决"将从中御"，避免瞎指挥的危害

孙子认为要想顺利实现"全胜"的目的，重要条件之一，在于将帅的素质和能力。俗话说，千军易得，一将难求，其德行情操的优劣，韬略智慧的长短，指挥艺术的高下，直接关系到军队的安危，战争的胜负。假如统军之将猥琐无能，"伐谋""伐交"固然无从谈起，"伐兵""攻城"也将一事无成。所以，孙子对将帅的作用和地位予以充分的肯定，把它看作是保证"全胜"战略目标实现的重要条件。指出将帅对于国家的关系，就好比辅木对于车毂一样。强调如果将帅在指挥千军万马时，能切实从国家的利益出发，力求以谋制敌，真正做到"兵不顿而利可全"，就一定能使军队保全、国家强盛。

将帅在实现"全胜"战略过程中的地位既然如此重要，那么协调处理好将帅与国君的关系，使之辅车相依、紧密合作也就成了一个不可忽视的问题。**孙子认为，在将帅和君主这一对矛盾关系中，占矛盾主导方面的是**

谋
攻
篇

君主一方，所以要协调处理好君将关系，首先需要解决的是将从中御的问题。他指出君主过多地牵制将帅的行动必然会导致败军祸国的严重恶果，这种恶果具体表现为三个方面：第一，"不知军之不可以进而谓之进，不知军之不可以退而谓之退，是谓縻军"；第二，"不知三军之事，而同三军之政者，则军士惑矣"；第三，"不知三军之权，而同三军之任，则军士疑矣"。要力争"全胜"，就必须克服这些弊端，而克服的途径，在于君主能真正赋予将帅指挥战争的实权，使将帅能充分发挥自己的才干，以追求"全胜"的理想结果。应该说，孙子这一立足于"全胜"战略的重将任将思想是非常高明的，对后人也有启迪。

需要看到的是，在这段话中，孙子告诉了我们什么是"患"，其实也就是提供了如何才"不患"的答案，也就是告诉了人们处理将、君关系的几个原则。这些论述，其实是上一段"君将关系"相关论述的延续。其中，"患于军"，简本作"患军"，意思似乎更加简洁。"縻"是"束缚"之意，意思是加以控制而使其不得自由。"任"的意思是"指挥"，意指"干预军队指挥"。"引"是"失去"的意思。《礼记》郑玄注："引，却也。"此句意指因为军队混乱而失去胜利的机会。很多人将"引"理解为"招引、招来"，那就把意思搞反了：既然"乱军"，怎么能招来胜利呢？

另外还有一点需要提出讨论，就是第一句中的"三"字，钮先钟认为当是"二"字之误。[1] 因为这段话中，以"是为"为标志，谈了一个"縻军"，谈了一个"乱军引胜"。孙子认为，作为国君，如果不知道三军不可前进却胡乱下令军队前进，不知道军队不可后退却胡来命令其后退，这就是"縻军"：如果因为胡乱指挥，胡乱干预军队事物，就会造成"三军既惑且疑"，那么其他诸侯就好趁机发难，这就是"乱军引胜"。从这个角度分析，"三"确实更像是"二"。当然，银雀山出土的汉简本《谋攻篇》中有太多损毁，相关段落无可查对。笔者推测，此处还有一种可能，那就是这个"三"字本为衍字，系抄书之人不慎误抄进来，进而以讹传讹，一直流传至今。

① 钮先钟：《孙子三论》，第34页，广西师范大学出版社2003年版。

【原文】

故知胜有五：知可以战与不可以战者胜；识众寡之用者胜[1]；上下同欲者胜[2]；以虞待不虞者胜[3]；将能而君不御者胜[4]。此五者，知胜之道也[5]。

【注释】

〔1〕识众寡之用者胜：能善于根据双方兵力对比情况而采取正确战法，就可以取胜。众寡，指兵力多少。

〔2〕上下同欲者胜：上下同心协力的能够获胜。同欲，利益相合，意愿一致，指齐心协力。

〔3〕以虞待不虞者胜：自己有准备对付没有准备之敌则能得胜。虞，有准备，有戒备。

〔4〕将能而君不御者胜：将帅有才能而国君不加掣肘的能够获胜。能，贤能、有才能。御，原意为驾驭，这里指牵制、制约。

〔5〕知胜之道也：认识、把握胜利的规律。道，规律、方法。

【精解】

争取"全胜"的五个条件

无论是"全胜不斗"，还是"破中求全"，它的基础都在能否做到"知彼知己"，战争指导者最大的愚蠢，就是"情况不明决心大，计划不周干劲足"，这样的决心越是大，这样的干劲越是足，带来的灾难便越是可怕，受到的损失便越是巨大，所以，孙子一再强调"知彼知己"的重要性，"知彼知己，胜乃不殆；知天知地，胜乃可全"，据此以力求"全胜"，争取"战胜"。这在《计篇》之中是著名的"五事七计"，而在本篇中则是所谓的"知胜有五"（争取谋胜、全胜的五个条件）。

所谓"知胜有五"，正是战争指导上争取"全胜"的五个条件：知道可以同敌人打或不可以同敌人打的，能够胜利；了解多兵和少兵的不同用法的，能够胜利；全军上下意愿一致的，能够胜利；以有备之己对付无备之敌的，能够胜利；将帅有才能而国君不加掣肘的，能够胜利。凡此五项，就是预知胜负的方法。

这五条，既包含了对客观军事力量进行综合分析的基本方面，也体现了对主观作战指导能力的高度强调，全面具体又深刻精髓，反映出孙子在预知胜负问题上的卓越识见。其中，判定可以打或者不可打，"知可以战与不可以战"是前提；懂得根据兵力多少而采取合适的战法，"识众寡之用"是用兵的枢机；全军上下心往一处想、劲往一处使，"上下同欲"是政治保障；未雨绸缪，有备无患，"以虞待不虞"是有备无患；将帅智勇双全、才华洋溢而做君主的不加牵制干涉，"将能而君不御"，是用兵成功的秘诀。五者互为条件、互为作用，构成了预知胜负、实现"全胜"的完整整体。那么这仗不打即罢，一打必胜，就像孟子说的"君子有不战，战必胜矣"。

这五条"知胜之道"说到底，其实都是"五事七计"的主要内容，但在这里孙子又换了一下说法，有的内容则是对"五事七计"的提炼和深化，也可看作是经过《计篇》《作战篇》和《谋攻篇》的论证之后所提炼的精华内容。 比如说，"识众寡之用者胜"就是直接对应"兵众孰强"；"上下同欲者胜"则是对应"主孰有道"；"知可以战与不可以战者胜"则是"庙算"所得出的结论；"以虞待不虞者胜"则是在《作战篇》和《谋攻篇》的论证之后得出的结论，至于"将能而君不御者胜"，则是前面论述将、君关系之后所形成的结论。在作者眼中，上述五条是最为关键的内容，故此又再反复论证之后，又予以特别强调。

但是，需要注意的是，孙子所用字句不同，立意也悄悄发生改变。孙子在前面讨论将、君关系时，尚且没有对将帅的能力展开讨论。但是在论述"知胜之道"时，已经关注到这一点。"将能而君不御者胜"这句话中，我们要注意这个"能"字。有能力的将帅，更不需要干预。

另外，"知胜之道"中有一个关键字眼："知"。从这个词语可以看出，孙子对于情报的重视和特别强调，这也是从"庙算"开始的一贯思路。这一理念，我们从《谋攻篇》的结尾也可看出大概。

【原文】

故曰：知彼知己者，百战不殆[1]；不知彼而知己，一胜一负[2]；不知彼，不知己，每战必殆。

【注释】

〔1〕知彼知己者，百战不殆：审知彼己强弱之势，虽经百战，也无危险。殆，危险。

〔2〕一胜一负：胜负各半，无必胜之把握。

【精解】

"知彼"与"知己"，孙子更看重"知彼"

在本篇中，孙子提出了"知彼知己，百战不殆"的重要观点。他认为要驾驭战争，争取"全胜"的理想结果，就必须全面了解和正确把握敌我双方的情况，预知胜负，制定正确的战略战术方针，确保自己牢牢地立于不败之地，而不放过任何战胜敌人的机会。

"知彼知己，百战不殆"，就像"人要吃饭"的道理一样浅显、通俗，也一样的深刻、高明。的确，最伟大的哲理往往包含于最平凡、最简单的事物之中，平实的语言才闪烁真理的光泽。孙子这一"全胜"战略认识论原则的强大生命力，其实早已为无数次战争实践所证明了。

一个例子是著名的"汉中对"。楚汉战争爆发前夕，曾经落魄多年的韩信先生时来运转，经萧何的推荐，当上了汉军大将。作为见面之礼，他向汉王刘邦呈上一份"战略咨询报告"，即所谓的"汉中对"。在对策中，他全面分析了楚汉双方的战略态势，预测了双方战争的基本走向。指出：项羽虽然"勇悍仁强"，不可一世，但他的"勇"，不过是没有头脑的匹夫之勇；他的"仁"，不过是婆婆妈妈的"妇人之仁"；他的"强"，也不过是"百姓不附，特劫于威"的蛮横强梁，"强梁者不得好死"。因此，项羽的强大仅仅是表面现象,骨子里虚弱得很,迟早要走向反面。相反,对刘邦,韩信是非常看好的,所以在"汉中对"中,他积极为自己的主子打气。指出只要刘邦能反项羽之道而行之,任用天下英雄豪杰,舍得花大本钱调动手下文武官员的积极性,好好利用汉军将士渴望东归老家的心理,并凭借日前在关中"约法三章"所带来的民众好感优势,就可以"明修栈道,暗度陈仓",一举平定关中,逐鹿中原,得志天下。①

这是一个建立在"知彼知己"基础上完整成熟的战略方案,无怪刘邦听了之后茅塞顿开,两眼冒光,连声叫好。事情的发展也证明了韩信战略眼光的远大和高明:汉军果然迅速占领三秦地区,进而挥师东向,与西楚霸王项羽争夺天下,经过前后四年的浴血奋战,终于逼得这位"力拔山兮气盖世"的大英雄洒泪别姬,自刎于呜咽的乌江边上。

又一个例子是日俄对马海战。20世纪初,日俄两国为争夺东北亚地区的霸权,尤其是对我国东三省的控制而剑拔弩张,龇牙咧嘴。俄国人既不知己,又不知彼,竟然把日军轻蔑地称作为"乳儿军",趾高气扬地宣言俄军战胜日军不过是小菜一碟,"易如反掌"。他们不是与日军斗智斗谋,而是跟日军斗气逞性。结果俄国海军主力波罗的海舰队,不远数万里长途跋涉,从大西洋绕过非洲好望角,经印度洋,过马六甲海峡,入太平洋,行驶到对马海峡,却因敌情不明,疲惫不堪,而被"知彼知己"、胸有成竹的日本海军元帅东乡平八郎运用"以逸待劳"的战法杀得惨败。

再一个例子是第二次世界大战初期的德法之战。战争爆发前夕,法国军事领导人自恃拥有坚固的马其诺防线,而狂妄自大,高枕无忧,放松战争的准备。尤其是那位艾仑赛元帅,自我感觉太良好了,总是过高估计法军的战斗力,过低估计德军的战斗力,声称德军所有将领在第一次世界大战中,没有一个曾经做过比上尉更高的官职,这是德军的一个大弱点。可以想见他当时说这番话时沾沾自喜、神气活现的模样。然而,结果却是法国军队在德军大举进攻面前,丢盔弃甲,溃不成军。而指挥德军凯旋进军的,正是那些为艾仑赛元帅所不屑一顾的小人物:当年第一次世界大战战场上德军队伍中的少尉、中尉们。

---

① 参见《史记》卷九十二,《淮阴侯列传》。

毛泽东是经天纬地的大伟人，他眼中瞧得起的历史人物屈指可数，连秦皇汉武之流，也忍不住要调侃一番："惜秦皇汉武，略输文采；唐宗宋祖，稍逊风骚；一代天骄，成吉思汗，只识弯弓射大雕。"① 然而，对于孙子，他多少怀有惺惺相惜的情愫，推重孙子在军事理论方面的重大建树，高度评价孙子基本原则的不朽价值："孙子的规律，'知彼知己，百战不殆'，仍是科学的真理。""中国古代大军事家孙武子书上'知彼知己，百战不殆'这句话，是包括学习和使用两个阶段说的，包括认识世界中的发展规律，并按照这些规律，去决定自己的行动克服当前敌人而说的，我们不要看轻这句话。"②

"唯大英雄能本色，是真名士自风流"。李白发牢骚，说是"自古圣贤皆寂寞"，这不对。真正的圣贤是不会寂寞的，孙子身后拥有无数的"知音"，其中甚至包括了毛泽东这样的一代伟人，可见圣贤并不都寂寞啊！

需要看到的是，**孙子强调"知己"，更强调"知彼"，重视"知天"，更重视"知地"，这是符合战争规律的，**同时也是符合特定历史背景的。相对于"知己"，"知彼"更难，却更重要，是情报工作中更为主要的内容。所以，十三篇中，更多的内容是论述"知彼"。而且，古时作战，更多受制于地形条件，至于气候条件如果不利，则适当选择避开。所以，在十三篇中，有大量的篇幅论述"知地"，对于"知天"却少有论述。显然，孙子是有取舍的，有意突出重点，而不是眉毛胡子一把抓。

谋攻篇

---

① 毛泽东：《沁园春·雪》。

② 毛泽东：《论持久战》，《毛泽东选集》（合订本），第480页；《中国革命战争的战略问题》，《毛泽东选集》（合订本），第175页，人民出版社1966年版。

形 篇

孙子曰：昔之善战者，先为不可胜，以待敌之可胜。不可胜在己，可胜在敌。故善战者，能为不可胜，不能使敌之可胜。故曰：胜可知而不可为。

不可胜者，守也；可胜者，攻也。守则不足，攻则有余。善守者，藏于九地之下；善攻者，动于九天之上，故能自保而全胜也。

见胜不过众人之所知，非善之善者也；战胜而天下曰善，非善之善者也。故举秋毫不为多力，见日月不为明目，闻雷霆不为聪耳。古之所谓善战者，胜于易胜者也。故善战者之胜也，无智名，无勇功。故其战胜不忒。不忒者，其所措必胜，胜已败者也。故善战者，立于不败之地，而不失敌之败也。是故胜兵先胜而后求战，败兵先战而后求胜。善用兵者，修道而保法，故能为胜败之政。

兵法：一曰度，二曰量，三曰数，四曰称，五曰胜。地生度，度生量，量生数，数生称，称生胜。故胜兵若以镒称铢，败兵若以铢称镒。胜者之战民也，若决积水于千仞之谿者，形也。

【题解】

战争谋划主要还是要依据军事实力，所以本篇主要论述军事实力的营建。作者认为，在战争中必须依据敌我双方军事实力的强弱，灵活运用攻守两种不同的形式，以达到保全自己、消灭敌人的目的。孙子清醒地认识到敌我力量对比对于战争胜负的决定性意义，主张在军队作战中努力确保自己立于不败之地，强调要寻求敌人的可乘之机，以压倒性的优势，予敌以致命的打击。这就是带有普遍意义的"先为不可胜，以待敌之可胜"的作战指导原则。为了在战争中确立自己的优势地位，孙子提出了一系列对策，强调在"胜兵先胜而后求战"方针的指导下，实现"自保而全胜"的战略意图。

本篇篇题汉简本作《刑》，"刑"为"形"之通假字，先秦两汉时人多以"刑"为"形"。武经本作《军形第四》。孙子在这里引入"形"的概念（范畴），所要说明的正是军事实力及其外在表现，如众寡、强弱等。

【原文】

孙子曰：昔之善战者，先为不可胜[1]，以待敌之可胜[2]。不可胜在己[3]，可胜在敌。故善战者，能为不可胜，不能使敌之可胜。故曰：胜可知而不可为[4]。

【注释】

〔1〕先为不可胜：为，造就、创造。不可胜，指我方不致被敌人战胜，即所谓"立于不败之地"的意思。

〔2〕以待敌之可胜：待，等待、寻找、捕捉的意思。敌之可胜，指敌人可能被我战胜的时机。

〔3〕不可胜在己，可胜在敌：指创造不被敌人战胜的条件。在于自己主观的努力，而敌方是否能被战胜，则取决于敌方自己的失误，而非我方

主观所能决定。

〔4〕胜可知而不可为：胜利可以预知，但敌人有无可乘之隙，战而胜之，则不能由我方来决定。

【精解】

孙子的军事实力政策："先为不可胜"

孙子告诉我们，以前那些善于用兵打仗的人，总是先努力做到不被战胜，然后再等待敌人可被战胜的机会出现。不被敌战胜，要靠自身努力，也就是要把自己处于一个不败之地。敌人是否能为我所胜，则要看是否会有可乘之机。但是，自己必须首先做到不被敌人打败。这其中的意思非常明显：发起战争必须要首先立于不败之地，再耐心等待可胜之机。至于如何达成，关键依靠"治形"，依靠的是军事实力的强大。

《形篇》全面系统地论述了军事实力在战争中的地位和作用，以及军事实力运用的原则和实力建设的方法、途径诸问题。具体地说，"先为不可胜"，"胜兵先胜而后求战"是实力政策；"守则不足，攻则有余"，即"强攻弱守"是对实力的战略运用；"修道而保法"是发展军事实力的基本原则，而"善战者之胜也，无智名，无勇功"，"胜于易胜"则是实现实力政策所要达到的上乘境界。孙子认为，战争指导者必须依据敌我双方物质条件的优劣，军事实力的强弱，灵活采取攻守两种不同形式，"以镒称铢"，"决积水于千仞之谿"，以达到在战争中保全自己、消灭敌人的目的。

既然敌我力量对比对战争胜负结果具有关键性的意义，孙子便提出了在军队作战中要努力确保自己先立于不败之地，"先为不可胜""不可胜在己"，做到"胜兵先胜而后求战"，在此基础上，则要积极寻求和利用敌人的可乘之机，即所谓"以待敌之可胜""不失敌之败也"，一旦时机成熟，便果断采取行动，乘隙蹈虚，以压倒性的优势，予敌人以致命的打击，"故胜兵若以镒称铢"，"胜者之战民也，若决积水于千仞之谿者，形也"。孙子认为，唯有如此，才是真正"能为胜败正"，成为战争胜负的主宰。应该说，这一作战指导思想是带有普遍指导意义的。

认识到军事实力在战争中的重要地位和作用，并不等于顺理成章拥有了强大的军事实力，更不意味着能淋漓尽致运用和发挥自己的实力，在战场交锋中所向披靡，战无不克。用孙子的话说，便是"不能使敌之可胜"，"胜可知而不可为"。孙子之所以高明，见识远胜于其他军事家，乃在于他在宏观上认识战争中军事实力的地位作用的基础上，又系统地论述了运用军事实力的原则和建设实力的方法、途径等问题，从而使自己以实力制胜的理论体系完备，逻辑严谨，具有充分的说服力和深刻的启示性。

【原文】

　　不可胜者，守也；可胜者，攻也[1]。守则不足，攻则有余[2]。善守者，藏于九地之下[3]；善攻者，动于九天之上[4]，故能自保而全胜[5]也。

【注释】

　　[1]不可胜者，守也；可胜者，攻也：意为使敌人不能胜我，在于我方防守得宜；而战胜敌人，则取决于我方进攻得当。

　　[2]守则不足，攻则有余：采取防御，是由于处于劣势；采取进攻，是因为拥有优势。按，汉简本此句作"守则有余，攻则不足"，意为在同等兵力的情况下，用于防御则兵力有余，用于进攻则感到兵力不足。亦通。

　　[3]善守者，藏于九地之下：九，虚数，泛指多数。九地，用于形容极深的地下。此句言善于防守的人，能够隐蔽军队活动，如藏物于极深之地下，令敌方莫测虚实。此句另一种解释为：善于防守者，能巧妙利用各种地形以为坚固防守，似不如前说为善。

　　[4]善攻者，动于九天之上：九天，形容极高的天上。此句意谓善于进攻的人，进攻时能做到行动神速、突然，如自九霄而降，令敌猝不及防。又一说云：善攻者，善于利用天时天候主动地选择进攻时间。

　　[5]自保而全胜：保全自己而战胜敌人。

善守与善攻的秘诀

传本"守则不足，攻则有余"一句，简本作"守则有余，攻则不足"，字面意思看似截然相反。自从简本出土之后，学术界就对此处异文有一定的关注，目前尚且无法达成统一意见。比如，目前学界就存在两种截然相反的观点，一种是以吴九龙等人为代表，认为以简本为是。[1] 他们找来的证据是，《汉书·赵充国传》及《后汉书·冯异传》中有支持简本的引文。另一种意见是以李零等人为代表，认为传本文义更顺。[2] 与吴九龙从古文献中寻找证据的做法有所不同，李零基于作战原理，找出了一些支持传本的证据，同样具有相当的说服力。

其实，在简本出现之前，大家对这段文字的理解并无困难之处。兵力不如人家，当然只能采取守势，兵力超过别人，自然可以采取攻势。十三篇中，还不乏支持这种理解的内证，比如《谋攻篇》中有"少则能守之"一句，与"守则不足"多少能求得对应。此外，我们从曹操注文中也可以看出，曹操当年所见本就是作"守则不足，攻则有余"。[3]

很显然，简本和传本都能找到各自有力的证据，孰是孰非很难断定，出现上述两种截然相反的观点，本在情理之中。

与上述截然对立的两种观点不同，我们认为简本、传本皆通。"守则有余，攻则不足"这一句，我们不妨解读为："在同等兵力的情况下，用于防御则兵力有余，用于进攻则感到兵力不足。"[4] 这其实也是从战法出发，对简本文字所作出的一种非常合理的解读。

简本、传本的异文情况，或许不需要作势如冰炭式的解读。这种异文情况的出现，正是为我们解读孙子的攻守之道提供了新的途径。当然，如何准确解读这种异文，则是需要我们多方探讨，最终找出一种最为近情、

① 吴九龙主编：《孙子校释》，第56页，军事科学出版社1990年版。
② 李零：《兵以诈立》，第161页，中华书局2006年版。
③ 曹操注文曰："吾所以守者，力不足也。所以攻者，力有余也。"
④ 黄朴民：《〈孙子兵法〉解读》，第98页，中国人民大学出版社2008年版。

最为合理的解释。

在我们看来，该处异文其实也是运用了"互文"的修辞格。这一句中，两个"则"字连用，也提示我们上下两句之间可能存在一种隐而不显的对待关系。比如"其言则若是，其行则若彼"一句，两个"则"字使得两个句子并列，看上去好像是二事对举，实际却是表示了一种前后相承关系。也就是说，前一个"则"字是"如果"之意，后一个"则"字则是"就会"（就要，就应当，就能够等）之意。[①] 按照这种修辞格，传本的"守则不足，攻则有余"或简本的"守则有余，攻则不足"，均可补足为："守则不足，攻则有余；守则有余，攻则不足。"如果从互文这个修辞格出发，对该处异文进行考察，便会发现，表面意思完全相反的"守则不足，攻则有余"和"守则有余，攻则不足"，所表达的完全是一个意思，那就是充分合理地分配兵力。也就是说，在同等兵力情况下，如果用在防守的兵力过多，则必然会影响到进攻的兵力；如果用于进攻的兵力过多，则用于防守的兵力必然会匮乏。这时候就需要指挥员作全盘统筹，合理调度兵力，这才能使得己方成功立于不败之地。

《形篇》接下来一句——"善攻者，动于九天之上；善守者，藏于九地之下"，所使用的便是互文的修辞手法。很显然，"动于九天之上"和"藏于九地之下"并非一个专指攻，一个专指守。因为即便是在进攻战斗中，指挥员同样需要善"藏"，让对手摸不清自己的主攻方向，才能达成进攻时的突然性，一举制敌。同样道理，在防守战斗中，如果不懂得分合为变，不会机动兵力，也是行不通的。防守同样要善于运用兵力，一味死守往往是守不住的，不能求得战争胜利。作为指挥员，一定要善于根据战争实际情况，及时补充兵力。在做好防守的同时，同时要处理好攻守之间的关系，注意适时组织反攻，这才能确保自己真正立于不败之地。可以说，**孙子战争之法的关键就是"分合为变"，合理机动兵力，合理分配进攻和防守的力量，同时也要求做好善"藏"善"动"。只有这样，才能真正实现作者所追求的"自保而全胜"。**

形

篇

---

① 类似这样的例子，吕叔湘在《文言虚字》中举出了不少。参见吕叔湘：《文言虚字》，《吕叔湘文集》卷九，第 194 页，辽宁教育出版社 2002 年版。

【原文】

见胜不过众人之所知[1]，非善之善者也；战胜而天下曰善，非善之善者也。故举秋毫不为多力[2]，见日月不为明目，闻雷霆不为聪耳[3]。古之所谓善战者，胜于易胜者也[4]。故善战者之胜也，无智名，无勇功[5]。故其战胜不忒[6]。不忒者，其所措必胜[7]，胜已败者也[8]。故善战者，立于不败之地，而不失敌之败也。是故胜兵先胜而后求战[9]，败兵先战而后求胜[10]。善用兵者，修道而保法[11]，故能为胜败之政[12]。

【注释】

〔1〕见胜不过众人之所知：见，预见。不过，不超过。众人，普通人。知，认识。

〔2〕举秋毫不为多力：秋毫，鸟兽之毛至秋更生，细而末锐，称为"秋毫"。通常比喻极轻微的东西。多力，力量大。

〔3〕闻雷霆不为聪耳：能听到雷霆之声算不上耳朵灵敏。聪，听觉灵敏。

〔4〕胜于易胜者也：易胜者，容易战胜的敌手，指已经暴露弱点之敌。

〔5〕故善战者之胜也，无智名，无勇功：言真正能打仗的人取得胜利，并不显露智谋的名声，并不呈现为勇武殊世的赫赫战功，而于平淡中表现出来。即老子所谓"大方无隅，大器晚成，大音希声，大象无形"。

〔6〕故其战胜不忒：忒，音"特"，失误、差错。不忒，无差错，意为确有把握。

〔7〕其所措必胜：措，筹措、措施、措置。此处指的是作战措施。

〔8〕胜已败者也：战胜业已处在失败地位的敌人。

〔9〕胜兵先胜而后求战：胜兵，胜利的军队。先胜，先创造不可被敌战胜的条件。此句意为能取胜的军队，总是先创造取胜的条件，然后才同敌人决战。

〔10〕败兵先战而后求胜：指失败的军队总是轻易开战，然后企求侥幸取胜。

〔11〕修道而保法：道，政治、政治条件。法，法度、法制。意为修

明政治，确保各项法制得到贯彻落实。

〔12〕政：同"正"，主、主宰的意思。

【精解】

孙子追求的战争模式是"善战"

孙子认为，预见胜利不超越普通人的见识，这算不得为高明中最高的。通过激战而取得胜利，即使是普天下人都说好，也不算是高明中最高明的。这如同能举起秋毫算不得力大，能看见日月称不上目明，能听到雷霆算不上耳聪一样。

孙子更进一步指出，古时候所说的善于打仗的人，总是战胜容易取胜的敌人。因此，善于用兵的人打了胜仗，既不显露智慧的名声，也不表现为勇武的战功。他们取得胜利，是不会有差错的。其之所以不会有差错，是由于他们的作战措施建立在必胜的基础之上，是战胜那些业已处在失败地位的敌人。善于用兵打仗的人，总是确保自己先立于不败之地，而同时从不放过任何击败敌人的机会。所以，胜利的军队总是先创造取胜的条件，而后才寻求同敌人决战；而失败的军队，却总是先同敌人交战，而后企求于侥幸取胜。善于指导战争的人，总是善于修明政治，确保健全法制，从而能掌握战争胜负的决定权。

这段文字中出现频率很高的是一个"善"字，共9次，告诉了我们一个简单的道理：孙子追求的战争模式是"善战"。这其实与《谋攻篇》中所倡导的"不战而屈人之兵"和"全胜"，力图以最小的代价换取最大的战果，在逻辑上是完全一致的。此外，这段话中隐约告诉了我们什么是"形"，这就是"不败之地"，也可以说是"不败之形"。

我们认为，这段话其实是对《形篇》的开篇——"昔之善战者，先为不可胜，以待敌之可胜"的呼应。孙子说，以前那些善于用兵打仗的人，总是先努力做到不被战胜，然后再等待敌人可被战胜的机会出现。而上述这一大段话就是用来做具体论证的，力求达成不被战胜的局面。

细分一下，这一大段话其实也可分为三段：

形

篇

第一段是论述什么是"不善"："战胜"。具体地说就是："见胜不过众人之所知，非善之善者也；战胜而天下曰善，非善之善者也。故举秋毫不为多力，见日月不为明目，闻雷霆不为聪耳。"其中运用了比喻和排比的修辞格，都是为了告诉我们，哪些行为是"非善"，知道了什么是"非善"，也就知道了什么是"善"。通过作者的描述，这里所说的"战胜"其实就是《谋攻篇》的"破胜"，而非"全胜"。这种"破胜"也是"谋攻篇"所抛弃的，其实只能算是"众人之所知"，是不足为道的。这和平常人举起秋毫、看到日月、听见雷霆来证明自己力气大、视力好、听力强一样，都不足为贵。

第二段则是论述"善战"："胜于易胜"和"战胜不忒"。通过前面论述何为"非善"，其实已经基本将什么是"善战"勾勒出来，但孙子认为，这还不够，于是再用平白的语言告诉我们什么是"善战"："胜于易胜"。为什么能做到"易胜"，当然是因为有了强大的实力和战胜敌人的最佳时机。这样作战才有必胜的把握，把损失降到最低，也就是孙子所说的"战胜不忒"。

"忒"是"错误、差错"的意思。俞樾说："古书'忒'字，或以'貳'为之。"[1] 而'貳'字，传写过程中也可能会变成"貣"。而这尚且不会对我们的认读，造成较大偏差。但简本中使用的"貸"，今天的简体写作"贷"，与前者相比，在上部多了一个"亻"，这该是抄写失误所致。简本因为这个"贷"字的出现，使得整句含义不明。

第三段则是论述"先胜"："立于不败之地"和"修道保法"。"立于不败之地"并非是说占据了非常有利的地形，而是说整体实力占优、战略指导有方。此处的"地"不可简单理解为"地形"。为了实现这个目标，那就需要"修道而保法"。"修道"和"保法"既可指军队，也可指国家，是希望有一个最优的组织架构，上下同心，内外亲和，目标和方向都保持一致，这样就可以保持政治清明、国防坚强，让对手毫无可乘之机，也就是处于"不败之地"。

其中，"胜兵先胜而后求战，败兵先战而后求胜"一句，关锋认为，

---

① 《古书疑义举例》卷五。

也可句读为"胜兵先胜，而后求战；败兵先战，而后求胜"。^① 这里，孙子通过"胜兵"和"败兵"的对比，告诉我们"先胜"的重要性。

所谓"立于不败之地"，最重要的就是"修道而保法"，其次则是发展经济实力。关于"修道"和"保法"，孙子在《计篇》已经有所讨论。大概在孙子看来，这也更像是国君之事，所以这里论述无多，只是一笔带过。所以接下来，孙子重点谈的是如何发展经济，提升实力。这就是《形篇》结尾要重点讨论的内容。

【原文】

兵法：一曰度〔1〕，二曰量〔2〕，三曰数〔3〕，四曰称〔4〕，五曰胜。地生度〔5〕，度生量〔6〕，量生数〔7〕，数生称〔8〕，称生胜〔9〕。故胜兵若以镒称铢〔10〕，败兵若以铢称镒。胜者之战民也〔11〕，若决积水于千仞之谿者〔12〕，形〔13〕也。

【注释】

〔1〕度：指度量土地面积。贾林注："度，土地也。"

〔2〕量：容量、数量，指计量物质资源。

〔3〕数：数量、数目，指计算兵员的多寡。

〔4〕称：衡量轻重。王晢注："权衡也。"指敌对双方实力状况的衡量对比。

〔5〕地生度：生，产生。言双方所处地域的不同，产生土地幅员大小不同的"度"。

〔6〕度生量：指幅员大小的不同，产生物质资源多少的"量"的差异。

〔7〕量生数：指物质资源多少的不同，产生兵员多寡的"数"的差异。

〔8〕数生称：指兵力多寡的不同，产生军事实力对比强弱的不同。

〔9〕称生胜：指双方军事实力对比的不同，产生、决定了战争胜负的不同。

① 关锋：《孙子军事哲学思想研究》，《十家论孙》，第125页，上海人民出版社2008年版。

形　篇

〔10〕故胜兵若以镒称铢：镒、铢，皆古代的重量单位。《玉篇·金部》："镒，二十两。"铢，张预注："二十四铢为两。"以镒称铢，指两者相称，轻重悬殊。此处比喻力量相差悬殊，胜兵对败兵拥有实力上的绝对优势。张预注："有制之兵对无制之兵，轻重不侔也。"

〔11〕胜者之战民也：战民，指统率指挥士卒作战。民，作"人"解，这里借指士卒、军队。战民，与下篇《势篇》"任势者，其战人也，如转木石"之"战人"含义同。春秋时，兵农合一，民众平时生产，战时征集从戎。

〔12〕若决积水于千仞之谿者：仞，古代的长度单位，七尺（一说八尺，见《说文》《孟子》赵岐注）为仞。千仞，形容极高。谿，同"溪"，山涧。

〔13〕形：喻指军事实力。《势篇》云："强弱，形也。"

【精解】

实力是制胜之源

不管《三国演义》《说岳全传》等古典小说把"锦囊妙计"吹嘘得如何神乎其神，也不管《三十六计》等坊间兵书把"骗人招数"摆乎得怎样煞有介事，战争归根结底是拼实力。这就是说，军事实力是军队综合战斗力的具体表现，也是战争的物质基础。**在军事斗争中，奇谋妙计固然占有举足轻重的位置，但从根本上讲，强大的军事实力才是真正决定战争胜败天平上的砝码。**因为不仅"伐兵""攻城"离不开一定的军事实力的巧妙运用，就是"伐谋""伐交"也必须要以雄厚的军事实力为后盾。孙子对这一问题有着清醒的认识，并用专门的篇章加以深入详尽的探讨，这反映了其军事思想注重实际、尊重客观的科学理性精神。

综观古往今来的战争历史，无一不是力量强大的一方战胜力量弱小的一方。即使本来是弱小的一方，要最后战胜力量强大的一方，也是由于通过各种各样的手段，逐渐完成优劣强弱态势的转换，使得自己的力量最后从总体上超过了最初力量强大的一方而实现的，摧枯拉朽，所向披靡，这实实在在是不以人们主观意志为转移的战争一般规律。杜甫诗云："诸葛大名垂宇宙"，但是不论诸葛亮先生怎样足智多谋，忙前忙后，殚精竭虑，鞠躬尽瘁，熬白了头发，累酸了腰腿，"三顾频烦天下计，两朝开济老臣心"，五月渡泸，深入不毛，六出祁山，北伐中原，但到头来依然是僻处西南一隅，"出师未捷身先死"，就是因为蜀汉与曹魏实力之比，实在太过于悬殊了，"起巴蜀之地，蹈一州之土，方之大国，其战士人民，盖有九分之一也"，"众寡不侔，攻守异体"，[1] 常言道，"巧妇难为无米之炊"，诸葛亮"连年动众，未能有克"的命运乃是注定了的，后人们除了替他一掬同情的眼泪，"长使英雄泪满襟"，还真的不能多说些什么。隋王朝一举灭亡南朝陈国，完成统一南北的大业，人心向往统一、战略决策高明、作战指挥卓越固然是十分重要的原因，但是归根结底，在于隋王朝包括军事在内的综合实力，较之于陈后主方面，好比是"以镒称铢"，占有压倒性的优势。

　　如何在战争中确立自己的优势地位，孙子在《形篇》高屋建瓴地提出了一系列正确的方案。要言之，大致包括以下几个方面：

　　第一，"修道而保法"，从政治上加以具体保证。所谓"道"，就是清明的政治，和谐的秩序，调动起广大民众和参战士兵的积极性，即《计篇》中所提到的"令民与上同意也，故可以与之死，可以与之生，而不畏危"，从而造就同仇敌忾，举国一致，勇于公战，怯于私斗的理想政治局面。所谓"法"，就是严格的制度，正确的法纪，表现为：赏罚公正严明，上下井然有序，士卒训练有素，用人唯才是举，办事有章可循。由此可见，"修道而保法"的核心便是修明政治，严肃法制，提高军队的凝聚力，鼓舞民众的士气，为夺取战争主动权创造必要的条件。很难设想，一个国家、一支军队如果离心离德、一盘散沙，还能算是有实力，有前途的吗？指望它们打胜仗不啻是刻舟求剑，缘木求鱼，肯定会教人失望。

　　第二，对敌我双方的实力进行认真的综合对比分析，在此基础上预见胜负，指导战争。预知胜负，是高明军事家指导战争的必有之义。孙子十分重视这一问题，在《计篇》中即开宗明义加以深刻的阐述。本篇的主旨是探讨军事实力地位作用以及运用原则，因此同样要把衡量军事实力列为重要的环节。孙子在这里提出了综合对比衡量双方军事实力的具体标准，这就是"度""量""数""称""胜"。即从双方的所处地域位置、地幅面积

① 《三国志》卷三十五，《蜀书·诸葛亮传》裴松之注引张俨《默记·述佐篇》。

形

篇

大小、物质资源丰瘠、兵员多寡等客观情况，来比较分析双方军事实力强弱关系，并进而预见战争胜负趋势。按孙子的理解，实力上占有绝对优势的一方，是可以所向无敌、横扫一切的："胜兵若以镒称铢，败兵若以铢称镒。"孙子认为这种"度、量、数、称、胜"五个方面依次相生、层层递进，是链条式的因果关系，具有法则的性质。所以要增强自己的军事实力，就必须使自己的主观愿望符合这种客观的规则，紧紧围绕这个因果关系来从事自己的军事实力建设。

第三，根据战场情势的变化，采取相宜的攻守策略，主动灵活地打击敌人，顺利实现敌我军事实力对比的转化。一般地说，受种种主客观条件的制约，在临战之前，双方的力量对比尽管有强弱之别，但并非是一成不变的，所以作为战争指导者，要善于根据战场情势，发挥主观能动性，采取正确的、行之有效的措施和方法，使己方的军事实力得以充分的施展，已有优势则进一步加强之，若处劣势则设法改变摆脱之，处处高敌一筹，稳操胜券。在这个过程中，如何采取适当的作战样式，仍是一大关键。通常的作战样式不外乎攻与守两种，两者各有自己的功能，一般地说，"不可胜者，守也；可胜者，攻也"。高明的军事家应该按照"守则不足，攻则有余"的作战规律，从自己军事实力条件出发，灵活主动地实施进攻或进行防御。若是实施防御，要善于隐蔽自己的兵力，"藏于九地之下"，令敌无法可施；一旦展开进攻，则要做到"动于九天之上"，使敌猝不及防。总之，只有在攻守问题上真正做到因敌变化，随机处置，才算是完全掌握了灵活机动的指挥艺术之精髓。这时候无论是实施进攻，还是进行防御，都可以得心应手，从容自如，无往而不胜，"故能自保而全胜"。孙子认为，这是正确运用军事实力的重要途径，能够进入用兵的理想境界："战胜不忒""所措必胜"。

我们从《计篇》所总结的"七计"，也可以看出作者对实力的重视。所谓"七计"，其实也是对决定战争胜负的主要因素的另外一种总结方式，其中关系到政治、经济等各个方面，既有精神因素的考量，又有物质因素的考量。"五事七计"都是"庙算"的重要内容。重视"庙算"，其实也是重视实力的体现。此外，《谋攻篇》"十围五攻"的战法也是孙子基于重视实力而提出的。在孙子看来，如果己方兵力能够十倍或五倍于敌，就可以对敌人实施或围或攻，战而胜之，也即"十则围之，五则攻之"。反之，如果实力不如对手，就一定要学会或守或避，尽量不与对方展开正面交锋，也即"少则能逃之，不若则能避之"。竹简本中，孙子强调"无奇胜"，其实也是提倡军事实力为本。

至于《形篇》，更是论证了实力是制胜之源的理论。**孙子所期望达成的"治形"，一定要努力达成兵力上的巨大优势，努力实现"以镒称铢"**。孙子"地生度，度生量，量生数，数生称，称生胜"的"称胜"理论，也完全是从营建实力的角度提出。

所以，孙子重视谋略胜人，更重视实力胜人。既重视实力，同时也重视谋略，可说是力与谋的完美统一。[1] 当然，《孙子兵法》十三篇中，谋略的篇幅显然更多一些。相对于论"力"，作者对于论"谋"，显得更有热情。所以，虽说孙子对"力"和"谋"都有所看重，但在我们看来，这二者的地位似乎不是对等的。"谋"的地位稍显突出一些。这个缘故，人们可能会转而对孙子重"谋"的一面印象更为深刻一些。甚至有人会认为，孙子不重"力"，只重"谋"。但是，这实在是一种误解。而这种误解，对我们解读孙子兵学思想是非常不利的。

形

篇

---

① 黄朴民、高润浩：《〈孙子兵法〉新读》，第 19 页，长春出版社 2008 年版。

势 篇

孙子曰：凡治众如治寡，分数是也。斗众如斗寡，形名是也。三军之众，可使必受敌而无败者，奇正是也。兵之所加，如以碫投卵者，虚实是也。

凡战者，以正合，以奇胜。故善出奇者，无穷如天地，不竭如江河。终而复始，日月是也；死而复生，四时是也。声不过五，五声之变，不可胜听也。色不过五，五色之变，不可胜观也。味不过五，五味之变，不可胜尝也。战势不过奇正，奇正之变，不可胜穷也。奇正相生，如循环之无端，孰能穷之？

激水之疾，至于漂石者，势也；鸷鸟之疾，至于毁折者，节也。是故善战者，其势险，其节短。势如弓弩，节如发机。

纷纷纭纭，斗乱而不可乱也；浑浑沌沌，形圆而不可败也。乱生于治，怯生于勇，弱生于强。治乱，数也；勇怯，势也；强弱，形也。故善动敌者，形之，敌必从之；予之，敌必取之；以利动之，以卒待之。

故善战者，求之于势，不责于人，故能择人而任势。任势者，其战人也，如转木石；木石之性：安则静，危则动，方则止，圆则行。故善战人之势，如转圆石于千仞之山者，势也。

【题解】

力量营建完毕,还需要向战斗力转换,所以《势篇》集中论述这种转换。本篇为《形篇》的姊妹篇。"形"为制胜创造了可能性,等具备了条件之后,就需要向"势"转换,为战争胜利创造更为现实的条件。所以《势篇》主要阐述在强大的军事实力的基础上,充分发挥将帅的杰出指挥才能,积极创造和利用有利的作战态势,出奇制胜地打击敌人,夺取胜利。所谓"势",就是兵势,亦即根据一定的作战意图而灵活部署兵力和掌握运用作战方式方法所造成的一种客观作战态势。换言之,"势"指的是军事力量合理的积聚、运用,充分发挥威力,表现为有利的态势和强大的冲击力。本篇孙子集中论"势",包括"势"的定义、外在表现形态、实施条件("奇正")以及具体手段("示形动敌")等。

本篇篇题,汉简本作"埶","埶"为"势"的古字。武经本作"兵势第五","兵"字恐为后人臆增。势,是中国古典兵学中的一个重要范畴,一直为古代兵家所重视。

势 篇

【原文】

孙子曰:凡治众如治寡[1],分数是也[2]。斗众如斗寡[3],形名是也[4]。三军之众,可使必受敌而无败者[5],奇正是也[6]。兵之所加,如以碬投卵者[7],虚实是也[8]。

【注释】

〔1〕治众如治寡:治,治理,管理,意为管理人数众多的部队如同管理人数极少的部队一样。

〔2〕分数是也:分数,此处指部队的组织编制。

〔3〕斗众如斗寡:斗众,指指挥人数众多的部队作战。斗,使……斗,使动用法。

〔4〕形名是也：目可见者为形，耳可闻者为名。曹操注："旌旗曰形，金鼓曰名。"此处指的是军队的指挥号令。

〔5〕必受敌而无败：必，"毕"的同音假借，意为完全、全部。

〔6〕奇正是也：奇正，古代兵法中的常用术语，其含义非常广泛。一般以常法为正，变法为奇，它包括正确使用兵力和灵活变换战术两个方面。具体地说，在兵力使用上，守备、钳制的为正兵；机动、突击的为奇兵。在作战方式上，正面攻、明攻为正，迂回、侧击、暗袭为奇；按一般原则作战为正，采取特殊战法为奇。在战略上，堂堂正正进军为正，突然袭击为奇。

〔7〕以碫投卵者：碫，即磨刀石，此处泛指坚硬的石头。以碫投卵，比喻以坚击脆，以实击虚。

〔8〕虚实是也：虚实，古代兵法中的常用术语，指军事实力上的强弱、优劣。有实力为"实"，反之为"虚"；有备为"实"，无备为"虚"；休整良好为"实"，疲敝懈怠为"虚"；等等。总之，无者为虚，有者为实；空者为虚，坚者为实。"虚"指兵力分散而薄弱，"实"指兵力集中而强大。表现在具体军情上，大凡怯、饥、乱、劳、寡、不虞、弱为"虚"，勇、饱、治、逸、众、有备、强为"实"。这里含有以强击弱、以实击虚的意思。

【精解】

分数·形名·奇正·虚实

孙子在开篇首先使用了一个排比句，这个排比句总共谈了四个概念："分数""形名""奇正"和"虚实"。这些概念，一个比一个费解，孙子花费的笔墨也越来越多。前面两个一笔带过，"奇正"则在《势篇》浓墨重彩，"虚实"则又在后面开辟了专门的篇章进行讨论，这就是《虚实篇》。

"分数"其实是针对"众寡"而言的，目的是通过有效的组织管理，把人数庞大的军队管理得井井有条，把人数很多的队伍管理得像人数很少的那样简单。"众"和"寡"是孙子在《计篇》就已经提及的范畴，是就军队规模和士卒数量而言的。《谋攻篇》中，孙子说："识众寡之用者胜"，将其作为"知胜之道"之一。在《行军篇》中，孙子谈到部队的建设问题时说"兵非益多"，认为真正有战斗力的部队，不一定在于军队规模大，士卒数目大。相反，如果超过了国家的承受能力，那只能是穷兵黩武，反而只会给国家和人民带来灾难。

而且，在孙子看来，"众"和"寡"之间还可以实现转换。比如说，孙子的"形人"之术及兵力机动、虚实之变等，都是力求实现"以十攻一"这种效果，其目的就是形成众寡之间的转换。孙子认为正确对待战俘，把一些战俘收编，所谓"卒善而养之"，也可以实现"胜敌而益强"的效果，这和战场上大量杀伤敌人一样，也是可以实现众寡之间的转换的。这样就可以有效地依靠局部的兵力优势来击败敌人。

当然，在孙子看来，通过"分数"也可以实现这种众寡转换的。与前面的转换不同的是，这时候是就部队的管理而谈的，而不是就战场上的指挥作战而谈。所谓"分"和"数"，历史上有很多的解释，最具权威和最被广泛采用的是曹操的注释："部曲为分，什伍为数"。

所谓"部曲"，并非是孙子之世的军事编制，而是汉代的军事编制。"部是 400 人，曲是 200 人。"[1] 曹操以汉代的编制情况来注释孙子，无非是想直观地告诉当时的人们"什么叫分数"。"什伍"之法则发源于齐国的管仲，目的就是"作内政而寄军令"，保持国防体制编制的相对稳定性，并以宗族血缘为纽带，依靠这种关系所组建起来的部队，在战场上能够团结互助、同仇敌忾、协同作战。

接下来的"形"和"名"则是就部队机动指挥而言。何为"形名"，我们还是看曹操的注释："旌旗曰形，金鼓曰名。"古代作战没有什么高科技，没有电子通信设备，有很长时间都是用金鼓、旌旗来作为指挥行军作战的手段。白天多用旌旗，晚上多用金鼓。

总体而言，"部曲"和"形名"是就理顺组织体制和指挥体制而言的，孙子着墨不多。接下来的"奇正"和"虚实"才是孙子讨论的重点内容。我们需要注意到两点：第一，孙子这个排比句，就"分数"和"虚实"等，

势

篇

---

① 李零：《唯一的规则——孙子的斗争哲学》，第 123 页，生活·读书·新知三联书店 2010 年版。

都简单进行了描述，但都是就目的而谈的，不是讨论具体的方法问题。第二，孙子这种由"分数"到"虚实"的逐次排序是非常有讲究的，并不是胡乱排列。"分数"和"形名"属于刚性，属于硬件建设，"奇正"和"虚实"则相对柔性，是软件建设。"分数"讲的是组织和体制，等兵马的员额定了之后就需要"形名"进行管理，其目的就是要形成战斗中的战术组合和战术变化，这就是"奇正"。而"奇正"的关键是达成战场的主动权，实现虚实相生，所以要讨论"虚实"。或许是由于篇幅考虑，或许是为了突出重点，孙子将《势篇》所重点讨论的重点内容定位为"奇正"，"虚实"则另外又专辟一章进行详细探讨，因此就有了《虚实篇》。

需要注意的是，**孙子将"分数""形名""奇正"和"虚实"一字排开，都是为了讨论"造势"和"任势"的问题。孙子为什么讲这些内容，道理很简单：所谓"造势"和"任势"，其实也是一种"治众"和"斗众"的指挥艺术。**所以，"形名""分数"和"奇正""虚实"一样，都是"造势"和"任势"的内容。通观《孙子兵法》十三篇，作者在这种"治众"和"斗众"上费了不少笔墨，诸如《军争篇》"勇者不得独进，怯者不得独退"《九地篇》的"携手若使一人"这些，其实都是在讲"治众"和"斗众"的艺术，其目的都是为了求得整体上的"势"。这个缘故，孙子才会在《势篇》讨论"造势"问题时，首先将"分数"和"形名"这些问题提出来进行讨论。

【原文】

凡战者，以正合，以奇胜[1]。故善出奇者，无穷如天地[2]，不竭如江河。终而复始，日月是也；死而复生[3]，四时是也。声不过五，五声之变[4]，不可胜听也[5]。色不过五，五色之变[6]，不可胜观也。味不过五，五味之变[7]，不可胜尝也。战势不过奇正[8]，奇正之变，不可胜穷也。奇正相生[9]，如循环之无端[10]，孰能穷之[11]？

【注释】

〔1〕以正合，以奇胜：合，交战、合战。胜，制胜、取胜。此句意为，

以正兵合战，用奇兵制胜。

〔2〕无穷如天地，不竭如江河：言奇正变化有如宇宙万物之变化无穷，江河水流之滔滔不竭。竭，竭尽。

〔3〕死而复生，四时是也：去而复来，如春、夏、秋、冬四季之更替。

〔4〕五声之变：五声，五音。古代把宫、商、角、徵、羽五个基本音阶称为五声（五音），以区分声音之高低强弱。变，变化。

〔5〕不可胜听：意为听之不尽。胜，尽、穷尽的意思。

〔6〕五色之变：中国古代以青、赤、黄、白、黑五种基本色素为正色。

〔7〕五味之变：五味，指甜、酸、苦、辣、咸五种味道。

〔8〕战势不过奇正：战势，指具体的兵力部署和作战方式。言作战方式归根结底就是奇正的运用。

〔9〕奇正相生：意为奇正之间相互依存、相互转化、变化无穷。

〔10〕如循环之无端：循，顺着。环，圆环。无端，无始无终。此句意为奇正变化转换，就如顺圆环旋转一般，永无尽头。

〔11〕孰能穷之：孰，谁，何者。穷，穷尽。之，指奇正相生变化。

【精解】

变化不过"奇正"

孙子在这一段中，重点讨论了奇正。孙子指出，一般的作战，总是以"正兵"当敌，用"奇兵"取胜。因此，善于出奇制胜的人，其战法有如苍天大地那样变化无穷，长江黄河那样奔腾不息。并且孙子认为，作战的方式不过"奇""正"两种，可是"奇""正"的变化，却永远未可穷尽。相互之间的转化，就像顺着圆环旋绕似的，无始无终，无法穷尽！

在孙子看来，合理的编组，有效的指挥，灵活的战法，虚实的运用，这四者是"造势"和"任势"的客观基础；而快速突然和近距离接敌，造成险峻可怖的态势，把握恰到好处的战机，采取猛烈而短促的行动节奏，则是"造势""任势"的必有之义和最佳表现。即所谓"善战者，其势险，其节短，势如彍弩，节如发机"。

要做到这一步，首要的任务是妥善解决战术变换和兵力使用上的"奇正"问题。"用兵之钤键，制胜之枢机"，这是古人对"奇正"地位与价值最富有诗意，也是最到位的总结。"奇正"一词最早见于《道德经》一书，老子说过："以正治国，以奇用兵，以无为取天下。"① 不过真正把它引入军事领域并作系统阐发的，孙子是当之无愧的第一人。中国古代的理论范畴一般都很模糊，追求的是一种只可意会不可言传的混沌境界，"奇正"的情况也一样，含义之蕴藉丰富，表述之隐晦曲折，令人回味深长，曲尽其妙。一般地说，常法为正，变法为奇；在兵力的使用上，用于守备、相持、钳制的为正兵，用于机动、预备、突击的为奇兵；在作战方式上，正面进攻、明攻为正兵，迂回、侧击、暗袭的为奇兵；在作战方法上，循规矩矩、按一般原则进行作战的为正兵，偷鸡摸狗、采取特殊战法破敌的为奇兵；在战略态势上，堂堂正正下战书、然后进兵交锋为正，突然袭击，出其不意，诡诈奇谲，像日本人在珍珠港玩的那手为奇。

孙子的高明，是他第一次用精粹又生动的文字描绘了"奇正"的要旨：凡是展开军事行动，无论是进攻还是防御，在兵力的使用上，一般要用正兵去当敌，用奇兵去制胜："凡战者，以正合，以奇胜。"而在战术变换上，则要做到奇正相生，奇正相变，虚虚实实，真真假假，变化无端，出神入化："战势不过奇正，奇正之变，不可胜穷也。奇正相生，如循环之无端，孰能穷之？"在孙子看来，一名将帅如果能根据战场情势的变化来灵活理解和巧妙运用"奇正"战术，做到战术运用上正面交锋与翼侧攻击浑然结合，兵力使用上正兵当敌与奇兵制胜相辅相成，作战指挥上遵循"常法"与新创"变法"互为弥补，那么不管怎样强大的敌人收拾起来也是轻松自如，就算是真正领会了用兵打仗的奥妙精髓，也为"造势"和"任势"创造了必要的条件。总而言之，一切都应该从实际情况出发，当正则正，当奇则奇，因敌变化，攻守自如，从而进入驾驭战争规律的自由王国。

孙子确立"奇正"这一范畴后，后世兵家无不奉为圭臬，广为沿用和阐述。如《孙膑兵法》说："形以应形，正也；无形而制形，奇也"②；《尉缭子》

---

① 《老子·第五十七章》。
② 《孙膑兵法·奇正》，文物出版社1975年版。

说："正兵贵先,奇兵贵后"①;曹操《孙子注》说:"正者当敌,奇兵从旁击不备也"。就是这方面的例子。而到了《唐太宗李卫公问对》那里,"奇正"范畴则有了新的丰富和发展。它对"奇正"论述更完备,分析更透彻,提出了一个重要论断:"善用兵者,无不正,无不奇,使敌莫测。故正亦胜,奇亦胜。"② 这比孙子的"奇正"理论显然更全面,更深刻。但它依旧是祖述和发展《孙子兵法》的逻辑结果。

理解和运用"奇正"的重要性固不待言,而要在这方面有所作为、独领风骚,关键在于"造势"和"任势",即积极发挥将帅的主观能动性,使自己方面的军事潜能得到最佳的凝聚和施展,十八般武艺都拿将出来,掌握作战的主动权,形成强大无比、摧枯拉朽的战斗力:"善战者,求之于势,不责于人,故能择人而任势",在此基础上把对手打得落花流水。

【原文】

激水之疾[1],至于漂石者,势也;鸷鸟[2]之疾,至于毁折[3]者,节也[4]。是故善战者,其势险,其节短。势如彍弩[5],节如发机[6]。

【注释】

〔1〕水之疾:激,湍急。疾,疾、快、迅猛、急速。

〔2〕鸷鸟:凶猛的鸟,如鹰、雕、鹫之类。

〔3〕毁折:折物。此处指猛禽捕捉擒杀鸟雀。

〔4〕节也:节,节制、节度、审度长短。指动作爆发得既迅捷、猛烈,又把捏分寸,恰到好处。

〔5〕势如彍弩:弩弓张满的意思。彍,同"扩",彍弩即张满待发的弓弩。

〔6〕节如发机:机,即弩之机钮(弩牙),类似现代枪上的扳机。发机,即引发弩机的机钮,将弩箭突然射出。

---

① 《尉缭子·勒卒令》。

② 《唐太宗李卫公问对》卷上。

"势"与"节"：积极造势与把握分寸的有机统一

为了说明"势"，作者将"势"与"节"放在一起讨论。在孙子看来，要想做好"任势"，首先必须在"节"上做文章。什么是"节"，从孙子自己所给的答案来看，所谓"节"更像是说"节奏"，而"节短"就是说节奏非常紧凑、快速。孙子说"鸷鸟之疾，至于毁折者"是"节"，也像是就节奏的快慢来说的。飞鸟捕捉食物一定要动作迅捷，只有这样才能让猎物来不及反应，逃脱不掉。而求快求速，也是孙子的一贯主张，相关理论主要见诸《作战篇》。

孙子认为，真正会打仗的，一定要努力达成"势险"和"节短"。表面上看，这二者很像是一回事，其实不然。事实上，他们是互相配合的，是战场争胜的一个有机过程。

孙子担心我们不明白这个道理，用射箭做比喻说明了"蓄势"（其实就是"造势"）和"任势"的道理。他说："势如弸弩，节如发机"，"弸弩"就是力图达成"势险"。拉弓射箭，一定要把拉弓的力气做到。有的弓很难拉开，就是为了张势和蓄势。只有那些有力气的人才能拉开，才能把箭射出去。如果把弓拉开了，就可以把箭矢射出去，但是一定要动作迅捷，否则蓄势的功夫都白做了。所以，孙子其实是用射箭的道理告诉了我们什么是"任势"：所谓"任势"，就是要求指挥员在使用军事打击力量的时候，一面要学会蓄势，一面要懂得出击的时候做到迅速和突然。简单说来，打仗之前做好充分的宣传工作就是一种"造势"和"蓄势"。如果宣传工作到位，能够把部队的士气充分调动起来，把士兵对于敌人的仇恨最大限度地激发起来，开战之后，士兵自然会一往无前。再如，战争之前的武器装备准备工作也是"蓄势"和"造势"，装备维护保养好，弹药准备充分，一旦打起来，这才会有足够的火力。

在孙子看来，"造势"和"任势"是夺取战争主动权的关键，但如何在这个问题上拿捏分寸，恰到好处，乃是更为重要的事情。中国文化的显著特点之一，是凡事爱走极端，考虑问题常常偏颇化、片面化，矫枉过正，所以孔子提倡"中庸"之道，强调"过犹不及"，希望大家能够避免这类思维误区，克服这类偏激做法。可惜的是言者谆谆，听者藐藐，似乎效果并不理想，气得孔子连声悲叹"中庸之为德也，其至矣乎，民鲜之久矣"！好在孙子不是寻常人，他的眼光自然非同一般，完全考虑到了如何使"造势""任势"恰到好处，即正确处理"势"与"节"的关系，尽可能以"节"去制"势"。

孙子认为，"势"与"节"两者之间互为因果关系，相辅相成。如果有"势"而无"节"，不能发其机，"强弩之末，势不能穿鲁缟"；如果有"节"而无"势"，则不能逞其威，"龙游浅水受虾戏，虎落平阳遭犬欺"。"势"要险，即应该快速、突然、迅猛；"节"要短，即应该近距离发起最猛烈的攻击。只有做到节量远近，掌握时机，拿捏分寸，正中其宜，才能充分发挥"势"的强大威力，真正拥有"致人而不致于人"的战场主动地位。

孙子谈"势"和"节"，本质上是追求积极造势与把握分寸的有机统一，是一个如何掌控"度"的问题，"极高明而道中庸"，真正的用兵大艺术，人生大智慧。人之患，在于观察问题的一点论，只见其利，不见其害；只见其可，不见其否；反之亦然。孙子最瞧不起这种战略短视，指出以偏概全、以长饰短是用兵的大忌，致败的根源。这时候就要有一个"度"来中和、缓释思维上的偏激性，节制行动上的放任性。他说："必死，可杀也；必生，可擒也；忿速，可侮也；廉洁，可辱也；爱民，可烦也。"其实，勇于牺牲、善于保全，同仇敌忾，廉洁自律，爱护民众等，本来都是身为将帅者应该具备的优良品德，本身并没有什么过错。可是一旦失去节制、过了尺度的话，也就是说假如发展到"必"这一程度的话，那么其性质也就起了转化，走向事物的反面，而成为"覆军杀将"悲剧发生的起因了，所谓"真理越过一步，便就成了谬误"。另外像军队治理上既主张"视卒如婴儿""视卒如爱子"，问冷嘘暖，关怀备至，又反对"厚而不能使，爱而不能令，乱而不能治"，放任自流、娇惯宠爱；作战指导上既强调"胜可知而不可为"，又肯定"胜可为也，敌虽众，可使无斗"，等等，也都是孙子以"势""节"大局观考虑问题，谋划方略的必有之义。可见有人在孙子头上加冕"朴素辩证法思想家"这项桂冠，并不能说是一点不着边际的做法。

【原文】

纷纷纭纭[1]，斗乱而不可乱也[2]；浑浑沌沌[3]，形圆而不可败也[4]。乱生于治[5]，怯生于勇[6]，弱生于强[7]。治乱，数也[8]；勇怯，势也；强弱，形也。故善动敌者[9]，形之[10]，敌必从之；予之，敌必取之；以利动之，以卒待之[11]。

【注释】

〔1〕纷纷纭纭：纷纷，紊乱无序。纭纭，众多且混乱。此处指旌旗杂乱的样子。

〔2〕斗乱而不可乱也：斗乱，谓在纷乱状态中指挥作战。不可乱，言做到从容镇静，有序不乱。

〔3〕浑浑沌沌：混乱迷蒙的样子。形容战场上尘土飞扬，迷茫一片。

〔4〕形圆而不可败也：形圆，指摆成圆阵，保持态势，周到部署，首尾连贯，与敌作战应付自如。

〔5〕乱生于治：于，此处作根据解。意谓示敌混乱，是由于有严整的组织。又一说，混乱产生于严整之中。

〔6〕怯生于勇：示敌怯懦，是由于自己具备勇敢的素质条件。又一说，"怯"可以由"勇"产生。

〔7〕弱生于强：示敌弱小，是由于本身拥有强大的实力。另一说，"弱"可以由"强"产生。

〔8〕治乱，数也：数，即前言之"分数"，指军队的组织编制。句意为军队的整治或混乱，决定于组织编制是否有序。

〔9〕故善动敌者：动敌，调动敌人。

〔10〕形之：形，用作动词，即示形，示敌为伪形，指以假象迷惑、欺骗敌人，使其判断失误，为我所乘。

〔11〕以卒待之：用重兵伺机破敌。卒，士卒，此处可理解为伏兵、重兵。

【精解】

"示形"与"动敌"之术

孙子指出，善于作战的指挥员，能够在混乱之中作战做到军队整齐不乱，始终布阵周密，保持严整的态势而不致失败。而且，善于调动敌人的指挥者，伪装假象以迷惑敌人，敌人便会听从调动；用小利来引诱敌人，敌人就会前来争夺。用这样的办法积极调动敌人，再预备重兵伺机掩击它。孙子的这段话是讲"示形"之术，其实仍是在告诉我们如何"造势"和"蓄势"。所谓"示形"就是"动敌之法"。在作者眼中，高明的"动敌之法"就是一定要给敌人切实的诱惑，这才能把敌人调动起来。这就是"形之，敌必从之；予之，敌必取之"的道理。总体上看，**这里讨论的这些"示形"和"动敌"之术，其实就是为了"造势"的需要，充分地调动敌人，以寻求最佳的作战时机**。这种"示形"之术，孙子在接下来的《虚实篇》有更多精彩的阐述。

"造势""任势"的主要手段，在于巧妙"示形"，机智"动敌"，即用谋略去迷惑欺骗敌人，调动控制敌人，从而达到消灭敌人，保全自己的目的。这是孙子在本篇中想要告诉我们的重要作战指导原则。

战场上两军对垒，生死相搏，敌我双方在主观上都没有例外地致力于"造势"和"任势"，争做胜利的主宰，但是谁能够成功做到这一点，"我为刀俎，人为鱼肉"，就看谁能够真正广施权变，示形动敌，出奇制胜，即究竟谁是"骗人者"，谁是"受骗者"。

"兵者诡道"，"兵以诈立"，喋血沙场，不相信眼泪，"胜则王侯败则寇"，这时候如果同敌人讲什么信义，比什么道德，说什么仁慈，那么只能自己吃亏，丧师辱国，祸不旋踵。更叫人心寒的是，中国老百姓是很务实的，说得难听一些是很势利的，他们只崇拜胜利者，只相信胜利者的裁决，对那些失败者总是墙倒众人推，不存什么怜悯同情之心（李清照写诗讴歌项羽，那属于极个别的"异数"），宋襄公想保持贵族的尊严，当了一回君子，结果让大家嘲笑讥讽了数千年，"蠢猪"的恶谥至今也不曾去掉。打仗取胜需要的既然是小人式的心狠手辣，杀人如麻，所以君子是做不得的，要硬起心肠，充当小人，行施小人认可的各种手段，真真假假，虚虚实实，正正邪邪，无所不用其极，来迷惑对手，算计敌人，使其一头雾水，两眼抓瞎，计无所出，力无所施，从而确保自己招招占先，左右战局。孙子把这种四两拨千斤、乾坤大挪移的绝招，概括为"示形动敌"。

所谓"示形"，就是伪装和欺骗，即隐蔽真相，制造假象，让敌人乖乖地中计上当。所谓"动敌"，就是实施机动，调动敌人，即牵着敌人的鼻子走，让对手最后陷入失败的命运，任你齐天大圣一个筋斗翻去十万八千里，可就是逃不出我如来佛的手心。这用孙子自己的话说，便是"善动敌者，形之，敌必从之；予之，敌必取之。以利动之，以卒待之"。在这里，"示形"是"动敌"的前提和基础；而"动敌"则是"示形"的最佳效果。很显然，成功的机动是"造势""任势"的中心环节，它的目的在于创造和利用敌人的过失或弱点，积极争取主动，形成优势的地位。一有机会就咬住敌人的脖子，绝不放松，直到咬断他的喉咙，让他两眼翻白直挺挺伸腿死去为止。

孙子指出，示形动敌必须具备一定的条件。这个条件就是自己要做到组织编制严整，将士素质优良，整体实力强大。即所谓"乱生于治，怯生于勇，弱胜于强。治乱，数也；勇怯，势也；强弱，形也"。只有具备了这样的前提条件，军队欺敌误敌，实施机动才有可靠的保障。在这基础上，指挥员发挥主观能动性，制造假象迷惑敌人，施以诱饵调动敌人，然后集中优势兵力，伺机攻击敌人，"以此动之，以卒待之"，从而达到出奇制胜的目的。值得附带指出的是，《老子》曾说过："将欲夺之，必先予之。"①孙子的示形方法与《老子》之言颇有相通之处，这表明孙子高明军事思想的形成，乃是借鉴汲取前人思想精华的结果。这种文化继承发展现象应引起我们的重视。

【原文】

故善战者，求之于势，不责于人[1]，故能择人而任势[2]。任势者，

---

① 《老子·第三十六章》。

其战人也[3]，如转木石；木石之性[4]：安则静，危则动[5]，方则止，圆则行。故善战人之势[6]，如转圆石于千仞之山者，势也。

【精解】

择人而任势：条件、尺度、手段

孙子认为，用兵打仗是比谁心肠黑、脸皮厚、手段毒的生死较量，"量小非君子，无毒不丈夫"，只有掌握了"奇正"的变化，具备了"造势""任势"的条件；又合理拿捏住"势"与"节"的分寸，具备了"造势""任势"的尺度；再加上做到了阴损毒辣的"示形动敌"，具备了"造势""任势"的手段，"造势""任势"才算是呼之欲出，有利的作战态势才算是基本形成，战场上的主动权才算是大致到手。这时才可以"是骡子是马，拉出来遛遛"，同敌人一决雌雄，分个高下，这就是所谓的"转圆石于千仞之山"，所向披靡，战无不胜，谁拿你也没有办法。

"生活之树常青，而理论则是灰色的。"这是德国伟大诗人歌德的一句名言。它的前半句自然至为正确，可后面的那半句却不免说得过于绝对。灰色的理论当然是有的，可那是指那些说得天花乱坠实际上又无济于事的空头理论，真正正确的理论并不呈示灰色。它作为古今思维理性的沉淀，作为人类智慧的结晶，来源于实践，反映和揭示客观物质运动的规律，对社会实践具有重大的指导意义。概略地说，没有火热的生活，理论必然枯萎；没有正确的理论，生活必然盲目。两者的关系大抵如此。

孙子兵学理论无疑是一棵常青的大树，"造势""任势"原则作为大树上的一根枝条，同样是青翠欲滴、生机盎然。这么说不是红口白牙，无凭无据，最主要的理由，就是它的重要意义曾一再得到过古今中外历史上数不胜数的战例之佐证。

战国后期秦、赵长平之战中双方指挥上的优劣得失，可用来对本篇基本原理作最好的诠释。

在这场关系到战国晚期战略格局演变趋势的决定性战役中，秦国最高统帅部的正确战略和高明指挥，使得秦军具备了战胜赵军这个强劲对手的可能。而"战神"白起的杰出用兵艺术，则使得这种可能性顺利转化为现实。身为秦军主帅的白起指挥若定，用兵如神，"以正合，以奇胜"，使秦军"必受敌而无败"。在整个作战过程中，白起善于"造势""任势"，"其势险，其节短"，控御战场局面进入炉火纯青的境界。他注重"示形"动敌，通过后撤退却的假象，引诱赵军主力脱离大营，轻易出击，而自己则严密部署，"以卒待之"，实施正面相持，从侧翼及时投入精锐奇兵分割包围对手，并用轻骑阻隔赵军主力与其大营之间的一切联系，将赵军水泄不通地包围起来，最后一举聚歼赵军。而秦昭王在关键时刻任命白起为主帅，也做到了知人善任，"择人而任势"，为秦军的取胜提供了保证。经此一战，秦国制服了关东六国中最后一个有实力的对手，使自己日后实现天下统一的征途变得一马平川，畅通无阻。从这个意义上说，长平之战无愧为中国历史上最具经典意义的战例之一，曾在沙场上淋漓尽致地再现了孙子"造势""任势"理论的风采神韵和无穷魅力。

真正民族的文化，同时又是世界性的遗产，孙子的"势"论基本原则，在世界战争史上也能够寻觅到无数的知音，世界上不少成功的战例，其取胜的经验背后，与孙子兵学的精神不无息息相通之处。例如，第二次世界大战中德国法西斯闪击波兰，一举成功，撇开其战争的非正义性质不说，在战略指导与作战指挥上，与孙子的"造势""任势"原理确有惊人的相似之处。

闪击波兰，是希特勒发动第二次世界大战的序战，在世界战争史上具有特别突出的意义。希特勒同历史上的诸多战略家一样，极为重视序战的准备和实施。1939 年 4 月 11 日，希特勒就正式批准了闪击波兰的"白色计划"，并下达了进入直接战争准备的命令。为了隐蔽自己不可告人的战略企图，希特勒在政治、军事、外交上全方位展开了战略欺骗，示假隐真，麻痹波兰当局以及其盟友英、法等国。在"和平""友好"烟雾的巧妙掩护下，武装到牙齿的德军以"秋季演习""野营训练""召开庆祝大会"等名目为幌子，神不知鬼不觉地完成了闪击波兰的战略集中与展开，为达到战略进攻的突然性创造了条件。这可谓是孙子"示形"作战理论在近现代战争活动中的典型翻版。

从德军闪击波兰的战略部署与作战指导中，我们可以发现，它完全可以用来诠释孙子"势"论在现当代战争中的价值与意义：德军主力全线压上，空中突袭与陆军坦克集团配合默契，是所谓"奇正之变"，"奇正相生"，也是"兵之所加，如以碫投卵者"，是充分的"造势"和"任势"。而德军猛烈的空袭，排山倒海、不容间隙的进攻，则犹如孙子所说，"其势险，其节短"，"激水之疾，至于漂石"，勇往而直前，无坚而不摧。古今同理，史证彰然。

总之，孙子的"势"论，包含有"势"的定义，主要外在表现形态，实施的条件（"奇正"）以及具体的手段（"示形动敌"）等，它内容丰富，逻辑严谨，思想深邃，形象生动，充满着朴素唯物辩证法的精神，在军事学术史和哲学发展史上都具有珍贵的价值。

势

篇

虚实篇

《孙子兵法》精解

孙子曰：凡先处战地而待敌者佚，后处战地而趋战者劳。故善战者，致人而不致于人。能使敌人自至者，利之也；能使敌人不得至者，害之也。故敌佚能劳之，饱能饥之，安能动之。

出其所不趋，趋其所不意。行千里而不劳者，行于无人之地也。攻而必取者，攻其所不守也；守而必固者，守其所不攻也。故善攻者，敌不知其所守；善守者，敌不知其所攻。微乎微乎，至于无形！神乎神乎，至于无声！故能为敌之司命。

进而不可御者，冲其虚也；退而不可追者，速而不可及也。故我欲战，敌虽高垒深沟，不得不与我战者，攻其所必救也；我不欲战，画地而守之，敌不得与我战者，乖其所之也。

故形人而我无形，则我专而敌分；我专为一，敌分为十，是以十攻其一也，则我众而敌寡。能以众击寡者，则吾之所与战者约矣。吾所与战之地不可知，不可知，则敌所备者多，敌所备者多，则吾所与战者寡矣。故备前则后寡，备后则前寡，备左则右寡，备右则左寡；无所不备，则无所不寡。寡者，备人者也；众者，使人备己者也。

故知战之地，知战之日，则可千里而会战。不知战地，不知战日，则左不能救右，右不能救左，前不能救后，后不能救前，而况远者数十里，近者数里乎？以吾度之，越人之兵虽多，亦奚益于胜败哉？故曰：胜可为也。敌虽众，可使无斗。

故策之而知得失之计，作之而知动静之理，形之而知死生之地，角之而知有余不足之处。故形兵之极，至于无形。无形，则深间不能窥，智者不能谋。因形而错胜于众，众不能知；人皆知我所以胜之形，而莫知吾所以制胜之形。故其战胜不复，而应形于无穷。

夫兵形象水，水之形，避高而趋下；兵之形，避实而击虚。水因地而制流，兵因敌而制胜。故兵无常势，水无常形，能因敌变化而取胜者，谓之神。故五行无常胜，四时无常位，日有短长，月有死生。

【题解】

在具备了战斗力之后，就需要进入战争谋划的实质阶段，需要重点关注战争主动权的争夺，力量的强弱搭配、虚实相生等问题。所以，本篇集中论述了战争活动中的"虚""实"关系，讨论二者相互对立、相互转化这一具有普遍规律性的问题，揭示了军事上"避实击虚"的一般原则，并提出了在作战中如何掌握虚实，如何转化虚实，如何运用虚实的基本要领。孙子强调要通过对"虚实"关系的全面认识和辩证把握，来夺取战争的主动权，即"致人而不致于人"。要想做到这一点，关键在于如何争取优势，主动灵活地打击敌人。为此，孙子提出了著名的作战指导原则——"避实而击虚"。

本篇篇题各本皆作《虚实》，唯汉简本及篇题木牍作《实虚》。当以《虚实》名篇为确。查各家注皆言《虚实》，无以《实虚》相称。

【原文】

孙子曰：凡先处战地而待敌者佚[1]，后处战地而趋战者劳[2]。故善战者，致人而不致于人[3]。能使敌人自至者，利之也[4]；能使敌人不得至者，害之也[5]。故敌佚能劳之[6]，饱能饥[7]之，安能动之[8]。

【注释】

〔1〕先处战地而待敌者佚：处，占据，占领。佚，即"逸"，指安逸、从容。

〔2〕后处战地而趋战者劳：趋，奔赴，这里是仓促、猝然的意思。趋战，仓促应战。此句意为作战中后据战地仓促应战，则疲劳被动。

〔3〕致人而不致于人：致，招致、引来。致人，调动敌人。致于人，为敌人所调动。按：这句话的核心含义是争取把握作战中的主动权，系孙

虚

实

篇

子作战指导思想的精髓。

〔4〕能使敌人自至者，利之也：利之，以利引诱。意谓能使敌人自投罗网，乃是以利相引诱的缘故。

〔5〕能使敌人不得至者，害之也：害，妨碍、阻挠的意思。此言能使敌人不能到达战地，乃是牵制敌人的结果。

〔6〕敌佚能劳之：能，此处是乃、就的意思。劳，疲劳，使动用法。

〔7〕饥：饥饿、饥困，这里是使动用法，使……饥饿。

〔8〕安能动之：言敌人若安固守御，我就设法使它移动。

【精解】

"致人之术"：占据先手之利

孙子认为，凡是能抢先到达会战地点，静等敌人前来作战，就会因为安逸而取得主动；与此相反，后到达会战地点的，则只能是仓促应战，就会因为兵马劳顿而立刻处于被动局面。既然如此，如何取得战场主动权就非常明显了：这就是充分地调动对手。孙子认为，善于指挥作战的将领，总是能够运用一切手段合理地调动敌人，而不是被敌人所调动，更不会因此而将自己陷入被动局面之中。

会下围棋的都知道追求先手之利，一招领先，处处领先。反之，如果不慎丧失这种先机之利，就很有可能彻底丧失掌控全局的主动权，这就是我们经常听说的"一着不慎，满盘皆输"。就军事斗争来说，也是这样。如果能够在战争中抢占先机，同样会处处主动，占据优势，进而获得战争胜利，类似于这种先手之利。这个缘故，孙子的《军争篇》等篇目中多次强调这种抢夺先机之利。很明显，孙子的"致人而不致于人"很多时候就是靠这种追求先手之利实现的。**孙子认为，这种"致人"的目的就是要抢在敌人前面，即"先处战地"，力争以逸待劳，从而能够较为顺利地打败敌人。**

需要看到的是，"先发"不一定就是占据了先机之利，"先发"也不一定就能抢占先手之利，因为"先发"也有"后至"的情况。事实上，究竟是"先发"好，还是"后发"好，先秦兵家也有着不同的看法。《左传》引《军志》："先人有夺人之心，后人有待其衰。"从这句话中，可以看出，"先发"不一定就可以制人。如果是后发，可以等待对方气衰，再寻找战机，同样可以打败敌人。战国时期的著作《吕氏春秋·不二》中说："王廖贵先，儿良贵后"，这说明当时的军事家们对于到底是"先发"好还是"后发"好，仍然有着不同的看法。

　　整体打量《孙子兵法》十三篇我们可以发现，孙子一直强调的占得先手之利，而不是先发。在《虚实篇》中，作者谈到了这种"先处战地"之利，给人的感觉似乎是为了求得"先发"，但是，当我们看到《军争篇》作者大谈"以迂为直"的时候便可以明白，孙子强调的是占得先机。为了抢占这种先机，有时候还需要故意选取看似迂远的进军路线来迷惑敌人，即使是在敌人之后出发，但也能比敌人先期到达战略要地，这就是掌握了变迂为直的原则，这就是"后人发，先人至"的道理。所以，要考察孙子相关"先发"的真正态度，不能只看到《虚实篇》，必须要联系《军争篇》才能看得更明白。

　　至于如何调动敌人，孙子也提出了自己的办法：以利诱之，以害驱之。这两手都可以用。在《虚实篇》，孙子说："能使敌人自至者，利之也；能使敌人不得至者，害之也。"在《军争篇》，孙子认为要达成"以迂为直"也是要"诱之以利"才行。在这一点上，前后两篇也是保持着逻辑上的一致性。从这些微细之处，也可以看出作者布局谋篇的巧妙之处。

　　所谓"诱之以利"，就是以使用"小利"去引诱敌人，以此赚得"大利"。这种大、小之利其实是相对而言。所谓"小利"可以被认为是局部利益，所谓"大利"，可以被看作是整体利益。孙子认为，为了换取更大的利益和整体利益，是可以用牺牲局部的小利来做代价的。这便是孙子的大小之辨。当然，这种局部利益小到什么程度，也是很有讲究的。对于一个大象级别的敌人，喂给它一个小饭团，它未必会动，必须要喂给足以让它心动的食物才行。所以，掌握不好这种火候，牺牲小利也只能是白白牺牲，起不到调动敌人的作用。这其中就牵涉一个度的把握问题。必须要恰到好处，才能使"敌人自至"，让对手乖乖就范，走进我们预设的圈套之中。

　　孙子认为，抢占先机的方法，除了"以利诱之"的手法之外，还可以用"害"的手法。比如说，战国时期的孙膑，就用了"围魏救赵"的手法成功地调动了庞涓的部队，这就是成功地运用了"害"的手法。庞涓攻打赵国眼看得手，忽然得知都城大梁受攻，被迫撤军，结果在撤退的路上遭到伏击，招致惨败。在这个著名的战例中，孙膑成功运用了乃祖孙武所教给的战法打败了庞涓。孙子考虑问题一直着眼大局，所以能够"杂于利害"，把利和害作全盘考虑，看问题非常辩证，非常全面。

【原文】

出其所不趋[1]，趋其所不意[2]。行千里而不劳者，行于无人之地也[3]。攻而必取者[4]，攻其所不守也；守而必固者[5]，守其所不攻也。故善攻者，敌不知其所守；善守者，敌不知其所攻[6]。微乎微乎，至于无形[7]！神乎神乎，至于无声[8]！故能为敌之司命[9]。

【注释】

〔1〕出其所不趋：意谓出兵要指向敌人无法救援的地方，即击其空虚。不，在此处当作"无法""无从"之意解，与《孙膑兵法·威王问》："必攻不守，兵之急者邪"之"不"义同。

〔2〕趋其所不意：指兵锋要指向敌所不曾意料之处。与上句同义重复，表示强调。

〔3〕行千里而不劳者，行于无人之地也：无人之地，喻敌虚懈无备之处。

〔4〕攻而必取者，攻其所不守也：言我出击而必能取胜，乃由于出击的是敌人戒备虚懈、无从防守之处。

〔5〕守而必固者，守其所不攻也：言我防守而必能稳固，乃由于所守的是敌无法攻取的地方。

〔6〕"故善攻者"至"敌不知其所攻"句：善于进攻的，能使敌不能守。善于防守的，能使敌不能攻。

〔7〕微乎微乎，至于无形：微：微妙、高明的意思。此句谓虚实运用微妙到极致，则无形可睹。

《孙子兵法》精解

〔8〕神乎神乎，至于无声：神，神奇、神妙、不可思议。此言虚实运用神奇之至，则无声息可闻。

〔9〕司命：命运的主宰者。

【精解】

攻守之中探虚实

所谓"虚实"，是一个重要的兵学范畴。它的含义十分广泛，**一般而言，无者为虚，有者为实；空者为虚，坚者为实。"虚"指的是兵力分散而薄弱，"实"指的是兵力集中而强大。**表现在具体军情上，大凡怯、饥、乱、劳、寡、不虞、羸弱为"虚"，勇、饱、治、逸、众、有备、强盛为"实"。总之凡是构成一支军队战斗力的各种因素，譬如兵力的大小、优劣、众寡、强弱、分合，部队的劳逸、饥饱、治乱、懈备，部署上的疏密、坚瑕，兵势上的锐钝，士气上的高低，心理上的勇怯，行迹上的真伪，处境上的安危，地形上的险易，等等，统统属于"虚实"的范畴。而且，虚实既是空间的概念，也是时间的概念。比如"避其锐气，击其惰归"就是充分把握时间上的虚实，给敌人以打击。著名的长勺之战中，曹刿就是这种战法，等到对方"气衰"再发起攻击，掌握了"一鼓作气，再而衰，三而竭"的真谛，打了齐军一个时间差，争取到战场主动权，从而取得了胜利。可见，虚实是否掌握得当，运用得是否高明，转化得是否成功，直接关系着战争的胜负。显而易见，避实击虚是作战指导取得成功的关键所在，无怪乎，孙子对它如此重视，要用专篇来阐发这个问题了。

"虚实"的核心宗旨，就是积极夺取作战的主动权，创造条件，争取优势，主动灵活地打击敌人。众所周知，主动权乃是军队行动的自由权。在战场上，谁失去行动自由，让对手束缚住了手脚，进退不得，攻守无措，谁也就是"孔夫子搬家——尽是书（输）"。可见，主动权即军队命脉之所系。孙子对这层道理早有深刻的领会，并用简洁深刻的一句话，概括揭示了牢牢掌握主动权的不朽命题："致人而不致于人"，即善于调动敌人而不被敌人所调动。孙子强调，这既是理解"虚实"关系的钥匙，也是正确运用"虚实"转化"虚实"所要达到的目的。我们认为这一原则是孙子制胜之道的灵魂。无怪乎《唐太宗李卫公问对》要这么说古代兵法:"千章万句,不出乎致人而不致于人而已。"

在上述一段话中,孙子基于占据主动权,即"致人"的原则,讨论了攻守之时如何把握"虚实"问题。其中,"无人之地"是一个比喻,是说敌人防守虚弱之处,不一定是完全没有人防守。这和前面的"不趋"的表达方式应该是一致的,也和后面的"不攻"一句表达方式完全一致。这些表达,重点突出的是一个"虚"字,是为了和篇题中的"虚"字求得呼应。如果把"不"和"无"理解成完全没有,那就可能会产生误会,就不能正确理解作者使用"不"字的真正意图。

"守其所不攻也",简本作"守其所必攻也",也有异文情况。传本、简本用字不同,意思甚或完全相反,虽说于义皆通,但尚且存有高下之别。"守其所不攻"并不是说无人进攻,而是说进攻不得力,或者说由于组织了有效的防守,使得对手的进攻化于无形。如果理解为"攻击敌人不去的地方",或者说"守备敌人不来进攻的地方",则会略显机械。事实上,钮先钟[1]和李零[2]等人就是这么理解的,推崇的是简本。仔细推敲文义,当以传本稍为优长。帮助我们理解作者这样用字的,还有"攻其所不守"一句。该句中同样用了一个"不"字,传本、简本一致。所谓"不守",并不是说毫无防守,而是说守备松懈,形同虚设。《孙膑兵法·威王问》中的"必攻不守"一句,说的是同样的道理。况且,若以情理度之,以后一处异文分析,既然是对手"必攻"之所,那么对方的作战决心、攻击规模、投入兵力等,统统难以断定,如何能肯定说是"守而必固"呢?可见,如果依照简本作"必"字,并不见得合理,反倒显得于理不通,只能勉强求得字句的通顺。

大概是出于对自己的这些招法的自得,孙子在作完上述论述之后,表达了他对诸如"善攻"和"善守"境界的理解,同时也禁不住流露出自得的情形:"故善攻者,敌不知其所守。善守者,敌不知其所攻。"而且后面

---

① 钮先钟:《孙子三论》,第 58 页,广西师范大学出版社 2003 年版。

② 李零:《唯一的规则——孙子的斗争哲学》,第 147 页,生活·读书·新知三联书店 2010 年版。

还有更进一步的自得之情："微乎微乎，至于无形，神乎神乎，至于无声，故能为敌之司命。"

有意思的是，类似"微乎微乎"这样的自得之情，孙子在《用间篇》也曾流露过："微哉微哉，无所不用间也。"这是出于对自己设计巧妙的用间之法的自得。"司命"的意思是掌控了命运。这个词，孙子在《作战篇》也用到过。当时是为了强调将帅的重要作用，所以说好的将帅是掌控着人民命运的"司命"。人命关天，提及生命，人们不免立刻生起敬畏之情。所以用"司命"这样的字眼，很显然是为了强调致人之术的高超。孙子认为，这种高超的致人之术，就是掌控了敌人命运的"司命"。这些显然都是非常自得的言辞，而且也是非常自然的表情流露。

【原文】

进而不可御者，冲其虚也[1]；退而不可追者，速而不可及也[2]。故我欲战，敌虽高垒深沟，不得不与我战者，攻其所必救[3]也；我不欲战，画地而守之[4]，敌不得与我战者，乖其所之也[5]。

【注释】

〔1〕进而不可御者，冲其虚也：御，抵御。冲，攻击，袭击。虚，虚懈薄弱之处。

〔2〕退而不可追者，速而不可及也：速，迅速、神速。及：赶上，追上。

〔3〕必救：必定救援之处，喻指利害攸关之地。

〔4〕画地而守之：画，界限，指画出界限。通常对此句的解释为：指在地上随便划出一条界线即可防守而不必筑垒设防，比喻防守非常容易。李零认为画地本为一种画地为方，不假城池，禁鬼魅虎狼的防身巫术，可参。

〔5〕乖其所之也：意谓调动敌人，将其引往他处。曹操注："乖，戾也。戾其道，示以利害，使敌疑也。"乖，违、背离、相反。此处是改变、调动的意思。之，往、去。

避实击虚：作战成功的关键所在

《孙子兵法》十三篇，篇篇围绕作战指导这个核心问题而立论，而《虚实篇》则是其中最为精彩的一篇。唐太宗李世民的意见可以作证，他说："观诸兵书，无出孙武；孙武十三篇，无出《虚实》。夫用兵识虚实之势，则无不胜焉。"[①]《虚实篇》对军事活动中"虚""实"对立统一关系作了精辟分析，全面论述了作战指挥中争取主动权的基本原则和重要方法，在《孙子兵法》全书中占有极其重要的地位。

李世民是何等人物，作为雄才大略、用兵如神的旷世大帝，能有几个古人入他的法眼。可在孙子面前，他变得相当虚心，说了大实话，给《虚实篇》一个崇高但又准确的定位。而细读本篇，我们可以发现它也的确当得起李世民的称颂；孙子对"虚""实"之间辩证关系的认识和把握，毫无疑义已进入了出神入化的境界。既讲清楚了"虚实"的核心，又说明白了运用"虚实"的手段，还解释透了转化"虚实"的条件，可谓是包举无遗，剔精抉微。

知道"虚实"，目的是为了转化和运用"虚实"，而转化和运用"虚实"，关键在于要找到走得通的途径，拥有管用的手段。孙子认为，这手段说复杂也复杂，说简单也简单，万变不离其宗，一句话"避实而击虚"。要打赢战争，窍门是让自己处于"实"而让对手据于"虚"。正如《管子·兵法》所讲的，善于指挥打仗的统帅，总能让对手处于无可奈何的尴尬境地，就像双脚踩在虚空当中，全身上下使不出一点劲；就像同影子搏斗，忙活半天全是白费力气。然而构成"虚实"的因素不是一成不变的，它需要指挥员去发现，去创造，去把握，而实现这一步骤的有效途径，则是在军事行动中努力做到"避实击虚"，完成敌我虚实态势的转变。如此，"致人而不致于人"的意图便得到了具体的落实，克敌制胜就有了充分的保证。

"避实击虚"，主要指在用兵打仗时，要避开敌人的强点，攻击敌人虚

---

① 《唐太宗李卫公问对》卷上。

弱却又是性命攸关的部位，牵一发而动全身，使得敌人欲守不得，欲战不能，进退失据，在劫难逃。这一点很重要，即"虚"不是单纯的虚弱，如果只是单纯的虚弱，而与战略全局不发生关系，那么即便攻击成功，也不能对敌人真正有所伤害，对战略全局产生不了实际的影响。只有打击敌人虚弱但又是要害的地方，方可打蛇打七寸，真正置敌人于死地。就像乌巢之粮草，袁绍军队的守御并不严密，使曹军有机可乘，这是袁绍方面军情上的虚弱之点；然而，军无粮，兵自乱，袁绍一旦丧失了这个后勤资源，那么全军便会陷于彻底的被动，只有失败的前景在等着他，所以乌巢之粮草的有无对袁绍来说又具有致命的意义。既是弱点所在又是要害所在，曹操出其不意一把大火烧了乌巢粮草，就完全掌控了战局，为赢得官渡之战奠定了基础。这才是"避实击虚"原则的高明理解和巧妙运用。

可见，孙子所说的通过"避实击虚"来争取作战主动权，重点表现为对攻击目标、攻击方向的选择上，力求从根本上调动对手，制服敌人。所以他说："出其所不趋，趋其所不意。行千里而不劳者，行于无人之地也；攻而必取者，攻其所不守也；守而必固者，守其所不攻也"；又说"进而不可御者，冲其虚也"。在他看来，只要在作战目标以及方向选择上贯彻了"避实而击虚"的方针，那么就等于有了主动权，就可以达到"善攻者，敌不知其所守；善守者，敌不知其所攻"的目的了。

虚实篇

【原文】

故形人而我无形[1]，则我专而敌分[2]；我专为一，敌分为十，是以十攻其一也[3]，则我众而敌寡。能以众击寡者，则吾之所与战者约[4]矣。吾所与战之地不可知[5]，不可知，则敌所备者多，敌所备者多，则吾所与战者寡矣[6]。故备前则后寡，备后则前寡，备左则右寡，备右则左寡；无所不备，则无所不寡[7]。寡者，备人者也[8]；众者，使人备己者也[9]。

【注释】

〔1〕故形人而我无形：形人，使敌人现形。形，此处作动词，显露的意思。

我无形，即我方无形迹，"形"在此处为名词。意为使敌人显露实情而我方却能隐蔽真形。

〔2〕我专而敌分：专，专一、集中，此外指集中兵力。分，分散兵力。

〔3〕是以十攻其一也：言我在局部上对敌拥有以十击一的绝对优势。

〔4〕约：少、寡的意思。

〔5〕吾所与战之地不可知：言我准备与敌作战之战场地点敌无从知晓。所与战之地，指所准备与敌交战的地点。

〔6〕"不可知"至"则吾所与战者寡矣"句：意谓我欲战之地敌既无从知晓，则不得不多方防备，如此，则敌之兵力势必分散；敌兵力既已分散，则与我局部交战之敌就寡弱有限，就较为容易被战胜了。

〔7〕无所不备，则无所不寡：此句言倘若不分主次平均使用力量，处处设防，必然是处处兵力寡弱，陷入被动。

〔8〕寡者，备人者也：敌力兵力之所以相对薄弱，在于分兵备敌。

〔9〕众者，使人备己者也：我方兵力之所以占有相对优势，是因为迫使敌人分兵备战。

【精解】

实现避实击虚的方法："众寡"与"分合"

要想实现"避实击虚"，集中优势兵力，在全局或局部上造成"以镒称铢"的有利态势，各个歼灭敌人，是不可忽略的环节。

俗话说"双拳不敌四手"，在体力、功夫等其他条件相差无几的情况下，一个壮汉同时与两三个甚至更多的壮汉开打，往往要吃亏，不免头破血流、鼻青脸肿，这是一般的常识。

用兵打仗的道理当然要比拳脚相加的打斗来得深奥复杂许多，不过在有些方面两者之间却有一定的相通之处。"人多势众"、作战双方，谁拥有优势的战场地位，谁就能拥有军队行动的主动权，这是古今中外战争中的一条重要规律。大体而言，两军对阵交锋，凡兵力薄弱、指挥笨拙的一方，一般情况下总是比较被动，玩不过人家。所以，古往今来的军事家们很自然地提出了"众寡分合"的著名命题。**所谓"众寡",就是兵力的对比问题；所谓"分合"，就是指兵力的部署使用问题。两者的核心所在，就是要集中兵力，在全局或局部上造成优势，避实击虚，各个击破。**

孙子是中国历史上第一个重视并系统阐述"众寡分合"作战原则的兵学大师。在《谋攻篇》中，他明确强调"识众寡之用者胜"，把这看成是"知胜有五"的一项重要因素。这里的"众寡"，当然是指兵力的多少，而"用"则是指兵力的运用，也即《军争篇》中所说的"分合为变"。孙子认为，要确保掌握主动权，使胜利的天平朝着自己一方倾斜，就必须按照"避实击虚"的原则，在战场交锋时集中优势兵力，给敌人以毁灭性的打击。为此，他在本篇中反复阐发了集中兵力对于达到"避实击虚"效果的重要性，并一再提出怎样集中优势兵力的种种主张："并力""我专为一"，从而达到"以众击寡"的目的。

兵力的大小与兵力的集中分散，并不是同一回事情。在总体上说，兵力对比虽然占优势，但是在具体作战过程中也极有可能因兵力部署的分散而丧失优势；反之，尽管兵力在总体上占劣势，但也有希望通过相对集中而形成局部上的优势。这说明，集中兵力是有一定条件的，从主观上说，敌我双方谁也不傻，都力求集中兵力，千方百计追求战场上的优势。然而能不能实现这个初衷，则取决于指挥员主观能动性能否得到充分的发挥，这叫作"贤者识其大，不贤者识其小"。换言之，必须通过高明的指挥，使我方兵力集中而使敌人兵力分散，这才是集中兵力的症结关键。

孙子不愧为杰出的军事理论家，在"众寡之用"问题上，他既肯定集中兵力的意义，提倡"以十击一"；又积极探讨如何在战争活动中，通过对"分合为变"等手段的运用，来达到集中兵力、掌握主动的目的。

孙子认为集中兵力的关键，在于最大限度地发挥主观能动作用，善于创造条件，捕捉战机。从战术上讲，就是要做到"形人而我无形"，使敌人显露真情而我军不露任何痕迹，即敌人在明处作靶子，我方在暗处施算计。他进而论说道，这样一来，我军兵力就可以集中而敌人兵力却不得不分散。通过调动敌人，来使我方的兵力集中在一处，而让敌人的兵力分散在十处。于是，集中兵力的意图得以实现，我方便能以十倍于敌的兵力去进攻敌人了，从而造成我众而敌寡的有利态势。如果能做到集中优势兵力攻击劣势之敌，"则吾之所与战者，约矣"，出现"吾所与战者寡"的局面，使得敌人原先的"四手"变成"双拳"，使得自己原先的"双拳"变成"四手"。基于这样的想法，孙子非常乐观地表示了必胜的信心，"胜可为也，敌虽众，可使无斗"，"越人之兵虽多，亦奚益于胜败哉"！

"举一反三""触类旁通"是孙子思维方式的显著特征，所以，他在肯定集中兵力重要性的同时，也深刻揭示了分散兵力的危害性，给所有的战争指导者敲了警钟。他认为，在兵力部署上如果不分主次方向，平均使用力量，单纯企求"无所不备"，那到头来势必形成"无所不寡"，不能实现"我专而敌分"的意图，也就失去了"避实击虚"主动地位的物质基础。据此，孙子一再语重心长地提醒战争指导者要避免犯"以一击十""以少合众"这一类分散兵力的错误，因为那样做是彻头彻尾的"败之道"，到头来一定会覆军杀将，自取其辱，想哭都来不及了！

"前孙子者，孙子不遗；后孙子者，不能遗孙子。"[1] 孙子集中兵力，以镒称铢的作战指导思想对后世兵家的影响是十分明显的。他们一方面充分肯定集中兵力的军事学术价值，如《淮南子》的作者就曾用形象的比喻来说明这层道理：五个手指头轮番敲打，不如握紧拳头狠命一击；一万个人逐个轮番冲锋，不如一百个人一拥而上。[2] 而《百战奇法》则更明确指出"以众击寡，无有不胜"。另一方面，他们也高度重视运用"分合为变"的手段，来达到避实击虚、集中兵力的目的，"设虚形以分其势"，造成"敌势既分，其兵必寡；我专为一，其卒自众"的有利态势，牢牢掌控住作战的主动权。

【原文】

故知战之地，知战之日，则可千里而会战[1]。不知战地，不知战日，则左不能救右，右不能救左，前不能救后，后不能救前，

---

① 茅元仪：《武备志·兵诀评·序》。

② 参见《淮南子·兵略训》。

而况远者数十里，近者数里乎〔2〕？以吾度〔3〕之，越人之兵虽多〔4〕，亦奚益于胜败哉〔5〕？故曰：胜可为也〔6〕。敌虽众，可使无斗〔7〕。

虚

实

篇

【注释】

〔1〕故知战之地，知战之日，则可千里而会战：如能预先了解掌握战场的地形条件与交战时间，则可以奔赴千里与敌交战。

〔2〕"不知战地"至"近者数里乎"句："数十里"和"数里"，指部队战线拉长，前后照应成为困难。

〔3〕度：估计、推测的意思。

〔4〕越人之兵虽多：越人之兵，越国的军队。春秋时期，晋、楚长期争霸，晋拉拢吴以牵制楚国，楚则如法炮制，利用越来抗衡吴国，吴、越之间多年征战不已，两国遂为世仇。孙子为吴王论兵法，自然要以越国为吴的主要假想作战对象。

〔5〕亦奚益于胜败哉：奚，何，岂，哪能够。益，帮助，补益。于，对于。

〔6〕胜可为也：为，造成、创造、争取的意思。胜可为，言胜利可以积极造就。《形篇》言"胜可知而不可为"，是就客观规律性立论。指胜利可以预见，但却不可凭主观愿望强求，而必须具备一定的客观物质基础。此处言"胜可为"，乃是就主观能动性立论，即是说当具备一定客观条件时，只要将帅充分发挥主观能动性，就能创造胜利。两者之间并无矛盾。

〔7〕敌虽众，可使无斗：言敌人虽多，但只要创造条件，就能够使它无法同我较量。

【精解】

攻击时机的把握："知战之地"与"知战之日"

孙子"避实击虚"以争取主动的原则，还表现为对攻击时机的把握上。其基本的指导思想是，避免同正处于士气高涨、斗志旺盛阶段的敌人作正面的交锋，而要通过各种手段瓦解敌人的士气，消磨敌人的斗志，使得它失去锐气，显现虚弱之象，尔后乘虚蹈隙，实施突然而凌厉的打击，夺取战争的胜利，即所谓"善用兵者，避其锐气，击其惰归"。首先要把握的就是，"知战之地"与"知战之日"。

"知战之地"与"知战之日"，即察知战场地理，了解战场天候。并采取"策""作""形""角"等手段，全面掌握敌情。孙子认为，要贯彻"避实而击虚"作战方针，争取"致人而不致于人"，就需要掌握各种情况，从中分析利弊，制订正确的对策，这样就可以"千里而战"，保存自己，消灭敌人了。

在孙子看来，军事指挥员所应了解和掌握的情况概略言之有两大类，一是天时地理，即"知战之地，知战之日"；二是敌情。一般情况下，第二类情况比较难以了解。为此，孙子着重论述了了解和掌握敌情的方法，"策之而知得失之计，作之而知动静之理，形之而知死生之地，角之而知有余不足之处"。应该说，这是非常具体而又行之有效的方法。它能够保证我方及时、全面掌握敌人的作战计划、活动规律、作战部署、强弱环节，为我方定下作战决心、制订作战计划、"避实击虚"提供客观根据，从而确保在作战中牢牢掌握战争主动权，实现"致人而不致于人"的目标。

孙子指出，如能预知交战的地点，预知交战的时间，那么即使跋涉千里也可以去同敌人会战。不能预知在什么地方打，不能预知在什么时间打，那么就会导致左翼救不了右翼，右翼救不了左翼，前面不能救后面，后面不能救前面的情况，何况想要在远达数十里，近在数里的范围内做到应付自如呢？

孙子按照上述原则作出进一步分析指出：越国的军队虽多，但对于取得战争的胜利又有什么补益呢？所以说，胜利是可以造就的，敌军虽多，可以使它无法同我较量。

这段话的意思，还是在说"先处战地"和争夺战场主动权。这种"先处战地"其实是在己方成功实施"致人之术"之后，已经能够充分掌握决战地点、掌握战场的时空条件，因而能够取得胜利。

"以吾度之……"这段话，应该还是孙子自得之处的感叹之辞，读到这里感觉《孙子兵法》这部兵书更像是吴、越争霸之时，作者在帮吴国出点子想办法时写就的。春秋时期，争霸是主旋律。晋楚争霸是春秋争霸史的主旋律，吴越争霸虽是其余波，但他们之间既有国恨，更带家仇，争霸战争尤显惨烈。吴越之间争霸的惨烈状况从《史记》《国语》等多部史书中均可以窥见大致面貌。东汉赵晔所著《吴越春秋》虽有渲染之嫌疑，被讥为"小说家言"[1]，但也部分反映了一个史实:吴越之间的争霸史，情节曲折跌宕，耗时蔚为久远，结果耐人寻味，诚可作为家国复仇的典型案例载入史册。

其中"吾"，赵注本作"吴"，钮先钟认为，以"吴"字更佳，[2] 其实用"吾"也是表示了揣度、衡量越人的意思。赵注本改为"吴"字可能系妄改。

这段话，有不少人将其作为插入语，认为是后人添加进去的。主张《孙子兵法》为战国成书的研究专家多半是如此判断，事实怕是未必如此。我们曾撰有专文，指出《孙子兵法》中体现出较为浓厚的吴文化特征，从书中体现的军队编制特点、从所论地形特点、从诡诈的用兵原则等等都可以看出这些。[3] 十三篇中有两处出现这种"吴越争霸"的字眼，显然也是吴文化特征的明证。当然，《孙子兵法》同时也表现出与传统齐兵学的深厚渊源，这应该和孙武在齐地出生长大，又到吴国建功立业有着直接的关系。

这段话的最后一句——"胜可为也。敌虽众，可使无斗"，是说敌人虽众，仍然可以用"形人之术"来调动对手，最终形成以众击寡、以实击虚的效果，让敌人为数众多的兵马形同虚设。

其中，"胜可为"一句，简本作"胜可擅也"。"为""擅"意思稍有不同，但于义皆通。"擅"可训为"独占"，意思是独占胜利。

【原文】

故策之而知得失之计[1]，作之而知动静之理[2]，形之而知死生之地[3]，角之而知有余不足之处[4]。故形兵之极，至于无形[5]。无形，则深间不能窥，智者不能谋[6]。因形而错胜于众[7]，众不

① 《四库全书总目提要》。

② 钮先钟:《孙子三论》，第 60 页，广西师范大学出版社 2003 年版。

③ 黄朴民、宋培基:《〈孙子兵法〉的吴文化特征》，载《光明日报》，2006 年 5 月 18 日。

虚实篇

能知；人皆知我所以胜之形^[8]，而莫知吾所以制胜之形^[9]。故其战胜不复^[10]，而应形于无穷^[11]。

【注释】

〔1〕策之而知得失之计：策，筹算，策度，用筹策计算。得失之计，敌计之优劣得失。

〔2〕作之而知动静之理：作，兴起，这里是挑动的意思。动静之理，指敌人的活动规律。此言我挑动敌人借以了解其活动的一般规律。

〔3〕形之而知死生之地：形之，以伪形示敌。死生之地，指敌人之优势所在或薄弱致命环节。地，同下句"处"，均非实指战地。言以示形于敌的手段，来了解敌方的优劣环节。

〔4〕角之而知有余不足之处：角，较、量、校量。有余，指实（强）之处。不足，指虚（弱）之处。

〔5〕故形兵之极，至于无形：形兵，指部署过程中的伪装佯动。句意为我示形佯动臻于完善，则形迹俱无。

〔6〕深间不能窥，智者不能谋：间，间谍。深间，指隐藏极深的间谍。窥，刺探、窥视。示形佯动达到最高境界，则敌之深间也无从摸测底细，聪明的敌人也束手无策。

〔7〕因形而错胜于众：因，由、通过、依靠。因形，根据敌情而灵活应变。错，同"措"，放置、安置的意思。

〔8〕人皆知我所以胜之形：此言人们只见到我克敌制胜的情况。形，形状、形态，此处指作战的方式方法。

〔9〕而莫知我所以制胜之形：言众人无从得悉如何克敌制胜的内在奥妙与规律。制胜之形，取胜的奥妙、规律。

〔10〕故其战胜不复：复，重复。取胜的方法不重复，指作战方法随机制宜，灵活机动，不拘一格。

〔11〕应形于无穷：应，适应。形，形状、形态，此处特指敌情。

调动敌人的"形人之术"

孙子指出，要通过认真的筹算，来分析敌人作战计划的优劣；要通过挑动敌人，来了解敌人的活动规律；要通过佯动示形，来试探敌人生死命脉的所在；要通过小规模交锋，来了解敌人兵力的虚实强弱。

进一步地，孙子就形人之术提出了自己的看法：佯动示形步入最高的境界，就再也看不出什么形迹。看不出形迹，那么即使是深藏的间谍也窥察不了底细，老谋深算的敌人也想不出对策。根据敌情变化而灵活运用战术，即便把胜利摆放在众人面前，众人仍然不能看出其中的奥妙。人们只能知道我用来战胜敌人的办法，但却无从知道我是怎样动用这些办法出奇制胜的。所以每一次取胜，都不是简单的重复，而是适应各种不同的情况，变化无穷。

这一段话的开头，就是四个整齐的句子排比，被很多人称之为"动敌之法"，其实就是"形人之术"，是配合前面"形人而我无形"展开的。由"策"到"作"，再到"形"，最后再到"角"，钮先钟认为，这四个步骤实则是"在层次上由浅入深，在时间上是由远而近"[1]。这是很有见地的分析。因为"策"尚且停留在理论分析阶段，是在庙堂分析和计算，"作"则是采取了一定的行动，"形"则是更为深入，用到了"示形"和"战术欺骗"。在这些招法都不能有效探知敌情之后，那就需要派出一定的部队，与敌军近距离接触，甚至展开角力，以此来探知敌军虚实。赤壁之战中，东吴这边派出甘宁率领的小部分水军与曹操交战，得胜归来，由此激发了士气，也探知了曹操水军的战斗力。这其实就是"角"。

当然，在实际运用中，这些"动敌之法"不一定是要按照这个步骤渐次展开的，那样就可能太拘泥了。正确的方法应该是根据实际形势灵活操作，可以选择性展开几项，条件允许时也可以同时展开。

这些"动敌之法"，用今天的眼光打量，有点类于战术侦察。所谓战

① 钮先钟：《孙子三论》，第61页，广西师范大学出版社2003年版。

虚
实
篇

术侦察，举个简单的例子，就是在无法搞清前方草丛有无敌军潜伏之时，可以打个冷枪，扔一个手榴弹，如果有潜伏的敌人可能会被吓唬之后现形。这和孙子"动敌之法"的侦察敌情的方法是一致的。用孙子的这种"动敌之法"侦察敌情，大多数时候都是管用的，只有遇到了像邱少云这样能咬牙坚持的，才可能遭到失败。所以我们至今仍然需要认真学习这种侦察术，它是孙子丰富系统情报思想的一个重要组成部分。虽然说具体的作战环境、作战方式都发生了根本性改变，但基本原理和基本方法仍然具有启示意义。

《虚实篇》的"形人之术"和"致人之术"是非常精彩的。孙子更多探讨的是一些原则性问题。至于如何在战场上的具体运用，孙子讨论较少。这是因为孙子从整体而言，大多讨论的是战略和权谋这种较高层次问题。从这个角度而言，很多人把《孙子兵法》视为"兵权谋"的第一家也是未尝不可。

此外，孙子对"形人之术"的境界追求是：在做到"形人"的同时，保持自己的"无形"。需要看到的是，在这段话中，"形"字曾多次出现，显然是一个关键字眼。"形兵"的最高境界是"无形"，显然是针对保守军事机密而言。这些论述，按照今天的标准来看，其实就是孙子的反情报思想。但是"因形而错胜"一句则已经不再停留在情报层面了，而是就战术机动而言。高明的指挥员必须要善于根据战场形势灵活处置，善于变化。只有这样，才可以做到"应形于无穷"，让对方无机可乘，己方则可以立于不败之地。

【原文】

夫兵形象水[1]，水之形，避高而趋下[2]；兵之形，避实而击虚[3]。水因地而制流，兵因敌而制胜[4]。故兵无常势，水无常形[5]，能因敌变化而取胜者，谓之神[6]。故五行无常胜[7]，四时无常位[8]，日有短长，月有死生[9]。

【注释】

〔1〕兵形象水：言用兵的规律如同水的运动规律一样。兵形，用兵打

仗的方式方法，也可以理解为用兵的一般规律。

〔2〕水之形，避高而趋下：水之形，水的活动形态。此句言水的活动趋向是避开高处流向低洼之地。俗语有"水往低处流，人往高处走"。

〔3〕兵之形，避实而击虚：言用兵的原则是避开敌人坚实之处，攻击其空虚薄弱且又关键重要的地方。

〔4〕水因地而制形，兵因敌而制胜：制，制约、决定。制胜，制服敌人以取胜。此句意为水之流向受地形高低不同的制约，作战中的取胜方法则依据敌情不同来决定。

〔5〕兵无常势，水无常形：此句言用兵打仗无固定刻板的态势或模式，犹如流水一样并无一成不变的形态。势，态势。常势，固定永恒的态势。形，一成不变的形态。

〔6〕能因敌变化而取胜者，谓之神：意谓若能依据敌情变化而灵活处置以取胜，则可视之为用兵如神。

〔7〕五行无常胜：意谓金、木、水、火、土"五行"相生相克无定数。按，古人将金、木、水、火、土视为组成一切物质的最基本要素。始有"相生说"，即五行之间相互促进："木生火，火生土，土生金，金生水，水生木"。后有"相胜说"，即"五行"之间相互排斥、迭次相克："水胜火，火胜金，金胜木，木胜土，土胜水"。不论"相生"抑或"相胜"，五行间的关系是固定的。另外，当时还有"五行不常胜"说，乃墨家后学的观点。《孙子兵法》云"五行无常胜"，意近墨家兵学"无常胜"之说。这表明《孙子兵法》或有后人增附现象。

〔8〕四时无常位：此言春、夏、秋、冬四季推移变换永无止息。四时，指春、夏、秋、冬四季。常位，固定不变的位置。

〔9〕日有短长，月有死生：意谓白昼因季节变化而有长有短，月亮因循环往复而有盈亏晦望。日，白昼。死生，月亮循环往复之"生霸"和"死霸"，通指月亮运转时盈亏晦明之变化。"霸"字亦作"魄"，是月之光明。生霸是指月生光明，死霸是指月亮由明转晦。古人将每个月之月相变化，顺次称作为：初吉，既生霸；既望，既死霸。详参王国维《生霸死霸考》。

"兵形象水"：孙子以"水"论"形"

古人重视"水"，老子和道家尤其推崇水之德。老子认为，世界上最柔弱的就是水，但正是这种柔弱的水才能产生最惊人的力量，也最令人可怕。水本身没有形状，装在杯子里就是杯子的形状，装在茶壶里就是茶壶的形状，看起来似乎软弱可欺，任人宰割，其实不是这样。水的力量看似柔弱，其实是绵里藏针，在特定的时候就会忽然爆发。平静的湖水极具诱惑力，却可以诱使人们一步步走向深渊，直到遭到灭顶之灾。这是水外表软弱内里刚强的一面。所以，八卦中的"水"是"坎"，中间是阳，外边是阴。这一点和"火"截然相反。"火"是外表可怕，中间空虚。火焰的最里面是温度最低的地方。而且，"火"这种外露的特点趋势人们离开它，不至于被烧伤。所以八卦中，"火"是"离"，"离中虚"，中间是虚弱的。

正是由于"水"具有随机成形和趋下等几个非常独特的特点，所以孙子才拿它来与"形"作比，从而为我们留下了一段非常精彩的论述。当然，我们在前面曾经讨论过，**孙子以"水"论"形"，所论其实更像是"势"**。在孙子本人所作出的定义中，"形"和"势"其实是非常含混难解的。

"兵无常势，水无常形"，是一句重要的军事名言，经常被人们提及和引用。其基本意思是说用兵打仗无固定刻板的态势或模式，犹如流水一样并无一成不变的形态。所以，用兵强调的是"不以法为守，而以法为用"，必须根据战场形势的变化而及时采取变化，否则就必然遭遇失败。事实上，在千变万化的战场上，能把握稍纵即逝的战机的将领，才能做到孙子所说的"因敌制胜"，成为战场上的王者。

孙子在《虚实篇》的最后一部分大量讨论了"形"和"势"，是因为"虚实之术"本来就借助于"形势"而展开，"形势"是用兵之本，所以，**孙子从《形篇》开始，到《势篇》，再到《虚实篇》，构成了一个小循环：由"形势"开始，又以"形势"收尾。《形篇》是探讨如何营建实力，《势篇》则是讨论诸如"奇正"这样的运用实力的方法，《虚实》则是总论"形人之术"和"致人之术"，力争掌握战争的主动权，进而求得以众击寡和以实击虚。**

故此，这三篇的确可以视为一个小的整体。当然，这种小的整体又是服务于大的整体。《虚实篇》中讨论的"形人之术"和"动敌之法"，是论述情报和反情报。"形人而我无形"可视为情报工作的一种高境界追求。这种境界如果能完全实现，那自然就可成为立胜之本。

《虚实篇》的结尾有点让人摸不着头脑，如果不是后人衍入的文字，则多半是作者写完上述精彩篇章之后的呓语："故五行无常胜，四时无常位，日有短长，月有死生。"

其中，"五行无常胜"的意思是说，金、木、水、火、土这五者之间相生相克的情形，一物降一物，循环终始，故此没有确定的一个胜者。"四时无常位"是说春、夏、秋、冬这四个季节的循环，类似于五行，也是没有固定的胜者。"日有短长"比较好理解，冬至和夏至这两天的情形就很不一样，前者是白日最短，后者则是白日最长，所以是"日有短长"。至于"月有死生"，这里牵涉古代的历法。王国维有篇著名的文章《生霸死霸考》，就是讨论古代这种历法的。一个月有四个月相：初吉、既生霸、既望、既死霸。这四个月相循环始终，构成了一个月的周期。孙子提及这个过程，也是借月亮的盈亏之状说明战场上没有永久的胜者。

从总体上看，《虚实篇》最后这几句稍显累赘，而且反映出浓厚的五行色彩，故此有人疑为后人旁注文字窜入，但是简本也存有这样的文字，可能《孙子兵法》故本就是如此。对于这样的句子，钮先钟认为，完全属于画蛇添足，故此主张删除。[1] 其实，我们也可以视为孙子自得之余的感叹之辞，不必计较其水准和逻辑问题。对于这几句话，我们不宜轻轻放过。其中所透露出的信息更值得我们关注。如果它们确系《孙子兵法》故本所有，则可以提示我们进一步思考该书的写作年代问题；如果是孙武本人写就，也可以提示我们把五行思想的形成期再重新寻找一个坐标。如果不是孙子本人写就，是后人旁注文字衍入，则可以为我们研究《孙子兵法》在古代的流传面貌提供一些线索。总之，这几句话虽说给我们带来了巨大的迷惑，但也应该引起足够的重视。

---

① 钮先钟：《孙子三论》，第64页，广西师范大学出版社2003年版。

军争篇

孙子曰：凡用兵之法，将受命于君，合军聚众，交和而舍，莫难于军争。军争之难者，以迂为直，以患为利。故迂其途而诱之以利，后人发，先人至，此知迂直之计者也。

故军争为利，军争为危。举军而争利则不及，委军而争利则辎重捐。是故卷甲而趋，日夜不处，倍道兼行，百里而争利，则擒三将军，劲者先，疲者后，其法十一而至；五十里而争利，则蹶上将军，其法半至；三十里而争利，则三分之二至。是故军无辎重则亡，无粮食则亡，无委积则亡。

故不知诸侯之谋者，不能豫交；不知山林、险阻、沮泽之形者，不能行军；不用乡导者，不能得地利。故兵以诈立，以利动，以分合为变者也。故其疾如风，其徐如林，侵掠如火，不动如山，难知如阴，动如雷震。掠乡分众，廓地分利，悬权而动。先知迂直之计者胜，此军争之法也。

《军政》曰："言不相闻，故为金鼓；视不相见，故为旌旗。"夫金鼓、旌旗者，所以一人之耳目也。人既专一，则勇者不得独进，怯者不得独退，此用众之法也。故夜战多火鼓，昼战多旌旗，所以变人之耳目也。

故三军可夺气，将军可夺心。是故朝气锐，昼气惰，暮气归。故善用兵者，避其锐气，击其惰归，此治气者也。以治待乱，以静待哗，此治心者也。以近待远，以佚待劳，以饱待饥，此治力者也。无邀正正之旗，勿击堂堂之陈，此治变者也。

故用兵之法：高陵勿向，背丘勿逆，佯北勿从，锐卒勿攻，饵兵勿食，归师勿遏，围师必阙，穷寇勿迫。此用兵之法也。

【题解】

在论述了虚实、奇正等问题之后，作者继续对战争的原则性问题进行强调。《军争篇》就是本着这种精神对前面《虚实篇》继续进行补充论述。本篇主要论述在一般情况下夺取制胜条件的基本规律，其中心思想是如何趋利避害，保证军队在开进和接敌运动过程之中，争取先机之利，力争掌握战场的主动权，立于不败之地。孙子十分重视对有利作战地位的争取，并辩证地论证了"军争"的有利面和不利面，主张要善于做到"以迂为直，以患为利"。除此之外，也探讨了一些相关军争的作战之法。从某种程度上看，《军争篇》和《九变篇》是对《虚实篇》的补充，是对战争主动权的强调。只不过，《军争篇》强调的是常态，《九变篇》强调的是非常态。

军争，指两军争利争胜，即敌我双方争夺取胜的有利条件——有利的战地和战机。汉简篇题木牍上《军□》列在《实虚》之前。"樱田本"篇题作《争》。按，篇内多处言及"军争"，且张预注亦云"军争"，故篇题当有"军"字，樱田本未可从。

【原文】

孙子曰：凡用兵之法，将受命于君，合军聚众[1]，交和而舍[2]，莫难于军争[3]。军争之难者，以迂为直，以患为利[4]。故迂其途而诱之以利[5]，后人发，先人至[6]，此知迂直之计者也[7]。

【注释】

〔1〕合军聚众：合，聚集、集结。此句意为征集民众，组织军队。

〔2〕交和而舍：意谓两军剑拔弩张对垒而处。交，接、接触。和，军门，即军门。交和，曹操注："两军相对为交和。"舍，止、止宿。

〔3〕莫难于军争：于，比。军争，两军争夺制胜条件，即有利的态势和先机之利。

〔4〕以迂为直，以患为利：迂，曲折、迂远。

159

〔5〕故迂其途而诱之以利:"其""之"均指敌人。迂,此处用作使动。

〔6〕后人发,先人至:比敌人后出动,却先抵达目的地。

〔7〕此知迂直之计者也:知,这里是掌握的意思。计,这里是方法、手段的意思。

【精解】

军争难在"以迂为直,以患为利"

孙子高度重视对有利作战地位的争取,认为这是掌握主动权,赢得战争胜利的重要条件,同时他又从辩证思维的角度,充分论证了"军争"的有利和不利,主张在军队开进过程中,要善于做到"以迂为直,以患为利",考虑各种客观因素,通晓利弊关系,调动敌人,"后人发,先人至",先敌占取有利战机。为了确保军争的顺利成功,孙子强调作好各方面的充分准备,即了解"诸侯之谋",察知"山林、险阻、沮泽"等地形条件,任用"乡导",以及搞好"辎重""粮食""委积"等后勤保障等。

"迂直"是一对非常重要的范畴。"迂"的本义是迂回、曲折,和"直"构成一对反义词。在这里,我们不妨简单地把迂、直都视为距离的远近。针对作战地点,如果采用的是"迂",那就是把行军路线变远了。如果采用的是"直",那就是把行军路线拉近了。通常情况下,在人们的眼里,"迂"总是绕道,多花了一些力气,而"直"则是抄近路,少花力气。但是在孙子眼里,并不是把事情看得这么简单。孙子认为,如果一味抄近路、省力气,反倒会给战局带来一些负面效应。如果真正懂得战争,有的时候部队跑得是慢,花了更大的力气和代价走了远路,却可以找到一个敌人意想不到的进攻点,给敌人以出其不意的打击,从而收到奇效。当然,这在战场上是相当难实现的。所以说,军争之难,难在"以迂为直,以患为利"。

对普通人来说,了解"军争"的有利面并非太困难,难在能懂得"军争"的不利处。所以孙子在篇中着重指出了争夺先机之机不当而可能引起的后果,分别列举了"百里而争利""五十里而争利"以及"三十里而争利"

的危害。这表明孙子的论述，既照顾了全面，又突出了重点，是真正把握用兵精髓的思想巨人。

战国时期赵国名将赵奢率军大破秦师的阏与之战，可谓是历史上成功运用孙子"迂直之计"的光辉典范。在这次作战中，赵奢"以迂为直，以患为利"，避开强秦的兵锋，越过险阻，轻装急进，神速地抢先占据了有利阵地北山，取得了战争的主动权，夺得胜利，使秦国蒙受了一次战国以来少有的严重挫折。所以，此战后来也被作为"示缓而先据要地"取胜的成功战例，对孙子的"军争"理论作出了实战诠释。

即使是在现代战争条件下，孙子的"迂直之计"仍具有强大的生命力。例如在 20 世纪 70 年代初的印巴战争中，印军成功运用"以迂为直"的战术，纵深迂回，分割、包围巴军，攻占达卡，赢得这场战争的胜利。这是孙子"军争"思想在当代的高明借鉴和运用。

【原文】

故军争为利，军争为危[1]。举军[2]而争利则不及，委军而争利则辎重捐[3]。是故卷[4]甲而趋，日夜不处[5]，倍道兼行[6]，百里而争利，则擒三将军[7]，劲者先，疲者后，其法十一而至[8]；五十里而争利，则蹶上将军[9]，其法半至[10]；三十里而争利，则三分之二至[11]。是故军无辎重则亡，无粮食则亡，无委积[12]则亡。

【注释】

〔1〕军争为利，军争为危：为，这里作"是""有"解。此句言军争既有有利的一面，也有不利的一面。

〔2〕举军：带着所有装备辎重行动。

〔3〕委军而争利则辎重捐：意谓如果丢下装备辎重轻兵捷进，则装备辎重将会受到损失。委，舍弃、丢弃。辎重，包括军用器械、营具、粮秣、服装等。捐，弃、损失。

〔4〕卷：收、藏的意思。

〔5〕日夜不处：处，可解作"止""息"。此句言夜以继日，不得休息。

〔6〕倍道兼行：倍道，行程加倍。兼行，日夜不停地进军。

〔7〕则擒三将军：擒，俘虏、擒获。三将军，指上、中、下三军的主帅。此句意为若奔赴百里，一意争利，则三军的将领会成为敌之俘虏。

〔8〕劲者先，疲者后，其法十一而至：十一，即什一、十分之一。意谓士卒强壮者先到，疲弱者掉队，这种做法的结果，只有十分之一的兵力能够到位。

〔9〕五十里而争利，则蹶上将军：言奔赴五十里而争利，则前军将领会受挫折。蹶，失败、损折。上将军，指前军、先头部队的统帅。

〔10〕其法半至：通常的结果是部队只能有半数到位。

〔11〕三十里而争利，则三分之二至：此言奔赴三十里以争利，则士卒也仅能有三分之二到位。

〔12〕委积：泛指物资储备。

【精解】

行军难在"会跑"

孙子的高明之处，就在于他能对战争问题始终以辩证眼光看待。《军争篇》，很多人当作是"争夺先机"，这固然不假，但有不少人把行军速度和争夺先机简单等同起来，怕是对孙子的误解。也有不少人把它理解成"看谁跑得快"①，这可能是把孙子的意思曲解了。孙子如果是简单地讲"看谁跑得快"，那他就不会讲"以迂为直，以患为利"这种军争之难了。在我们看来，**《军争篇》即便是讲行军问题，它也一定不是讲"看谁跑得快"，而是讲"看谁更会跑"**。

"会跑"和"跑快"完全是两个概念。长跑爱好者都知道，在长跑过程中，如果是一味追求速度，五公里或十公里的距离就很难坚持下来，因为他很快就会把力气耗尽，无法继续坚持。但是会跑的人就不一样，他知道如何

---

① 李零：《唯一的规则——孙子的斗争哲学》，第165页，生活·读书·新知三联书店2010年版。

在这个过程中合理分配体力，起步阶段可能会放慢节奏，不和别人拼速度，等到身体适应之后，再慢慢把速度加上去，这样就可以在长跑运动中取得更好的成绩。这就是"会跑"和"跑快"的区别。二者之间存有境界高低上的差别，而且差别很大。一味跑快，大抵只能算是一个莽汉，毫无计谋，毫无成算。

战争谋划也是这样。在魏蜀战争中，邓艾抄远路，找到了一条意想不到的小路，固然花了很多时间和力气，却给了蜀军以致命一击。钟会是堂堂正正过去，进军速度固然神速，却因为姜维他们早有准备，把战略要地剑阁早早占据，钟会大军纵然猛将如云，可就是无法越过天险。这个缘故，邓艾比钟会更会跑。遗憾的是，钟会后来嫉妒邓艾之功，把会跑的邓艾整死了。我们看《智取华山》这部电影也知道，拿下华山靠的也是"以迂为直，以患为利"。战士们在行军和攀越天险的过程中耗费了巨大的代价，才能最终找到一条敌人意想不到的路线，出其不意，攻其无备，最终取得了战争胜利。

这个缘故，孙子其实是反对一味求速的。孙子讲到了三种行军方案，吴如嵩先生称之为"强行军、急行军、常行军"。"强行军"的结果是"十一而至"，也就是说十个战士，只能保证其中一个非常擅长长跑的人到达指定位置，所以结果只能是"擒三将军"，导致全军覆没。从中也可以看出，孙子不是主张"看谁跑得快"，而是"看谁更会跑"。

孙子所述三种行军模式："百里""五十里"和"三十里"。这三个数字其实是代表了三种不同的行军速度，吴如嵩先生用今天的军语分别称之为"强行军、急行军、常行军"三种行军模式，非常形象易懂。在现代战争中，如果是战略战术，往往的确需要强行军。比如飞夺泸定桥之役，就是依靠强行军。可见强行军在今天不是什么贬义词。但是孙子这里的"百里争利"却是含有贬义的，因为其结果只能是"擒三将军"。这一点需要加以辨别。

另外需要注意的是，孙子在这里只是用这三个不同的行军速度来表达和论证如何"以迂为直，以患为利"，论证军争之难和军争之法。也就是说所谓"迂直之计"，孙子是借用行军之法来进行论述的。但是，我们必须看到，这个"迂直之计"并不全是行军之法。战略谋划乃至战争进程中，

军

争

篇

都随时会出现"迂直"，需要我们学会"迂直之计"，也就是辩证对待"以迂为直，以患为利"。

"百里""五十里""三十里"这几个词本是讲行军速度的。这个意思其实不难理解，但是却因为曹操的注释而变得晦暗不明。

曹操对《军争篇》"百里""五十里""三十里"的解释是大可商榷的。从曹注"三十里"一句——"道近，至者多，故无死败也"，我们可以看出，曹操是把这些数据当成了距离远近看待，但这似乎有失《孙子兵法》本旨。

我们读李筌注释便可看出曹注之失。李筌在注释"百里而争利"时说："一日行一百二十里，则为倍道兼行；行若如此，则劲健者先到，疲者后至。"可见李筌是把"百里"之类当成行军速度看待。这确是抓住了《孙子兵法》"倍道兼行"的本旨。相关问题，今人钮先钟的解释很值得参考。他对"五十里争利""三十里争利"的解释是："假使行军速度减到五十里"，"假使把速度再由五十里减到三十里"，[①] 这些解释与李筌是一致的，也贴近《孙子兵法》原意。

这一段还提出了一个重要观点：军争为利，军争为危。这其中，作者重点讨论的是"危"。为什么会这样？因为在孙子看来，"利"的一面，众人皆知，不必赘述。相对而言，"危"的一面，更容易被人们所忽视，所以要花费笔墨继续深入。这其实也是"两点论"和"重点论"的统一。所谓"两点论"，是他充分认识到事物的两面性，这其实就是"杂于利害"的用兵原则，下面《军争篇》还会深入论述。所谓"重点论"就是，作者不会面面俱到，只选取在他看来更为重要的内容进行阐述。

【原文】

故不知诸侯之谋者，不能豫交[1]；不知山林、险阻、沮泽[2]之形者，不能行军；不用乡导[3]者，不能得地利。故兵以诈立[4]，以利动[5]，以分合为变[6]者也。故其疾如风[7]，其徐如林[8]，侵掠如火[9]，

---

① 钮先钟：《孙子三论》，第70页，广西师范大学出版社2003年版。

不动如山[10]，难知如阴[11]，动如雷震[12]。掠乡分众[13]，廓地分利[14]，悬权而动[15]。先知迂直之计者胜[16]，此军争之法也。

【注释】

〔1〕不知诸侯之谋者，不能豫交：谋，图谋、谋划。豫，通"与"，参与。豫交，即结交诸侯。一说"豫"作"预"，亦通。此句言如不知诸侯列国的谋划、意图，则不宜与其结交。

〔2〕沮泽：指水草丛生的沼泽地带。

〔3〕乡导：即向导，熟悉当地情况的带路者。

〔4〕兵以诈立：立，成立，此处指成功、取胜。此句言用兵打仗当以诡诈多变取胜。

〔5〕以利动：言用兵打仗以利益大小为行动准则。

〔6〕以分合为变：分，分散兵力；合，集中兵力。此句言用兵打仗应视不同情况而灵活处置兵力，或分散，或集中。

〔7〕其疾如风：意为行动迅捷，如飘风之疾。

〔8〕其徐如林：此言部队从容推进，行列整肃，犹似森然不乱之林木。徐，舒缓。

〔9〕侵掠如火：攻击敌军恰似烈火之燎原，不可向迩，不可抵御。侵，越境进犯。掠，掠夺物资。侵掠，这里意为攻击敌军。

〔10〕不动如山：言屯兵防守有似山岳之不可撼动。

〔11〕难知如阴：言隐蔽真形，使敌莫测，有如阴云蔽日不辨辰象。

〔12〕动如雷震：一旦展开行动，即有如迅雷不及掩耳。

〔13〕掠乡分众：言分兵数路以掳掠敌国乡邑。掠，一说当作"指"。

〔14〕廓地分利：此言开土拓境，分兵占领扼守有利之地形。廓，开拓、扩展。

〔15〕悬权而动：言权衡利弊得失而后采取行动。权，原义为秤锤，这里指衡量、权衡利害关系。

〔16〕先知迂直之计者胜：能预先懂得以迂为直的将帅，就能取胜。

划时代的观念变革：兵以诈立

为了夺取先机之利，孙子要求作战指导者在军队歼敌运动过程中，自始至终坚持和贯彻"兵以诈立，以利动，以分合为变"的指导原则，达到这样的理想境界：有利可夺时，军队行动"其疾如风"；无利可夺时，军队行动"其徐如林"。一旦进攻，要像烈火燎原，无坚不摧；一旦防御，要像山岳耸峙，岿然不动。需要隐蔽时，要做到如同阴云蔽天，使敌人无从筹措；需要冲锋时，要做到如同雷霆突鸣，使敌猝不及防。一切"悬权而动"，唯求所向无敌，战胜强敌。孙子这一作战指导原则，文字不多，但内容精辟，它不但回答了夺取先机之利的条件和主要手段，而且也概括包举了孙子制胜之道的主要内涵和基本特征。

所谓"兵以诈立"，是说用兵的根本特征在于诡诈奇谲。不诡诈无以成功，宋襄公式的"仁义"只会导致"覆军杀将"，贻笑天下。短短四字，将军事斗争的属性揭示无遗，真是高屋建瓴，振聋发聩。

所谓"以利动"，说的是从事战争当以利害关系为最高标准。有利则打，无利则止，一切以利益的大小为转移，这实际上反映了孙子的战争宗旨，是其新兴阶级功利主义立场在军事斗争原则上的具体体现。

所谓"以分合为变"，这指的是孙子制胜之道的重要手段。中心含义是灵活用兵，巧妙自如地变换战术，或分或合，"悬权而动"，掌握战场主动权。它是"兵以诈立"的必然要求，体现了孙子兵学注重灵活变化，讲求出奇制胜的精神风貌。

孙子这一思想，具有重要的时代意义。这就是它从根本上划清了同《司马法》为代表的旧"军礼"的界限，正确揭示了军事斗争的基本规律。在中国古代兵学理论发展史上，《孙子兵法》是一次革命性的变革，这种变革的核心，便是观念更新。其基本特色就是对西周以来旧的军礼传统的彻底否定，全书上下贯穿着理论创新、与时俱进的基本精神，具体表现为它揭去了温情脉脉的"礼乐"面纱，毫不掩饰地把"兵以利动，以诈立，以分合为变"的原则公之于世，不讳言"功利"是用兵打仗的出发点，从而放开手脚，理直气壮地在军事行动中进行算计，进行欺骗。① 对于这一点，不少后人是洞若观火的。南宋郑友贤《孙子遗说》中的一段话就是典型的例子。他说："《司马法》以仁为本，孙武以诈立；《司马法》以义治之，孙武以利动；《司马法》以正，正不获意则权，孙武以分合为变。"最为贴切地区分了两者不同的特色。从这个意义上说，孙子兵学不愧为迎合"出奇设伏，变诈之兵并作"时代要求的杰出代表。

在春秋中期之前，西周社会的古典礼乐文明，表现在军事领域中。就是以一整套"军礼"来指导、制约具体的军事行动。尽管进入春秋之后。这种军礼的外在形式和内在宗旨已经多少受到冲击，但是对大多数人来说，他们还是愿意遵从"军礼"的一般原则的。这种"军礼"的总纲，便是《司马法》上所说的"以礼为固，以仁为胜"。它确定的战争宗旨是"征伐以讨其不义"，开展军事行动要堂堂正正，不许用奸使诈，"不加丧，不因凶"，人家新死了国君，或者粮食歉收、经济困难，你都不能去打；一旦战场交锋，必须双方摆好阵势后再开打，别老想着偷鸡摸狗占人家的便宜，"成列而鼓"，② "偏，一面也，结日定地，各居一面，鸣鼓而战，不相诈"。③ 战争善后要"服而舍之"，即打了胜仗，不能灭人家的国家，不能绝人家的社稷，而要"举贤立明，正复厥职"，立一个新的统治者来恢复秩序，安定国家。对此，汉朝人班固在《汉书·艺文志·兵书略》中有很准确的概括："及至汤武受命，以师克乱以济百姓，动之以仁义，行之以礼让，司马法是其遗事也。"殊不知这恰恰是当时战争遵循温和"军礼"原则的具体表现，是"以礼为固，以仁为胜"战争观念反映到战争实践的必有之义。用《国语·周语》中所引郤至的话说，就是"见其君必下而趋，礼也；能获郑伯而赦之，仁也"。

然而，到了春秋中后期，整个时代条件发生了根本性的变化。这时，名义上"天下共主"的周天子的权威早已丧失殆尽，新兴阶级势力的勃兴，使得战争的面貌有了完全的改观，其中最大的特色是军事行动逐渐摆脱了"军礼"的束缚，诡诈战法开始普遍流行起来。

新的时代，就有新的战法，在新的战法面前，旧"军礼"的老调子便

---

① 参见黄朴民：《孙子制胜之道综说》，载（中国台湾）《中国文化月刊》，1997年第2期。

② 《司马法·仁本》。

③ 何休：《春秋公羊传解诂》桓公十年。

弹不下去了，这正如《淮南子·氾论训》所说的那样："古之伐国，不杀黄口，不获二毛，于古为义，于今为笑。古之所以为荣者，今之所以为辱也。"这时便需要有新的兵学理论来作指导，即所谓"千门万户曈曈日，总把新桃换旧符"，这叫作"与时俱进"。而《孙子兵法》的诞生，正是这种时代氛围之下的必然产物。

孙子战争观的诡道原则，应该说是对战争本质属性的深刻反映。战争的艺术魅力在于，战争双方斗智斗勇，隐形藏真，欺敌误敌，变化莫测，先立于不败之地，而不放过任何可以击败对手的机会。所有这些，都表明了战争是一种多变、灵活，无固定模式，不讲究繁文缛节的特殊社会活动，诡诈奇谲是战争的本质特征。**而孙子"兵以诈立"的思想，其核心乃是强调以灵活的战术，快速的机动，巧妙的伪装来造就优势主动的地位，在复杂、激烈的军事斗争中成为胜利的主宰**，"故其疾如风，其徐如林，侵掠如火，不动如山，难知如阴，动如雷震"。它的提出，无疑是对业已过时的"军礼"传统的彻底否定，是战争观念上的一个重大突破，本身就是一次创新，一次革命。换句话说，孙子的诡道论，深刻揭示了战争活动的本质属性，是中国古典兵学思想发展上的一次质的飞跃，也是《孙子兵法》区别于"宗仁本礼"古司马兵法，而成为划时代兵学经典的重要标志。

【原文】

《军政》[1]曰："言不相闻，故为金鼓[2]；视不相见，故为旌旗[3]。"夫金鼓、旌旗者，所以一人之耳目也[4]。人既专一[5]，则勇者不得独进，怯者不得独退，此用众之法也[6]。故夜战多火鼓，昼战多旌旗，所以变人之耳目也[7]。

【注释】

〔1〕《军政》：上古兵书，已失传。

〔2〕言不相闻，故为金鼓：为，设、置。金鼓，古代用来指挥军队进退的号令器具，擂鼓进兵，鸣金收兵。

〔3〕旌旗：泛指旗帜。

〔4〕所以一人之耳目也：意谓金鼓旌旗之类，是用来统一部卒的视听、统一军队的行动的。人，指士卒、军队。一，统一、齐一。

〔5〕人既专一：专一，一致、统一，谓士卒皆听遵号令，服从指挥。

〔6〕此用众之法也：用众，动用、驱使众人，也即指挥人数众多的军队。法，法则、方法。

〔7〕夜战多火鼓，昼战多旌旗，所以变人之耳目也：变，适应。此句意为根据白天和黑夜的不同情况来变换指挥信号，以适应士卒的视听需要。

【精解】

用金鼓、旌旗来统一号令

这一段话主要是讨论用金鼓、旌旗来统一部队上下的视听。全军上下如果保持行动一致，那么勇敢的士兵不能单独冒进，怯懦的士兵也不敢单独后退。这其实就是指挥大部队作战的方法。在孙子看来，要想实现这个目标，在夜间作战就需要多用火光、锣鼓，白昼作战多用旌旗，而这些，都是出于适应士卒耳目视听上的需要，是统一作战指挥号令的需要。

一般而言，士兵在进入部队之前就需要有为国效命的思想准备，需要进行法规教育，并培养为国赴难的精神。士兵进入部队之后首先要接受的就是纪律和号令的训练，明白"三官""五教"和"九章"的含义。根据《管子》的描述，所谓"三官""五教"和"九章"，大体是古时候军队用来统一兵士行动的鼓、旗等，通过这些变换方式，来统一部队的行动，使部队的行动能够始终处于军事首领的掌控之下。《管子》认为，"三官不缪，五教不乱，九章著明，则危危而无害，穷穷而无难，故能致远以数，纵强以制。"[1]这其中固然有不少溢美之词，显得有些夸大其词，但也可从一个侧面看出作者对于战争中整体如一、密切协同的理想境界的赞美和追求。

古代的战术运用，非常注意保持队形，讲究整体推进。比如《尚书·牧誓》所记的"不愆于六步、七步，乃止，齐焉"，真实记录了这段历史。

[1] 《管子·兵法》。

《军政》是一部古兵书，从孙子的引用可以看出，其中也对"三官""五教"等内容有所涉及。孙子引用这些话，正是用来讨论"一人之耳目"的问题，说明在上古时期，曾经有很长时间是把金鼓、旌旗作为指挥人们行军作战的手段。白天之所以多用旌旗，是因为白天眼睛可以看，晚上之所以多用火鼓，是因为晚上只能用耳朵听。毕竟那个时代没有高科技，没有诸如夜视仪和红外瞄准装置这些先进装备。所以，白天和晚上的战争是不一样的。夜晚袭击也很不容易，一不小心就会伤及己身。所以，在那种情况下，保证统一指挥，号令一致，始终是一个大问题。

考察古代战争实际，擂鼓就需要前进，鸣金需要收兵，这个道理其实并不复杂。有人会问，本来人手就不够，干嘛要那么多人打着旗帜？这其实也是统一号令的需要，是保证部队在战场上能够始终做到整齐划一，作战之时始终成为一个密切配合的整体。当然，在中国古代，人们有时候就是要把这些东西故意神秘化，以加强对士卒的控制。比如说，《管子》和其他很多古代兵书中就把诸如号令这些东西神秘化了，甚至将其作为"治国之器"看待。当然，在战场上，这些号令确实是指挥作战必备的工具，统一号令，就是统一指挥，所以显得非常重要，不可忽视。

【原文】

故三军可夺气[1]，将军可夺心[2]。是故朝气锐，昼气惰，暮气归[3]。故善用兵者，避其锐气，击其惰归[4]，此治气者也[5]。以治待乱[6]，以静待哗[7]，此治心者也[8]。以近待远，以佚待劳，以饱待饥，此治力者也[9]。无邀正正之旗[10]，勿击堂堂之陈[11]，此治变者也[12]。

【注释】

〔1〕故三军可夺气：夺，此处作"失"解。气，指旺盛勇锐之士气。此句意谓三军旺盛勇锐之气可以挫伤使之衰竭。

〔2〕将军可夺心：指将帅的意志和决心可以设法使之动摇。

〔3〕朝气锐，昼气惰，暮气归：归，止息。这里指士气衰竭。此句言

士气变化的一般规律是：刚开始时锐不可挡，继而渐趋懈怠，最终完全衰竭。

〔4〕避其锐气，击其惰归：看到敌人士气锐盛则坚守以避之，待其惰归则出兵攻击。

〔5〕此治气者也：意为此乃掌握运用士气变化的通常规律。

〔6〕以治待乱：以严整有序之己对付混乱不整之敌。治，整治。待，对待、对付。

〔7〕以静待哗：言以沉着镇静之己对付轻躁喧动之敌。哗，鼓噪喧哗，指骚动不安。

〔8〕此治心者也：此乃掌握利用将帅心理的通常法则。

〔9〕此治力者也：此乃掌握运用军队战斗力的基本方法。

〔10〕无邀正正之旗：邀，遮留、阻截、截击。正正，严整的样子。此言勿发兵截击旗帜齐正、队伍整治之敌。

〔11〕勿击堂堂之陈：陈，同"阵"。堂堂，壮大。此处言不要去攻击阵容壮大、实力雄厚的敌人。

〔12〕此治变者也：言此乃掌握机动应变的一般方法。

【精解】

孙子的"治兵四要"：从"治气"到"治变"

为了夺取有利的作战地位，掌握战争的主动权，孙子进而主张在军队行动过程中，贯彻"四治"的具体要求，即搞好全军上下"治气""治心""治力""治变"的各个环节，树立必胜的信念，激励士气，统一号令，灵活应变，捕捉战机，夺取胜利。

所谓"治气"，就是"避其锐气，击其惰归"，其核心就是后发制人，实施积极防御，即以防御为手段，以反攻为目的的攻势防御。所谓"治心"，就是"以治待乱，以静待哗"，即以己之严整对付敌之混乱，以己之镇静对付敌之轻躁。其实质是要求沉着冷静，从容对敌。所谓"治力"，就是"以近待远，以佚待劳，以饱待饥"，其核心即是要求"先为不可胜"，以强大

171

的军事实力为后盾，为争取先机之利创造条件。所谓"治变"，就是指"无邀正正之旗；勿击堂堂之陈"。其中心意思即不打无把握之仗，不同敌人拼消耗，而要同敌人斗智斗谋，以灵活机动取胜。孙子的"四治"理论，是对战争实践的理性总结，符合作战行动的内在规律，因此为后人所重视和广泛运用，其中"避其锐气，击其惰归"等主张，业已成为经典性的军事原则，在硝烟弥漫的战场上大显身手，屡试不爽。

需要注意的是，这一段文字谈的是治气、治心、治力和治变这"治兵四要"。其切入点是"治气"，但落脚点是"治变"。

"变"也是孙子军争之法的关键内容。"变"是实现孙子诡诈之术，以诡诈之术获取战争胜利的一个直接手段。正是由于善于运用变术，孙子兵学才显得气象万千。孙子固然不废用兵常法，但更重视用兵变法，重视"以正合"，更重视"以奇胜"。正是这个缘故，孙子在《军争篇》讨论了一些军争的常法之后，便接着在《九变篇》中又专门讨论起用兵变法。"九"是"极言其多"，"九变"是说明变化很多。即便是在《九地篇》，孙子仍然念念不忘讨论用兵变法，用了很多篇幅"九地之变"。在孙子看来，"治变"是和"治气""治力"同等重要或更为重要的内容。所以，"分合为变"是孙子兵学思想的一个重要内容。表面上看，它只是兵力的分合，实际上却是指挥员运用变化之妙、实现用兵思想的一个直接手段。孙子认为，"兵无常势，水无常形"（《虚实篇》），指挥员要想赢得战争胜利就必须要学会随机应变，而且，用兵的最高境界，也正是在于善于变化，所谓"能因敌而变化者，谓之神"（《虚实篇》）。

【原文】

故用兵之法：高陵勿向[1]，背丘勿逆[2]，佯北勿从[3]，锐卒勿攻[4]，饵兵勿食[5]，归师勿遏[6]，围师必阙[7]，穷寇勿迫[8]。此用兵之法也。

【注释】

〔1〕高陵勿向：意为敌人如果占据了高地，我军就不要进攻。向，指

仰攻。

〔2〕背丘勿逆：此言敌人如果背倚丘陵险阻，我们就不要去正面进攻。背，倚托的意思。逆，迎击。

〔3〕佯北勿从：言敌人若是伪装败退，我军就不要去追击。佯，伪装、假装。北，败逃、败走。从，追随、跟随。

〔4〕锐卒勿攻：意谓敌人的精锐部队，我军不要去攻击。

〔5〕饵兵勿食：此谓敌人若以小利作饵引诱我们，则不要去理睬它。饵，诱饵，以利相诱。

〔6〕归师勿遏：此言对于正在退还本国的敌军，不要去正面阻截它。遏，拦阻、阻截、截击。

〔7〕围师必阙：对敌进行包围作战，当留有缺口，避免使敌作困兽之斗。阙，同"缺"，缺口。

〔8〕穷寇勿迫：谓对陷入绝境之敌，不要加以逼迫，以免其作垂死挣扎。穷，困厄。

【精解】

孙子的"用兵八戒"：从常法到变法

这一段是本篇的结尾，孙子归纳总结了八条"用兵之法"，即有名的"用兵八戒"。这些原则，是以丰富的战争实践活动为基础的，它们中间某些提法在今天已显得陈腐过时，但在当时却不乏重要的价值，反映了当年孙子在探索真理时所能达到的高度，值得肯定。

《军争篇》的最后论述的是"用兵八戒"，或许可称之为"用兵常法"。孙子的意思是反对鲁莽将军，反对冒进，反对只凭借主观意志妄加行事，而是要学会权变，学会根据战场的实际情况灵活用兵，也就是学会诸如"迂直之计"这些。八个句子中，有七个句子用的是"勿"，只有一个用的是"必"——围师必阙。这多少有点奇怪。很多人对此做过分析，替孙子打圆场。但是，我们很怀疑，这个"必"字很可能是误书或误抄。因为这个"必"字的出现，使得整个句群中出现了"不和谐的声调"。这段话中，孙

173

子是谈战术变化的道理，为何偏偏在这里用了一个"必"字。围剿敌人，却要留一个口子让敌人逃跑，这除非是另有深有的用心——比如说在这个出口布下伏兵，或者是留着活口抓捕等，否则很难理解。

在这里，我们想借助讨论用兵变法，谈一下对于"诡道"的认识。

我们应该首先看到，《孙子兵法》的本质属性是兵法，是敌我双方进行生死较量的军事艺术。的确，孙子所揭示的不少军事原则和规律，具有超越时空的普遍真理性，"诡道"思想同样如此，它们是能够对军事领域以外的工作提供宝贵的借鉴和启迪的。但是在非军事领域，孙子"兵以诈立"、阴损坑人的思想是不能随便借鉴和应用的。

我们知道，近些年来，《孙子兵法》由于种种机遇（如海湾战争和伊拉克战争）而声名大噪，走红变俏。好像《孙子兵法》是包医百病的灵药，什么都跟它拉扯在一起，用一个通俗的比喻，就是"《孙子兵法》像个筐，只要是个东西便往里面装"。而在借鉴与运用孙子思想过程中，又对他的"诡道"论情有独钟，推崇备至。

这也是同中国人的文化思维模式相吻合的。中国人非常务实，说得好听一点，是富有实用理性，你只要听听民间流传的格言，便知道大多数中国人是如何看重实际的利益，而排斥所谓的崇高和优雅的了，什么"人在屋檐下，怎敢不低头"，"好死不如赖活"，什么"不怕官，只怕管"，"各人自扫门前雪，莫管他人瓦上霜"，归结起来便是一个原则，唯利是图，曲学阿世。所以，对西方文化中的骑士精神，我们特别不能理解，像普希金为名誉而同人决斗的做法，在我们中国人看来，好像特傻帽，犯不着。因为按我们的习惯思维，这种事解决起来有其他的好路子，花些钱收买几个地痞流氓深夜里干掉对方也就完事了，何必堂而皇之去单挑，搞什么决斗，一旦决斗谁知道谁胜谁负啊？可不，这位普希金诗人还不是让那个法国无赖一枪给崩了。连命都没了，又有什么尊严、荣誉可说呢？还是一边歇着去吧。

这种民族文化心理同孙子的"诡道"原则实在太合拍了。也许中国人的务实行为方式就是由孙子、老子的学说给长期熏陶出来的，所谓"近朱者赤，近墨者黑"嘛。孙子主张为达到目的而不择一切手段，这在一般人看来，的确是处理事物的最佳方法，是一本万利的赚钱买卖。所以热衷于借鉴，热衷于揣摩，视孙子为精神导师，什么"孙子赚钱兵法"之类的图书都给炮制出来，放在书摊上招徕读者，据说还特有销路呢！这其实是非常可悲的现象：因为"诡道"的身价倍增，风靡天下，意味着诚信的泯灭，道德的沦丧，意味着《孙子兵法》的庸俗化、下流化！

《孙子兵法》是敌我双方进行生死较量的军事艺术。它同人类社会的其他活动有着本质的区别，不能搞拉郎配，不能简单地对号入座。因此，《孙子兵法》中许多"诡道"原则是不可以生搬硬套，随意移用于企业经营或体育竞赛等公共领域的。道理很简单，"诡诈"是用来对付敌人的，不是用来对付朋友或合作伙伴的，即使是对付商业竞争对手，也完全不道德。追求利益是应该的，也是允许的，但是不择手段、搞下三滥，则违背公道人心，迟早会自食其果，所谓"君子爱财，取之有道"便是这层道理。众所周知，商业经济活动追求的是"双赢""多赢"，玩的是"非零和"游戏，这叫作"多一个朋友多一条路，多一份市场多一种选择"。可用兵打仗的情况却是完全不同，它追求的"单胜""独赢"，就像《唐太宗李卫公问对》说的："攻守一法，敌与我分为二事。若我事得，则敌事败；敌事得。则我事败。"总归要分出一个高下，决出一个雌雄。为了达到"独赢"的目的，做做小人也是不得已的选择。这种本质属性上的区别，决定了《孙子兵法》基本原理借鉴上的有限性，否则必然会走火入魔，既当不成"君子"，也做不好"小人"。

游戏应该有规则，道德必须有底线，读《孙子兵法》，用《孙子兵法》，首先要明白的，就是这个道理。

九变篇

孙子曰：凡用兵之法，将受命于君，合军聚众，圮地无舍，衢地交合，绝地无留，围地则谋，死地则战。途有所不由，军有所不击，城有所不攻，地有所不争，君命有所不受。故将通于九变之地利者，知用兵矣。将不通于九变之利者，虽知地形，不能得地之利矣。治兵不知九变之术，虽知五利，不能得人之用矣。

是故智者之虑，必杂于利害。杂于利而务可信也，杂于害而患可解也。

是故屈诸侯者以害；役诸侯者以业；趋诸侯者以利。

故用兵之法，无恃其不来，恃吾有以待也；无恃其不攻，恃吾有所不可攻也。

故将有五危：必死，可杀也；必生，可虏也；忿速，可侮也；廉洁，可辱也；爱民，可烦也。凡此五者，将之过也，用兵之灾也。覆军杀将，必以五危，不可不察也。

【题解】

在论述了军争的常法之后，还需要对变法进行论述，所以就有了《九变篇》。本篇是《孙子兵法》中最为短小的一篇，但思想十分深邃，文辞隽永优美，富有深刻的哲理，对于人们从事任何社会活动都富有重要的启示价值。其中心命题，是阐述了在作战过程中如何根据特殊的情况，灵活变换战术以赢得战争的胜利，集中体现了孙子随机应变、灵活机动的作战指挥思想。孙子主张将帅应该根据五种不同的地理条件实施灵活的指挥，并明确提出以"五不"为中心内容的随机应变处置军事问题的基本原则。要求将帅必须做到全面、辩证地看问题，见利思害，见害思利，从而趋利避害，防患于未然。

此篇篇题十一家注本、武经本皆作《九变》。九，多的意思（参清代汪中《述学·释三九》）。

【原文】

孙子曰：凡用兵之法，将受命于君[1]，合军聚众，圮地无舍[2]，衢地交合[3]，绝地无留[4]，围地则谋[5]，死地则战[6]。途有所不由[7]，军有所不击[8]，城有所不攻[9]，地有所不争[10]，君命有所不受[11]。故将通于九变之地利者，知用兵矣[12]。将不通于九变之利者，虽知地形，不能得地之利矣[13]。治兵不知九变之术[14]，虽知五利[15]，不能得人之用矣[16]。

【注释】

〔1〕将受命于君：谓将帅从君主那里接受出征作战的命令。受命，接受命令。

〔2〕圮地无舍：圮，毁坏、倒塌之意。圮地，指难于通行的地区。舍，止，此处指宿营。

〔3〕衢地交合：衢地，指四通八达之地。交合，指结交邻国以为后援。

〔4〕绝地无留：绝地，指交通困难，又无水草粮食，部队难以生存之地。此句意谓遇上绝地，不要停留。

〔5〕围地则谋：围地，指四面险阻、进退困难、易被包围之地。谋，即设奇计以摆脱困境。

〔6〕死地则战：死地，指走投无路的绝地，非力战难以求生。

〔7〕途有所不由：言有的道路不要通过。由，从、通过。

〔8〕军有所不击：指有的敌军不宜攻击。

〔9〕城有所不攻：意为有的城邑不应攻取。

〔10〕地有所不争：意为有些地方可以不去争夺。

〔11〕君命有所不受：意谓君主之命令有的可以不接受。

〔12〕故将通于九变之地利者，知用兵矣：通，通晓、精通。此句意为将帅如果能通晓九种地形的利弊及其处置，就懂得如何用兵作战了。

〔13〕将不通于九变之利者，虽知地形，不能得地之利矣：意谓将帅如果不通晓九变的利弊，即使了解地形，也不能从中获得帮助。

〔14〕治兵不知九变之术：术，手段、方法。九变之术，指九变的利弊得失及其处置方法。

〔15〕五利：指"途有所不由"至"君命有所不受"等五事之利。

〔16〕不能得人之用矣：指不能够充分发挥军队的战斗力。

【精解】

"九变"的主旨：不循常理的变术

这是"九变"问题的主旨之所在。灵活机动，应变自如，这是军事活动所应遵循的根本原则，是战场上夺取主动权，杀敌制胜的重要保障。整部《孙子兵法》都贯穿着这一精神，而《九变篇》则集中阐述了这方面的具体要求以及方法。

孙子认为将帅应该根据五种不同的地理条件实施灵活的指挥，并明确提出以"五不"为内容的随机应变处置军事行动的具体要求，即"途有所不由，军有所不击，城有所不攻，地有所不争，君命有所不受"。强调精通各种机变的方法，方能充分发挥军队的战斗力，才算是真正懂得和掌握了用兵之道。所以，**孙子的"九变"之术，其实也是给自己带来柔性的空间，也即充分保留回旋的余地，不宜把话说得太满，在总原则之外，还保持着一定的弹性。**

应该指出的是，贯穿于整个"五不"原则的红线，乃是朴素辩证法的精神。它的实质含义，是要求战争指导者透过现象看本质，综合比较，深入分析，权衡利弊，唯利是动。假如权衡后得出的结论有碍于实现战略目标，损害到根本利益，那就必须舍弃眼前的小利，不汲汲于一城一地的得失，暂时放过某些敌人，留待日后时机成熟后再去解决。如果国君的命令不符合实际情况，不利于军事行动的展开，那么就应该本着"进不求名，退不避罪，唯民是保，而利合于主"的态度，拒绝执行。这样做表面上似乎是违背了常理，否定了成规，实际上相反，乃是更好地遵循了军事斗争的基本规律，有利于最大限度地争取主动，夺取战争的胜利。因此应充分加以肯定。历史上夫差强争中原酿覆亡，马援误择险道致兵败，岑彭长驱入蜀击公孙，李渊不攻河东入关中，岳飞君命不受进中原，就从正反两个方面对孙子"五不"为中心的机变思想作出了具有说服力的实战诠释，对今天的军事家来说，仍不无一定的启示意义。

下面我们讨论一下孙子有无"扶将而弱君"的问题。孙子在讨论"君将关系"时曾经主张"将能而君不御者胜"（《谋攻篇》)，在《九变篇》中，孙子又说："君命有所不受。"孙子这种相关君将关系的理性认识，在中国古代社会是个极富震撼力的言论。因此有人批评孙子有"扶将而弱君"的倾向。

北宋大学者苏轼似乎首当其冲。在《孙武论》中，苏轼曾这样说道："天子之军莫大于御将……（将）立毫芒之功以藉其口而邀利于其上，如此而天下不亡者，特有其待耳。"[①] 苏轼此语对孙子提出了鲜明的批评。当然，苏轼此语毫无疑问是站在最高当权者的立场出发的，意在贬斥孙子并进而提醒国君注意对武将的控制。苏轼的一番议论道出了数千年古代社会

九
变
篇

----

① 《东坡全集·孙武论下》。

发展史的一个侧面：在古代社会中，处理"君将关系"一直是个关系重大、不得不谨慎处理的问题。在苏轼之后，仍然有一些学者站在最高统治者的立场，对孙子提出批判。《历代名贤确论》[①] 等书中，作者借苏轼的这种批评之语，作了一些发挥，继续保持对"扶将而弱君"的批判的态度。

相关君将关系的论题在古代应该属于一个非常敏感的问题，参加讨论的人从总体上并不多见。在这些讨论中，也有一些人支持孙子而反对苏轼，其中以明代学者邱濬和贺复徵为代表。针对苏轼的批评，邱濬在《大学衍义补》中说："人君择将，当以无用之先详审徵验，然后用之。既用之后，付以便宜之权，俾其随机制胜可也。"这段话很好地诠释了孙子的相关君将关系的主张，也有力地反驳了苏轼的言论。贺复徵则表达了类似的解读方法："此贤主之所施于能将。将兵权常在将，将将权常在君。"[②] 贺氏从君、将各自作用和领导层次出发，认为孙子思想中没有扶将而弱君的观念。相反，如果贤君和能将各自很好地履行职守，则将权和君权不仅不会产生矛盾，反而会对有关工作起到促进作用。

那么，我们今天究竟应该如何正确看待孙子的君将观呢？

首先，我们必须看到，孙子的"君命有所不受"并非是要挑战君主的权威。正如明代两位学者所指出的那样，孙子的本义尽在求得一个对于军队作战的领导权，和防止在战事爆发时受到不必要的干预而影响到作战指挥。孙子非常清楚为将者在国家中的地位和作用。将对于国君而言只是一个辅佐。故此孙子说："夫将者，国之辅也，辅周则国必强。"（《谋攻篇》）"将能而君不御者胜"也全是从战争胜负出发，是争夺战场上的真正的指挥权，而非争夺国家的领导权。孙子此言，完全是据于春秋许多战争实践而希望国君对军队的事情尽量少加干预，有其特定的历史背景，也有其相对的合理性。

其次，我们考察孙子的这番言论，必须要结合历史现实考察，充分注意到当时的历史条件。因为那个时期，通讯不够发达，战争规模也不是很大，孙子提出这种观点是情有可原的。在那个时代，如果每事必报，必然

① 《历代名贤确论》，作者失考。相关论述详见《历代名贤确论》卷九十五。此外，诸如《宋代名臣奏议》等书收录了苏轼的这篇文章，但相关讨论并不多见。

② 《文章辨体汇选》卷四十九。

会增加一些不必要的环节，进而由此延误战机。但在今天，作战环境和作战条件都已经发生了很大变化，通信手段也比以前先进很多，这种时候如果过分强调"君命有所不受"，就可能不是明智之举。尤其是在大规模作战中，更不可以此来作为违抗军令和擅自做主的借口。正确的做法是，一方面要充分与决策部门保持密切联系，认真贯彻好统帅部门的意志和决策思想，另一方面也要做好通讯传输中的保密工作，防止在这种上传下达的过程中泄露军情。

【原文】

是故智者之虑[1]，必杂于利害[2]。杂于利而务可信也[3]，杂于害而患可解也[4]。

【注释】

〔1〕智者之虑：聪明的将帅思考问题。虑，思虑、思考。

〔2〕必杂于利害：必须充分考虑和兼顾到有利与弊害两个方面。杂，掺杂、混合，引申为兼顾。

〔3〕杂于利而务可信也：意谓如果考虑到事情有利的一面，则可实现战略目标。务，任务、事务。此处指"争胜于天下"的大事。信，通"伸"，舒展、伸张。

〔4〕杂于害而患可解也：意谓在有利情况下考虑到不利的因素，祸患便可顺利消除。解，化解、消除。

【精解】

孙子"杂于利害"的辩证思维

稍早于孙子的大哲学家老子曾讲过这么一句充满辩证哲理的话："福兮祸之所伏，祸兮福之所倚。"意思是事物之间具有普遍联系的特征，即使是在同一事物的内部，也存在着不同倾向相互对立、互为渗透的属性，利与害互为依存，互为转化，任何事物都是矛盾的对立统一。

军事斗争也是如此。孙子作为清醒的朴素唯物论者，对此有着深刻的认识。在他眼里，胜利和失败仅仅是一线之隔，胜利中往往隐藏着危机，而失败里也常常包含着制胜的因素。因此他要求战争指导者要善于保持清醒的头脑，尽可能做到全面辩证地观察问题，正确地处理战争中的利害得失，趋利避害，防患于未然，制胜于久远。

孙子讲"杂于利害"，除了辩证看待利害之外，还有一层重要的意思，这就是怎样正确处理眼前利益与长远利益的关系。利有大利，有小利，有眼前之利，有长远之利，这是根本与枝节，实质与表面的关系问题。作为一个有哲学头脑的成熟战争指导者，不能见了利便热血贲张，直奔主题，而应该先分清它的主次本末，再作主张。总之，"捡了芝麻，丢了西瓜"是非常愚蠢的做法，只有设法加以避免，才算是取得了谈战略、论战法的进门资格。

孙子说："百战百胜，非善之善者也；不战而屈人之兵，善之善者也。"这里讲的正是争取掌握长远之利、根本之利的问题。有的战争，从表面战果统计来衡量，算是打胜了，可是在胜利表象的背后，孕育着新的危机，留下了无穷的后患："杀敌一千，自损八百"，师老民疲，祸不旋踵。所以孙子"杂于利害"的观点启迪所有战争指导者：眼前利益和长远利益要统一起来。两者发生冲突时，必须以长远利益为归宿，枝节服从根本，短期服从长期，眼前服从长远，局部服从全局，战术服从战略。

春秋历史上晋楚争霸的鄢陵之战，就是这方面具有极强说服力的例子，而晋国大臣范文子洞察入微，参悟长远战略利益与眼前战术得失之间的关系，更在中国军事学术发展史上写下了浓彩重墨的伟大一笔。范文子看到的是长远利益，其观察问题的角度是"杂于利害"；而晋厉公和中军帅栾书看到的是眼前利益，思维方式是单向、直观的，结果让暂时的表面的利益遮蒙了自己的理智，做出极其错误的战略抉择，损害了根本的战略利益。由此可见，脱离长远的利益去追求一时的成功，是多么的危险，是何等的愚蠢！

"杂于利害"，还要求战略决策者妥善处理道德与功利的关系，即做到义与利的高度统一。我们知道，中国古代文化的核心是儒家文化，而儒家是非常讨厌谈论功利的，"耻于言利"。孟子见梁惠王，第一句话便是"王何必言利，亦有仁义而已矣。"[①] 他的前辈孔老夫子也说："君子喻于义，小人喻于利。"[②] 宋朝那些理学家，像程颢、程颐、朱熹等辈，更进一步，开口闭口"存天理，灭人欲"，"饿死事小，失节事大"。而兵家是不信这一套鬼话的，不但不信，还要奚落、挖苦。他们把追求功利放在第一位，"兵以利动"，这当然是对的，不像儒家那样"迂远而阔于事情"，但是，这并不意味着义与利应该完全对立，水火不容，而是应该有机统一起来，见利思义，见义思利，这也是"杂于利害"的应有之义。否则打破了道德的最后底线，必然是为非作歹，百无禁忌。"水至清则无鱼，人至察则无徒"，所有的掩饰都不要，所有的招牌都打碎，人欲横流，利令智昏，其实只会对赢得真正的利益造成障碍，到头来因小而失大，得不偿失。法家的沉沦就是典型。法家是最讲功利的，按他们的观点，人与人之间都是钩心斗角、彼此利用的势利关系，"君垂爵禄与臣市，臣鬻智力与君市"，可是以势利相交，必定是利尽而义随之中绝。然而恰恰是这种"算计之心""自为之心"的张扬，使得人与人之间关系的极端紧张、冲突迭起，连法家内部也不得安生，师生反目，同门相残，韩非子让同窗好友李斯活活整死，便是证明。过于言"利"，结果不是别的，就是法家在后世学统不彰，声势消沉。可见"杂于利害"考虑问题，"利"与"义"就应该协调、统一，可以分出轩轾，区别主次，但不可以一笔抹杀其中的任何一个。像儒家那样做谦谦君子固然大可不必，但是"义"作为一种补充，一种价值观，也不可以彻底拒绝。

其实，即便是儒家，也不是不讲利，而是强调必须以仁义为统帅，利应服从于义，他们所反对的只是唯利是图，孔子说："放于利多怨"，问题不是"利"，而出于"放"，过了度、超了限就不行。董仲舒讲："修其理不急其功"，"功"是可以求的，关键是不要太热衷、太急切，即"不急"而已。由此可见，孙子的"杂于利害"观念与儒家思想方式是可以沟通的，优势互补是它们共同作用于中华文化发展的最佳选择。

① 《孟子·梁惠王上》。
② 《论语·里仁》。

九
变
篇

185

真正有成就的军事思想家，都是具有深刻的辩证法思想的，也就是说，在认识事物、驾驭战争时都能"杂于利害"。中国如此，外国也一样。譬如近代普鲁士军事理论家克劳塞维茨，他在军事学术上的最大贡献，就在于他深深受到古典哲学大师黑格尔辩证法的影响，自觉地将联系辩证的思想方法运用于对战争现象的研究，从而科学地揭示了战争的运动规律及其发展变化的内在动因。克劳塞维茨关于进攻与防御相互关系的阐发，最集中地体现了这一特征。他曾这么讲："如果两个概念真正构成了逻辑上的对立，也就是说其中的一个概念是另一个的补充，那么，实际上从一个概念就可以得出另一个概念来。"① 克劳塞维茨关于进攻与防御关系的辩证思维，其进攻与防御互为包容，互有利弊的观念，在精神实质上，与孙子"杂于利害"的理性认识有着相通一致的地方。这充分说明，古今中外的军事学说，只有形式或表述上的不同，而没有精神本质属性上的对立。

孙子"杂于利害"的主张，是一个带普遍性的指导原则，也是其"五不"为内涵的机变制胜理论的哲学基础。它的精义在于辩证对待利害关系，知于未萌，预作准备，顺利时能做到冷静沉着，找到差距，从而保持优势，防止意外；遭到挫折时能做到不丧失信心，正视现实，坚持不懈，从而摆脱被动，走向胜利。从这层意义上看，孙子"杂于利害"的思想，又是超越单纯军事领域的，而具有方法论的普遍意义，对于我们从事任何工作，都有着深刻的启示作用。

【原文】

是故屈诸侯者以害[1]；役诸侯者以业[2]；趋诸侯者以利[3]。

【注释】

〔1〕屈诸侯者以害：指用敌国所厌恶的事情去伤害它从而使它屈服。屈，屈服、屈从，此处作动词用，制服之意。诸侯，此处指敌方、敌国。

〔2〕役诸侯者以业：指用危险的事情去烦劳敌国使它疲于奔命。役，使、

---

① （普鲁士）克劳塞维茨：《战争论》（上、下卷），第 366 页，解放军出版社 1964 年版。

驱使的意思。业，此处特指危险的事情。

〔3〕趋诸侯者以利：指用小利引诱调动敌人，使之奔走无暇。又一说，以利打动敌人使之归附追随自己。趋，奔赴、奔走，此处用作使动。

【精解】

与诸侯的相处之法

孙子基于"杂于利害"思想，指出了处理国际关系问题的原则：要用各国诸侯最厌恶的事情去伤害它，迫使它屈服；要用各国诸侯感到危险的事情去困扰它，迫使它听从我们的驱使；要用小利去引诱各国诸侯，迫使它被动奔走。

孙子认为，聪明的将帅在考虑战争问题时，一定会兼顾利害。这一点其实也适合于处理国际关系问题，比如说处理春秋战国时期的诸侯国关系就非常适用。

只有充分考虑到有利的一面，事情才能尽量完成下去；如果能同时充分考虑到有害的一面，祸患才能预先得到排除。

孙子不仅看到了战争的利害交加，同时也指出了在战争中正确运用这一思想取得胜利。这种思想如果用在与诸侯争战过程中，那就是"屈诸侯者以害，役诸侯者以业，趋诸侯者以利"，或用巨大的危害作为恐吓手段迫使对方屈服，或将对手陷入劳民伤财、消耗巨大的事业之中，使其无法腾出力气对付自己，或是诱之以利，用一定的利益作诱饵，驱使对方改变战略方向。

春秋时期，秦国本想劳师远征攻打郑国，郑国的商人弦高正载着皮货，赶着牛群，准备到洛阳贩卖。他在得到秦军袭击的消息之后，一面派人飞马赶回郑国通风报信，一面当机立断，扮作郑国的使臣，打着国君的旗号犒劳秦师，告诉秦军：郑国其实早有准备，这样的袭击只有遭到惨败。秦军远道而来，听到这个消息非常泄气，只好撤军。弦高此招实际上就是"屈诸侯者以害"。战国时期，韩国眼看秦国大兵压境，便派出郑国作为间谍，说服秦国修建郑国渠。这其实就是"役诸侯者以业"。当然，郑国渠修好之后，对秦国的水利和农业产生了积极影响，使得秦国变得更加强大，这完全出乎韩国的意料之外。至于"趋诸侯者以利"，我们可以举出苏秦在齐的间谍行动。为了消耗齐国的实力，苏秦鼓动齐王攻打宋国。这一军事行动固然取得了成功，但同时也招来了诸侯的共同抵制。齐国在兼并宋国之后，很快便被乐毅率领的五国联军打得落花流水，几乎举国覆灭。

【原文】

故用兵之法，无恃其不来[1]，恃吾有以待也；无恃其不攻[2]，恃吾有所不可攻也。

【注释】

〔1〕无恃其不来，恃吾有以待也：意为不要寄希望于敌人不来，而要依靠自己做好了充分的准备。恃，依赖、倚仗的意思。有以待，指已做好充分的准备。

〔2〕无恃其不攻，恃吾有所不可攻也：意谓不可寄希望于敌人不来进攻，而要依靠自己具备的强大实力，使得敌人不敢贸然发起进攻。

【精解】

孙子的备战思想：有备无患

中国之所以能历经五千年沧桑而傲然屹立于世界东方，中华文明之所以能跨越时空界限而光彩依旧绵延不绝，十分重要的原因之一，就是中国历史上那些目光远大、作为卓越的统治者，能够依据客观形势，制定和实施切实可行的国家安全战略，从而为国家的稳定安全、发展繁荣奠定了坚实的基础。

在中国古代，虽然没有"安全战略"这一名词或概念，但是却具有这方面的实际内容。历代统治者及其思想库从其长期根本利益出发，都十分注重维护国家的安全，致力于追求并实现天下长治久安的目标。早在《周易·系辞下》中就产生了"安而不忘危，存而不忘亡，治而不忘乱"的基本认识；孔子更明确地提出了"有文事者，必有武备；有武事者，必有文备"①的安全主张。自此以降，"思则有备，有备无患"便成为历代统治者安邦治国的中心命题，如明代永乐皇帝就一再强调"天下既平，不可不思患而豫防之"②。而谋划国家安全的构想，确定国家安全的方针，制定并落实国家安全的措施，即构成实质意义上的国家安全战略。**历史上的安全战略，通常都是一个综合的系统，涉及军事、政治、经济、文化、民族等各个方面的内容，概略地说，国防安全是中心，政治安全是保障，经济安全是基础，思想文化安全是重要条件，民族关系安全是主要环节。**它们互为补充，使历史上的安全战略显示出系统、成熟、延续等显著特征。这既是中国古典战略文化的重要组成部分，也是中华民族智慧的集中体现。

在《九变篇》中，孙子还深刻地阐述了有备无患的备战思想，强调并指出不能寄希望于敌人"不来""不攻"，而要立足于自己作好充分的准备，拥有强大的实力，震慑住敌人，使其不敢轻举妄动。孙子认为夺取战争的胜利，必须具备主客观条件，两者缺一不可。活用"九变"，机动灵活，属于发挥主观能动性的范畴，它是制胜的重要途径，但是要使它真正发挥作用，还应该有强大的军事实力作后盾，而强大的实力则来自于认真的备战。从这个意义上说，"恃吾有以待也""恃吾有所不可攻也"，可谓是"九变"方法实施的必要条件。

需要指出的是，孙子有备无患的思想还具有更深刻的内涵，它揭示了国防建设的一般规律。"备者，国之重"，在阶级社会里，战争是不可避免的社会现象。历史上，总有少数战争狂人，出于满足称霸等私欲，乞灵于战争，穷兵黩武，将战争强加在人们的头上。乞求这些人发慈悲偃旗息鼓是幼稚而不现实的。正确的对策是，既反对战争，又不惧怕战争，以战止战，争取和平。

要做到"有以待""有所不可攻"，就必须修明政治，动员民众，发展

---

① 《史记》卷四十七《孔子世家》。

② 《明太宗实录》卷九十三。

经济，加强军队建设。这样广大民众才会积极投身于国防建设事业，国家才有足够的经济力量支持反侵略战争，军队才能具有强大的战斗力粉碎敌对势力的进攻，这些都是确保国家安全的基本条件，也是孙子有备无患思想应有的逻辑意义。

【原文】

故将有五危：必死，可杀也[1]；必生，可虏也[2]；忿速，可侮也[3]；廉洁，可辱也[4]；爱民，可烦也[5]。凡此五者，将之过也，用兵之灾也。覆军杀将[6]，必以五危[7]，不可不察也。

【注释】

〔1〕必死，可杀也：指将帅如果轻生决死，固执硬拼，就会有被杀的危险。必，固执、坚持的意思。

〔2〕必生，可虏也：谓将帅如果一味贪生怕死，临阵畏怯，就有被俘虏的危险。

〔3〕忿速，可侮也：言将帅如果急躁易怒，遇敌轻进，就有中敌人轻侮之计的危险。忿，愤怒、愤懑。速，快捷、迅速，这里指急躁、偏激。

〔4〕廉洁，可辱也：意为将帅如果过于洁身清廉，自矜名节，就有受辱的危险。

〔5〕爱民，可烦也：意谓将帅如果溺于"爱民"（即古人常说的"妇人之仁"），而不知从全局把握问题，就容易为敌所乘，有被烦劳的危险。烦，相烦、烦劳。

〔6〕覆军杀将：言使军队覆灭、将帅被杀。覆，覆灭、倾覆。覆、杀，此处均为使动用法。

〔7〕必以五危：必，一定、肯定。以，由、因的意思。五危，即上述"必死""必生"等五事。

《孙子兵法》精解

孙子对将帅的叮嘱：将有"五危"

孙子在《计篇》中曾经提出了将帅的"五德"：智、信、仁、勇、严。细究起来，《九变篇》这"五危"其实是可以和"五德"一一对应的。这种"五危"，诚如钮先钟所言，是"五德"在具体运用上造成的偏差所致。[①]孙子认为，优秀的品德也会给自己带来软肋，给自己带来一定的危害。比如说，勇敢本来是一个美德，但如果总以"必死"来自律，则很可能会陷入敌人的圈套白白送命；智本来也是美德，但如果总以智相求，换取生还的机会，那就会缺乏冒险精神，直至战场甘做俘虏；信本来是美德，但如果总是循规蹈矩，眼看既定目标无法实现之时，那就会盲目追求速度，终被戏耍；严本是美德，但是如果过于爱惜羽毛，一味追求严于律己，那就是死要面子活受罪，最终自取其辱，并且会非常在意外界的看法，别人的评价，容易被虚名所累，最终招致祸端，以致为敌所乘；仁本是美德，但如果不分场合地婆婆妈妈，最终就会造成自缚手脚、寸步难行的局面，陷入不可收拾的困局之中。

在孙子的心目中，将帅是国家的辅佐、军队的主宰，他的才能、品德在很大程度上关系着战争的胜负。同样的道理，能否实施随机应变、灵活机动的作战指挥，也依赖于将帅个人的主观条件。基于这样的认识，孙子强调，为了真正贯彻"九变"的灵活作战指导原则，必须高度重视将帅队伍的建设。为此，他在本篇结尾处语重心长地叮嘱那些身为将帅的人，要注意努力克服自己性格上"必死""必生""忿速""廉洁""爱民"五种缺陷，以避免"覆军杀将"这一类悲剧的发生。

孙子的这番论述，既是他关于"九变"原则实施的条件和保障，也是他朴素军事辩证法思想的集中体现。众所周知，**春秋时期朴素辩证法思想的重要属性之一，就是事物转化观点上"节"与"度"概念的提出**。当时一些著名思想家，如孔子、老子等人，都已对事物转化的这个临界点——

九变篇

---

① 钮先钟：《孙子三论》，第83页，广西师范大学出版社2003年版。

"度"，有了较为深刻的认识，都主张要保持事物的稳定性，既不可不及，又不能太过，正所谓"过犹不及"。

孙子**"将有五危"的论述就是这种社会思潮的理性精神在军事领域的反映。**其实勇于牺牲，善于保全，同仇敌忾，廉洁自律，爱民善卒等，本来都是将帅应具有的优良品德，然而一旦过了度，也就是说，假如发展到"必"这一程度的话，那么性质也就起了转化，走向反面，而成为"覆军杀将"的诱因了。

"杂于利害"，归根结底，像以"节"控"势"的情况一样，也是一个把握"度"的问题，它是用兵打仗上的"中庸之道"，提倡的是掌控事物变化的临界点，既不要做过头，也不要做不到，顺境之中不忘乎所以，逆境之中不灰心丧气。用兵讲求变化，变化越多越好，越神鬼莫测越高明巧妙。所以要"九变"，"不拘常法，临事适变，从宜而行之之谓也。"然而，这种灵活机动、随机应变、屈伸自如不是毫无规律、杂乱无章、随心所欲的"变化多端"，而是有分寸感，有大局观，恰到好处的"权宜机变"。看上去眼花缭乱，应接不暇，实质上丝丝入扣、斐然成章。所以它才是中国古典哲学中最佳的境界：极高明而道中庸。事实正是如此，不高明就没有辉煌灿烂的兵学文化，不中庸则不可能使这种兵学文化长期稳定而守恒。《孙子兵法》仅仅凭有"杂于利害"这一条原则，也就足以垂万古而不朽了！

孙子兵法·精解

行军篇

孙子曰：凡处军、相敌：绝山依谷，视生处高，战隆无登，此处山之军也。绝水必远水；客绝水而来，勿迎之于水内，令半济而击之，利；欲战者，无附于水而迎客；视生处高，无迎水流，此处水上之军也。绝斥泽，惟亟去无留；若交军于斥泽之中，必依水草而背众树；此处斥泽之军也。平陆处易而右背高，前死后生，此处平陆之军也。凡此四军之利，黄帝之所以胜四帝也。

凡军好高而恶下，贵阳而贱阴，养生而处实，军无百疾，是谓必胜。丘陵堤防，必处其阳而右背之。此兵之利，地之助也。上雨，水沫至，欲涉者，待其定也。凡地有绝涧、天井、天牢、天罗、天陷、天隙，必亟去之，勿近也。吾远之，敌近之；吾迎之，敌背之。军行有险阻、潢井、葭苇、山林、翳荟者，必谨复索之，此伏奸之所处也。

敌近而静者，恃其险也；远而挑战者，欲人之进也；其所居易者，利也；众树动者，来也；众草多障者，疑也；鸟起者，伏也；兽骇者，覆也；尘高而锐者，车来也；卑而广者，徒来也；散而条达者，樵采也；少而往来者，营军也；辞卑而益备者，进也；辞强而进驱者，退也；轻车先出居其侧者，陈也；无约而请和者，谋也；奔走而陈兵车者，期也；半进半退者，诱也；杖而立者，饥也；汲而先饮者，渴也；见利而不进者，劳也；鸟集者，虚也；夜呼者，恐也；军扰者，将不重也；旌旗动者，乱也；吏怒者，倦也；粟马肉食，军无悬甀，不返其舍者，穷寇也；谆谆翕翕，徐与人言者，失众也；数赏者，窘也；数罚者，困也；先暴而后畏其众者，不精之至也；来委谢者，欲休息也。兵怒而相迎，久而不合，又不相去，必谨察之。

兵非益多也，惟无武进，足以并力、料敌、取人而已；夫惟无虑而易敌者，必擒于人。

卒未亲附而罚之则不服，不服则难用也；卒已亲附而罚不行，则不可用也。故令之以文，齐之以武，是谓必取。令素行以教其民，则民服；令不素行以教其民，则民不服。令素行者，与众相得也。

【题解】

在论述了战争的基本原则问题之后，接下来则需要就兵力部署、军队驻扎、侦察敌情等具体问题展开。前者可以归于"道"，后者可归于"术"。本篇主要论述军队在不同地理条件下如何行军作战、如何驻扎安营，以及根据不同情况观察、分析、判断敌情，从而作出正确应对之策等。孙子认为，"处军相敌"是作战指挥中的重要问题，事关战争大局，强调指出在行军作战中，首先要将军队处置好。而"处军"的关键，便是善于利用有利地形，避开不利地形。在"处军"得宜的前提下，孙子强调"相敌"的重要性，即主张充分了解敌情，正确分析判断敌情。

行军，这里不同于现代军语中的"行军"概念，而指如何部署、动用军队。"行"指军队的行军布阵；"军"指军队的屯驻、驻扎或展开。"行"，音"杭"，行列、阵势。"军"，屯、驻扎。

【原文】

孙子曰：凡处军〔1〕、相敌〔2〕：绝山依谷〔3〕，视生处高〔4〕，战隆无登〔5〕，此处山之军也。绝水必远水〔6〕；客〔7〕绝水而来，勿迎之于水内，令半济而击之〔8〕，利；欲战者，无附于水而迎客〔9〕；视生处高，无迎水流〔10〕，此处水上之军也。绝斥泽〔11〕，惟亟去无留〔12〕；若交军于斥泽之中〔13〕，必依水草而背众树〔14〕；此处斥泽之军也。平陆处易而右背高〔15〕，前死后生〔16〕，此处平陆之军也。凡此四军之利〔17〕，黄帝之所以胜四帝也〔18〕。

【注释】

〔1〕处军：指行军舍营、处置军队，即在不同地形条件下，军队行军、作战、驻扎诸方面的处置方法。处，处置、部署的意思。

〔2〕相敌：意为观察、判断敌情。相，视、看、观察的意思。

195

〔3〕绝山依谷：指通过山地要傍依溪谷行进。绝，越度、穿越。依，傍依、靠近。

〔4〕视生处高：视，看、审察，这里是面向的意思。生，生处、生地，此处指向阳地带。高，高地。处高，即居高的意思，即依托高地。视生处高，指的是军队驻扎，要面南朝阳，居隆高之地。

〔5〕战隆无登：指在隆高之地同敌人作战，不宜自下而上进行仰攻。战，战斗。隆，高地。登，登攀、仰攻。

〔6〕绝水必远水：意谓横渡江河，一定要在离江河稍远处驻扎。绝，横渡也。远，此处形容词作动词用，远离之意。

〔7〕客：指敌军，进攻之敌。下同。主客，古代兵法重要范畴之一。就作战双方而言，主指己方，客指敌方；就作战形式而言，主指防御一方，客指进攻一方；就作战态势而言，主指主动一方，客指被动一方。

〔8〕令半济而击之：让敌军渡河渡到一半时发动攻击。此时敌军首尾不接，行列混乱，攻之容易取胜。济，渡河。半济，指渡过一半。

〔9〕无附于水而迎客：不要在挨近江河之处同敌人作战。无，勿、毋。附，毗近的意思。迎，迎击。

〔10〕无迎水流：意谓勿居下游，此指不要把军队驻扎在江河下流处，以防敌人决水、投毒。

〔11〕绝斥泽：通过盐碱沼泽地带。斥，盐碱地。

〔12〕惟亟去无留：惟，宜、应该。亟，急、迅速。去，离开。意谓遇盐碱沼泽地带，应当迅速离开，切莫停留驻军。

〔13〕若交军于斥泽之中：言在盐碱沼泽地带与敌相遭遇。交军，两军相交，指同敌军相遭遇并对峙。

〔14〕必依水草而背众树：指一定要依近水草并背靠树林。依，依近、靠近。背，背靠、倚托之意。

〔15〕平陆处易而右背高：指遇到开阔地带，也应选择平坦之处安营，并把军队的翼侧部署在高地之前，以高地为倚托。平陆，开阔的平原地带。易，平坦之地。右，指军队的主要翼侧。右背高，指军队翼侧要后背高地以为依托。一说：右，上的意思；右背高，即以背靠高地为上。

〔16〕前死后生：前低后高。生、死此处指地势的高、低。本句意谓

在平原地带作战，也要做到背靠山险而面向平易。

〔17〕凡此四军之利：四军，指上述山地丘陵、江河、盐碱沼泽地、平原四种地形条件下的处军原则。

〔18〕黄帝之所以胜四帝也：这就是黄帝所以能战胜四方部族首领的缘由。黄帝是传说中的中华民族祖先，部族联盟首领，号轩辕氏，居有熊。传说他曾败炎帝于阪泉，诛蚩尤于涿鹿，北逐獯鬻（荤粥），合符釜山，统一了黄河流域。四帝，四方之帝，即周边部族联盟的首领，一般泛指炎帝、蚩尤等人。

【精解】

孙子的"处军"之法

自古至今，凡是兴师作战，止则为营，行则为阵，行军、立营同布阵打仗就像一根藤上的两只瓜，关系实在太密切了，所以历来受到军事家们的重视，《司马法·严位》就说"舍谨兵甲，行慎行列，战谨进止。"行军混乱一片，驻扎随便凑合，布阵毫无章法，那么这仗没打，便先输了一大半。**孙子懂得其中的奥妙，所以他重视"处军"（即在不同地形条件下行军、驻扎、布阵的具体对策），成为中国历史上系统论述"处军"原则的第一人。**

孙子认为，"处军"从表面上看起来是婆婆妈妈的琐碎事情，其实平凡之中蕴含高明，是一点也不能马虎的。它事关主动权的把握，事关战争胜负的大局，所以是作战指挥中所需要重点解决的问题，只有优先把部队安排妥当，才有可能进一步讨论什么战术、研究什么打法，否则，便一切无从谈起，就傻乎乎在那里等敌人来收拾自己吧。

当然，单纯有"处军"得宜的善良愿望是不够的，还必须有正确的方法、途径才能达到妥善"处军"的目的。孙子他为人实在的地方，就是他从不玩"空手道"，而是把注意力完全置放在"处军"正确措施的归纳和总结上。他认为，"处军"的重点内容和基本要求，便是要善于做到根据不同的情况，灵活机变地贯彻有针对性的方法和措施，利用有利的地形，避开不利的地形。为此，他一一列举了军队在山地丘陵、江河湖泊、沼泽泥潭以及开阔平原等四种不同地形条件下行军、驻扎、布阵的原则和要领。并且进而将利用地形而"处军"的基本特点给归纳了出来，这就是：安营扎寨也好，行军布阵亦罢，都要抢占干燥的高地，躲开潮湿的洼地，据有向阳的地方，放弃不见光的环境；驻扎在靠近水草的地区，军需供应充足，将士百病不生，从而保证军队能够克敌制胜。强调指出，这才是掌握主动、立于不败之地的前提条件，"此兵之利，地之助也"，所以要充分重视、悉心掌握。

孙子的这些看法，由于讲得正确，讲得到位，合乎军队行动的一般规律，因此受到后人的普遍重视，"一犬吠影，百犬吠声"，好多兵学家在他们的著作里也和孙子唱一个调。如《武经总要·前集·制度》的作者就说："顿舍必就薪水，畜牧必依刍草。一事不备，则自投于死，安能获寇哉？"

值得我们注意的是，外国不少有名的军事学家同样重视安营扎寨、行军布阵的重要性。比如若米尼在他的名著《战争艺术概论》一书的"军队行军宿营和冬季宿营"章节中，就论述了类似孙子"处军"的命题：在战争期间，不论是行军时，或是在执行监视任务时，或是在待机恢复进攻时，军队都完全需要在所占领的战略位置上保持集中舍营。这种位置的选择，要求军队主帅要善于计算，能够判断出敌人可能造成的威胁。军队必须占领足够广大的空间，以便获得充足的给养，但同时又必须保持战斗力，以便能迎击敌人可能发动的攻势。① 这位若米尼（有些地方译为约米尼）先生的言论，听起来很拗口，很别扭，但意思还是清楚的：军队该怎样部署和展开。它同孙子的话不同而理相似，可见古今中外重视地形以部署展开军队的看法是一致的。

孙子的"处军"原则，也被历史上众多的战争实践证明是行之有效的作战要领，绝非浪得虚名。譬如江河湖泊地带的处军作战之法，"客绝水而来，勿迎之于水内，令半济而击之"云云，就很有实际价值。所谓"半济而击"，即是趁着敌人正在渡河的时候，冷不丁地发起攻击，来争取主动，赢得胜利。春秋时期宋楚泓水之战中，贵族风度十足的宋襄公拒绝大臣子鱼的意见，没有乘楚军横渡泓水之时击鼓进攻，结果吃了大亏，败得一塌

① （瑞士）A.H.若米尼：《战争艺术概论》，第 271 页，解放军出版社 1986 年版。

糊涂，这种迂腐而又自负的表现，从反面证明了"半济而击"原则的正确性。而在吴、楚相举之战中，吴军在取得第一场会战的胜利后，对楚军实施战略追击，终于在清发水一带赶上了撤退逃跑中的楚军。这时，吴王阖闾接受了他的兄弟夫概的"半渡而后击之"建议，再次大破楚军，扩大了战果，为进入楚国都城郢都扫清了障碍。这个例子，又从正面证明了"半济而击"原则的重要价值。

当然，对孙子我们也大可不必迷信，他提出的一系列"处军之法"，只是一般的作战原则罢了，要真正充分发挥它的作用，完全有待于军事指挥员根据战场的情势，来灵活加以掌握运用。譬如楚汉战争时期，汉军统帅韩信在破赵之役中背靠绵蔓水布列阵势的做法，单单从表面上看起来，你会觉得这根本不合通常的"处军之法"。因为一般的部署军队的原则是要求做到"前左水泽，右背山陵"，而眼下韩信却是反其道而行之，变成"右背"水泽了。可是实际的战争进程出乎所有人的意料：韩信通过自己天才的指挥，杀得二十万赵军片甲不留，只用了一个早上的时间，就灭掉了赵国。这个事实表明，"处军"上的种种原则，如同孙子的其他作战方法一样，是真理而不是教条，绝对不应该死守拘泥。否则就会像那位空头理论家马谡一样，落得个"画虎不成反类犬""赔了夫人又折兵"的下场。当年，马谡奉诸葛亮之令，统率蜀军精锐进驻街亭，与魏军周旋。在驻扎部队时，马谡弃战略要道于不顾，将部队驻扎在街亭周围的一座土山上。这样做，似乎是同孙子的"处军之法"原则相吻合的，"视生处高"嘛，所谓"好高而恶下，贵阳而贱阴"。马谡自己也踌躇满志、豪情万丈："以高击下，百战百胜"！可结果呢，张郃统帅的曹军大兵一到，切断蜀军水源，将整座小山团团包围起来后，马谡便完全没招了，一仗下来，不但没有能"以高击下"，创造奇迹，反而输得惨不忍睹，使诸葛亮第一次出祁山、北伐中原的军事行动不得不窝窝囊囊收场。马谡这个祸闯得真不小，在战后受到军法的严厉制裁，丢掉自己的脑袋，这的确也是活该！这件事也让我们悟出这么一个道理：仅仅知道兵法的条文，即便是到了滚瓜烂熟、倒背如流的程度，也不算是什么了不得的事情，如果不懂得如何高明理解它，灵活运用它，还不如什么都不知道来得好。

【原文】

凡军好高而恶下[1],贵阳而贱阴[2],养生而处实[3],军无百疾[4],是谓必胜。丘陵堤防,必处其阳而右背之[5]。此兵之利,地之助也[6]。上雨,水沫至,欲涉者,待其定也[7]。凡地有绝涧[8]、天井[9]、天牢[10]、天罗[11]、天陷[12]、天隙[13],必亟去之,勿近也。吾远之,敌近之;吾迎之,敌背之[14]。军行有险阻[15]、潢井[16]、葭苇[17]、山林、翳荟[18]者,必谨复索之[19],此伏奸之所处也[20]。

【注释】

〔1〕好高而恶下:好,喜爱、乐意。恶,厌恶、讨厌。

〔2〕贵阳而贱阴:指看重向阳之处而不喜欢阴湿地带。

〔3〕养生而处实:指军队要选择水草和粮食充足、物资供给方便的地域驻扎。养生,指水草丰盛,粮食充足,便于军队生活。处实,指军需物资供应便利。

〔4〕军无百疾,是谓必胜:将士百病不生,所以能够取得必胜。

〔5〕必处其阳而右背之:指置军于向阳之地并使其主要侧翼背靠高地。

〔6〕地之助:意谓得自地形条件的辅助。

〔7〕上雨,水沫至,欲涉者,待其定也:沫,据张预注,谓水上泡沫。涉,原意为步行渡水,这里泛指渡水。定,指水势平稳。

〔8〕绝涧:指溪谷深峻、水流其间的险恶地形。

〔9〕天井:指四周高峻、中间低洼的地形。

〔10〕天牢:牢,牢狱。天牢即是对高山环绕、易进难出的地形之形象描述。

〔11〕天罗:罗,罗网。指草深林密,荆棘丛生,军队进入后有如深陷罗网无法摆脱的地形。

〔12〕天陷:陷,陷阱。指地势低洼、道路泥泞、车马易陷的地带。

〔13〕天隙:隙,狭隙,指两山相向、涧道狭窄险恶的地形。

〔14〕吾远之,敌近之;吾迎之,敌背之:意谓对于上述"绝涧"等"六害"地形,我们要远离它、正对它,而让敌军去接近它、背靠它。之,指

"绝涧"等六种不利地形。

〔15〕险阻：据《尔雅·释名》，"山巇曰险，水隔曰阻。"

〔16〕潢井：指积水低洼之地。

〔17〕葭苇：芦苇，这里泛指水草丛聚之地。

〔18〕山林、翳荟：指山林森然，草木繁茂。

〔19〕必谨复索之：一定要仔细、反复地进行搜索。谨，谨慎。复，反复。索，搜索、寻找。

〔20〕此伏奸之所处也：指"险阻"、"潢井"等处往往是敌人伏兵或奸细的藏身之处。

【精解】

避开"六害之地"

孙子论述"处军四法"，其基本原则是尽量"趋利避害"，所追求的无外乎是一个"利"。孙子认为，只要按照他所说的，完全做到这些，就可以达成"四军之利"。

孙子的讨论并不停留于此。在论述"处军四法"之后，孙子又从正反两面论述了军队驻扎的主要注意事项。这些注意事项，其实仍然是力求最大限度地"趋利避害"，也就是追求"兵之利，地之助"。这些注意事项，我们不妨称之为"处军"总原则，也就是"凡军好高而恶下，贵阳而贱阴，养生处实，军无百疾，是谓必胜。"

总体上看，**"处军"的关键原则就是要占据有利地形**。这种有利地形概括起来就是"好高""贵阳"和"养生"。也就是说，这些地方应该有居高临下的优势，有充足的阳光，有丰茂的水草。如果据为己有，不仅部队便于机动，后勤补给也会容易一些，士卒也会百病不生。这就可以为战争胜利创造有利条件。

接下来的几句话还是对这个总原则的进一步阐释。其一是陆地："丘陵堤防，必处其阳而右背之"，所强调的是仍然是占据高位，力求居高临下，占据向阳的一面，保证阳光充足。其二是江河。孙子对于如何渡河，也即

"处水上之军"，也进行了进一步论述："上雨，水沫至，欲涉者，待其定也。"如果遇到下雨，那就必须等雨水停下，等水势情况较为稳定之后，再组织部队渡江。

孙子将不能满足上述处军原则的地方也进行了总结，这就是"六害之地"：绝涧、天井、天牢、天罗、天陷、天隙。

绝涧，是指两层都是陡险之地，中间只有一条狭窄通道。天井，指的是四面都是高地，只中间陷进去一块地。天牢，指的是群山环绕之地，部队易进难出。天罗，曹注曰："可以罗绝人者为天罗。"意思是草深林茂，如同罗网一张。简本作"天离"。天陷，指的是地势低洼、道路狭窄、崎岖难行之地。天隙，指的是山林之间的狭窄之地，也可能是一种大地缝。这"六害之地"，意思上不免会有重复之处，因为从总体上看，他们都是地势较低、缺少阳光、易进难出之地。诸如这些地方显然都是非常不利于驻扎军队，而且，即便是行军路过，一旦被敌人包围，那就很可能面临绝境。故此，一旦遇到这种地形，那就必须要组织部队迅速离开，不能停留。对我不利，对敌也不利，所以，在战斗中，高明的指挥员必须要想方设法把敌人逼向这种地形，从而取得主动局面。这就是"吾远之，敌近之"的道理。不仅如此，对于这"六害之地"，我方要保持面向它们，但是要努力诱使敌军背靠它们，也即所谓"吾迎之，敌背之"。这里的"之"，都是指前面的"六害之地"。

【原文】

敌近而静者，恃其险也；远而挑战者，欲人之进也；其所居易者，利也[1]；众树动者[2]，来也；众草多障者，疑也[3]；鸟起者，伏也[4]；兽骇者，覆也[5]；尘高而锐者，车来也[6]；卑而广者，徒来也[7]；散而条达者，樵采也[8]；少而往来者，营军也[9]；辞卑而益备者，进也[10]；辞强而进驱者，退也[11]；轻车先出居其侧者，陈也[12]；无约而请和者，谋也[13]；奔走而陈兵车者，期也[14]；半进半退者，诱也[15]；杖而立者，饥也[16]；汲而先饮者，渴也[17]；见利而不进者，劳也[18]；鸟集者，虚也[19]；夜呼者，恐也〔20〕；军扰者，将不重也〔21〕；旌旗动者，乱也〔22〕；吏怒者，倦也〔23〕；粟马肉食〔24〕，军无悬瓴〔25〕，不返其舍者〔26〕，穷寇也；谆谆翕翕〔27〕，徐与人言者〔28〕，失众也；数赏者，窘也〔29〕；数罚者，困也〔30〕；先暴而后畏其众者〔31〕，不精之至也〔32〕；来委谢者〔33〕，欲休息也〔34〕。兵怒而相迎，久而不合〔35〕，又不相去，必谨察之。

【注释】

〔1〕其所居易者，利也：敌军在平地上驻扎，一定是有利可图才这么做的。易，平易，指平地。利，有利；有好处。

〔2〕众树动者：众树，许多树木；动，摇曳摆动。

〔3〕众草多障者，疑也：在杂草丛生之处设下许多障碍，是企图使我方迷惑。疑，使动用法，使迷惑、使困疑之意。

〔4〕鸟起者，伏也：鸟雀惊飞，是因为其下埋伏着敌军。伏，埋伏、伏兵。

〔5〕兽骇者，覆也：野兽受惊奔跑，这是敌军大举来袭。骇，惊骇、受惊。覆，倾覆、覆没的意思，引申为铺天盖地，蜂拥而至。一说，"覆"亦为伏兵。

〔6〕尘高而锐者，车来也：尘土高扬笔直上升，这是敌人兵车驰来。锐，锐直、笔直。车，兵车。

〔7〕卑而广者，徒来也：意为尘土低而宽广，这是敌人的步兵开来。卑，低下。广，宽广。徒，步卒、步兵。

〔8〕散而条达者，樵采也：尘土散漫而细长，时断时续，这是敌人在砍薪伐柴。

〔9〕少而往来者，营军也：尘土稀少，此起彼落，这是敌人在安营驻军。

〔10〕辞卑而益备者，进也：敌人措辞谦卑恭顺，同时又加强战备，这表明敌人准备进犯。卑，卑谦、恭敬。益，增加、更加的意思。

〔11〕辞强而进驱者，退也：敌人方面措辞强硬，在行动上又示以驰驱进逼之姿态，这其实是他们准备后撤。

〔12〕轻车先出居其侧者，陈也：轻车，战车。陈，同"阵"，布列阵势。

〔13〕无约而请和者，谋也：指敌人还没有陷入困境却主动前来请和，这中间一定怀有不可告人的目的。约，困屈、受制的意思。

〔14〕奔走而陈兵车者，期也：意思是敌人急速行动、摆开兵车布好

阵势，是期求与我进行作战。期，期求。此处是"期会"（按期会合进行决战）的意思。

〔15〕半进半退者，诱也：敌人似进不进，似退不退，这是为了诱我入其圈套。

〔16〕杖而立者，饥也：言倚着兵器而站立，这是饥饿的表现。杖，扶、倚仗的意思。

〔17〕汲而先饮者，渴也：取水的人自己先饮用，这是干渴的标志。汲，汲水、打水。

〔18〕见利而不进者，劳也：明明有利可图而军队却不前进，说明敌军已疲劳不堪。

〔19〕鸟集者，虚也：鸟雀群集敌营，表明敌营空虚无人。虚，空虚无人的意思。

〔20〕夜呼者，恐也：军卒夜间惊呼，这是敌人惊恐不安的象征。

〔21〕军扰者，将不重也：据张预注，军中经常无故惊扰，将不持重。

〔22〕旌旗动者，乱也：敌军旗帜不停地摇动，表明敌人已经处于混乱之中。

〔23〕吏怒者，倦也：敌人军官易怒烦躁，表明全军已经疲倦。

〔24〕粟马食肉：拿粮食喂马，杀牲口吃肉。粟，粮谷，此处名词用作动词，指用粮食喂马。

〔25〕军无悬瓬："瓬"同"缶"，汲水用的罐子，泛指炊具。此句是说敌军收拾起了炊具。

〔26〕不返其舍者：舍，营幕。此言军不归幕，暴露野宿。

〔27〕谆谆翕翕：低声下气、恳切温和的样子。谆，恳切。这里有絮絮不休的意思。翕，通"习"。

〔28〕徐与人言者：意谓语调和缓地同士卒商谈。徐，缓缓温和的样子。人，此处指士卒。

〔29〕数赏者，窘也：敌军一再犒赏士卒，说明其处境困难。数，多次、反复。窘，窘迫、困窘。

〔30〕数罚者，困也：敌军一再处罚士卒，表明其已经陷入困境。

〔31〕先暴而后畏其众者：指将帅开始对士卒粗暴，继而又惧怕士卒者。

〔32〕不精之至也：意谓将帅不精明到了极点。

〔33〕来委谢者：委，委质、遗礼。谢，道歉、谢罪。委谢，指委质赔礼。古人相见，多执贽以为礼，故称"委质"或"委贽"。

〔34〕欲休息也：敌人希望休兵息战。

〔35〕久而不合：久久没有展开交锋的意思。合，指交战。古代敌对双方交战曰"合"。

【精解】

侦察敌情的"相敌"之法

"相敌"，顾名思义，可以知道它指的是观察、了解各种征候、情况，并在这基础之上，正确地分析和判断敌情。它的本质属性，是要透过眼花缭乱的表面现象，找出真正的原因、动态，以求对敌方的基本情况做出缜密分析、正确判断，从而掌握主动，为夺取战役战斗的胜利创造必要的条件。

实践出真知，战争活动在很大程度上是对以往战争经验与教训的借鉴和汲取，观察和判断敌情，离不开以往的战争经验作为参验、推论的坐标和参数。**孙子的过人之处，是他把原先零散的经验、例证按照一定的体系归纳、总结在一起，形成了相对系统完整的"相敌"方法**。这类方法他一共概括出三十多种，大多是经受过实战检验而证明行之有效的。它们看起来很琐碎、很简陋，"卑之无甚高论"，其实完全适合冷兵器时代作战的需要，对于掌握敌情具有非常实用的可操作性。从中可以看到孙子兵学求真务实的基本特点。

这三十多种侦察和判断敌情的方法，包括了几大类型，一是通过对敌人言论行为的观察来判断敌人的作战企图，比如"敌近而静者，恃其险也；远而挑战者，欲人之进也"；"辞卑而益备者，进也；辞强而进驱者，退也；轻车先出居其侧者，陈也；无约而请和者，谋也"，等等。用聪明的大脑，过滤种种蛛丝马迹，拨开层层迷雾，看清事情的本相，料定敌人想干什么，要干什么，然后预作防范，给敌人以迎头痛击。二是通过对鸟兽草木和尘埃土灰的观察，来判断敌人方面的行动意向，比如"众树动者，来也；众草多障者，疑也；鸟起者，伏也；兽骇者，覆也；尘高而锐者，车来也；卑而广者，徒来也；散而条达者，樵采也；少而往来者，营军也"，等等。"风乍起，吹皱一池春水"，"树欲静而风不止"，敌人想有所动作，不可能把一切捂得严严实实，总会在不经意中透露一二，这时便可以从种种自然物候现象中分析其动态，未雨绸缪，稳操胜券。三是通过对敌人举止动态、活动状况的观察，来判断敌人的虚实，看他休整是否充分，士气是否高涨，补给是否跟上，如"杖而立者，饥也；汲而先饮者，渴也；见利而不进者，劳也"；"夜呼者，恐也；军扰者，将不重也；旌旗动者，乱也；吏怒者，倦也"，等等。就这样，寻找出敌人的弱点，把握住有利的战机，打蛇打七寸，一举置敌于死地。

这些"相敌"的招数，基本上是实战经验的结果，战争史上不乏这方面的具体印证。如公元前615年，秦国起兵攻打晋国。晋国自然不敢怠慢，委派中军主帅赵盾统率晋军主力抗击来犯的秦军。双方军队遂于河曲（在今山西永济一带）相遭遇。针对秦军远离后方、越境征战、难以持久的军情特点，晋军统帅部采取了"深垒固军"、待敌撤退而击之的方针，气闲神定，"老虎不出洞"，磨得秦军一点也没脾气。无奈之下，秦军主帅做出了全师撤退的决定。为了掩饰这一意图，免得晋军趁火打劫、乱中取胜，秦军主帅派遣使者前往晋军大营，预约双方在第二天进行决战，这位使者果然好身手，在晋军诸多将领跟前，气焰嚣张，肆无忌惮，话讲得特冲也特强硬，一副鱼死网破的劲头。可他夸张的表现并不能瞒蒙任何人，晋军的一位副将就从秦军使者的眼神里、口气中察觉到其色厉内荏、外强中干的蹊跷，判断秦军已黔驴技穷，行将撤退。于是向赵盾提出建议：乘秦军开始后撤之时发起攻击，截断敌人的退路，一举加以歼灭。但遗憾的是，晋军统帅赵盾魄力太小，打仗瞻前顾后，患得患失，没有能采纳这个正确建议，致使秦国军队得以趁着夜色的掩护安全撤退，摆脱了被动受歼的危险局面。[1]这就是所谓"辞强而进驱者，退也"的典型例证。

又如公元621年爆发的虎牢之战中，李世民（当时还是秦王，连太子

---

① 参见《左传·文公十二年》。

都没份儿）统率唐军，在战略要地汜水（今河南荥阳汜水镇）一带与劲敌窦建德相对峙。当时，窦建德的部队有十余万人，声势浩大，沿着汜水东岸布阵列势，北依大河，南连鹊山，正面宽达二十余里地。可"人是铁，饭是钢"，窦军整整一个上午折腾下来（从辰时一直到午时），战斗力也就在无形之中悄然流逝了，那些兵士饿着肚子，渴着嗓子，都横七竖八坐在地上，秩序混乱根本不像一个打仗的样子。细心的李世民从远处观察到这些迹象后，便判断解读为窦建德部队的士气开始懈怠，唐军的取胜机会来了。

送上门来的东西，不要白不要，于是李世民便派遣宇文士及率领三百名骑兵前去掠阵，算是投石问路。他告诫宇文士及说，倘若窦军进退有节，严整不动，那么就不要强行突破，而马上领兵返回本阵；如果对方阵势经不得这么一冲，混乱松动，那么就引兵继续攻击，以扩大战果。宇文士及应命而去，猛攻至窦军阵前。接下来的事情恰如李世民所料，窦军果真是只纸老虎，败象立露，整个阵势迅速开始动摇与瓦解了。李世民见状，喜上眉梢，当即下达命令：全军出动，发起总攻，并身先士卒，亲自带领骑兵冲锋陷阵。唐军渡过汜水后，饿虎扑食一般杀向窦建德军的大营，迅速瘫痪了窦军的指挥中枢，杀得窦军上下人仰马翻，溃不成军，窦建德本人也身负重伤，倒栽葱似的从高高的马背上摔跌下来，被唐军士兵逮个正着，他手下的十万兵马就这样烟消云散了，虎牢之战便以唐军大获全胜而告结束，唐王朝取得了统一天下之战中的关键性胜利。而唐军之所以取胜，重要的前提是李世民善于"相敌"，从实战的角度验证了孙子下列"相敌"原则的正确性："杖而立者，饥也；汲而先饮者，渴也"；"军扰者，将不重也"。

当然，在今天看来，孙子在本篇中所总结的三十余条"相敌"之法，是非常古老、简单、直观的东西，属于直观经验的粗浅判断和预测，原始、粗浅、简陋得很，同当今先进的军事侦察技术与手段相比，它的陈旧、落后真是不可以道里计，可谓一个天上、一个地下。其中绝大部分内容早已过时，根本不适用于现代高科技战争。有了侦察卫星，有了全球定位仪，有了名目繁多的通讯监视，自然大可不必去看烟尘是什么样子，鸟儿与野兽在哪里出没，否则便是刻舟求剑，缘木求鱼，十足的胡闹！但是，在当时的历史条件下，孙子主张"相敌"，把它作为战争指导者达到"知彼知己""知天知地"目的的主要手段之一，是具有其特殊意义的，反映了孙子本人对作战规律孜孜探求的可贵努力，我们不能因为它今天的过时而否定它当时的实用。同时，我们也应该看到，孙子有关"相敌"方法的概括，虽然直观粗浅，但却包含着深厚的哲理价值。这就是，任何事物都是现象与本质的统一，作为高明的人，最大的课题是如何在实际生活中透过各种表象，去解释事物的本质属性，从而在社会实践活动中洞察先机，建功立业。这种朴素辩证的思想方法，永远不会过时，永远能给后人以启迪，孙子的价值其实正体现在这个方面。

从相敌之法，还可以看出一个道理：细节决定成败。什么叫细节，就是那些看似平淡无奇的微小环节。英格兰有一首著名民谣：少了一枚铁钉，掉了一只马掌，丢了一匹战马，败了一场战役，丢了一个国家。这些铁钉、马掌什么的，都是细节。注意对这些现象进行观察，也可以发现一些重要玄机。《左传》记载的"楚幕有乌"的故事，也能说明这个问题。楚军连夜撤退了，帐篷上就会有鸟聚集。如果不观察这样的细节，就不知道事实真相，不敢进兵。反之，则可以适时组织对应之策，赢得时间和主动权。

【原文】

兵非益多也[1]，惟无武进[2]，足以并力、料敌、取人而已[3]；夫惟无虑而易敌[4]者，必擒于人。

【注释】

〔1〕兵非益多也：意谓兵员并不是越多越好。这反映了孙子的精兵建军思想。益多，即以多为益。

〔2〕惟无武进：意为只是不要恃武冒进。惟，独、但、只是。武进，刚武轻进，犹言迷信武力、肆意冒进。

〔3〕足以并力、料敌、取人而已：指能做到集中兵力、正确判断敌情、争取人心则足矣。并力，集中兵力。料敌，观察判断敌情。取人，争取人

心，善于用人。

〔4〕无虑而易敌：没有深谋远虑而妄自尊大蔑视敌手。易，轻视、蔑视。

【精解】

"兵非益多"：孙子的精兵强军思想

春秋战国之际，战争是越来越频繁，战争规模是越来越扩大，战争的杀伤程度是越来越严重，"力功争强，胜者为右"，在这种形势之下，各诸侯国无论是为了争霸，还是为了自保生存，都需要拥有一支规模庞大的军队，于是扩军备战便如农历八月十八的钱塘江大海潮，一波高过一波。像晋国，城濮之战时动用的兵车数为 700 乘，而到了春秋末年平丘之会时，它已能出动兵车 4000 乘治兵邾南了，扩军速度令人惊讶。又如楚国，城濮之战时其兵力当在千乘左右，可到春秋末年，它已是具有近万乘兵力的超级大国了。[①] 这种呈几何级数增长的扩军趋势，是当时整个军事形势演变的特点之一。

孙子当然是主张顺应历史潮流的，提倡发展军队为从事争霸战争作筹码。所以"十万之师"是他用兵打仗所考虑的一个数额基数。然而，他比当时一般人高明的地方，是他提出了军队发展的正确方向：走精兵建设之路，"兵非益多也，惟无武进，足以并力、料敌、取人而已"。这既是对争取战争胜利基本条件的论列，也是对军队建设根本原则的揭示。

"兵非益多"称得上是军队建设思想发展史上的一个重要里程碑。 众所周知，军队的数量固然是构成军队战斗力的重要因素，可是没有质量的军队人数再多，也是无法很好发挥战斗力，履行军队职责。海湾战争前夕，伊拉克号称拥有百万之众，可是由于其整体素质低下，加上武器装备比较落后（同美军相比而言），战法单调陈旧，所以经不得以美军为首的多国部队的穷追猛打，在短短的时间里便一溃千里，惨不忍睹。可见军队的数量与质量之间存在着对立统一的关系，建设军队的正确方向，应该是既注

———————————
① 参见黄朴民：《春秋军事史》，第 89—90 页，军事科学出版社 1998 年版。

行军篇

重保持一定的数量规模，又注意提高军队的质量性能，并且把重点放在后者上面。

道理非常浅显，如果军队数量过于庞大，那么就会给国家经济带来沉重的负担，不利于有效地进行教育训练，不利于改良武器装备（大量的人头费占用了军事技术所需投入的经费），也有碍于提高指挥的效能。春秋战国时期楚国军队人数最多，可它与晋国、秦国交锋，老是处于下风。北宋时期大量冗兵冗将的存在，结果导致整支军队战斗力的严重削弱，在和西夏、辽、金军队作战时吃尽败仗，都是明显的例证。由此可知，孙子的精兵理论的确击中了军队建设的关键，具有重大的军事学术价值，所以为后世兵家所普遍重视。例如，战国时期吴起主张"简募良材"，孙膑提倡"兵之胜，在于篡卒"，《尉缭子》作者鼓吹裁军强兵，就是对孙子"精兵"观点的继承与发展。

孙子的"兵非益多"思想，同时也是精兵决胜、多谋制敌作战指导原则的具体体现。孙子认为用兵打仗，绝非是简单的兵力投入和使用，不像一加一等于二那么单纯，所以不能以兵力的多少来衡量和展望战争胜负的前景，关键要看作战指挥是不是高明卓越。具体地讲，就是要看能否做到集中优势兵力，准确判断敌情，内部团结一致，上下齐心协力这一点。与此相应，孙子他坚决反对狂妄自大、寡谋无虑、刚愎自用、轻敌冒进，指出一旦出现这类情况，军队就会彻底陷入被动，难以逃脱失败的可悲命运，丧钟就要敲响，局面不可收拾，"夫惟无虑而易敌者，必擒于人"。

可以毫不夸张地说，孙子这一看法完全属于颠扑不破的真理。战国时期齐魏马陵之战中，魏军霉运当头，遭遇齐军伏击，十万精锐之师顷刻全军覆没，统帅太子申当了俘虏，主将庞涓智穷力竭一命呜呼；元末明初鄱阳湖大鏖战中，陈友谅主力悉数就歼，陈友谅本人日暮途穷，郁郁而终。这中间的主要原因，便是庞涓、陈友谅等人的狂妄自大、率意冒进（"武进"），既没有动脑子、出高招（"无虑"），又轻敌自大、小觑对手（"易人"），结果全面崩盘、徒呼奈何。相反，他们的对手孙膑、朱元璋等人，则老谋深算，棋高一着，非常巧妙地做到了"并力、料敌、取人"，从而一举取得成功，圆满实现了自己的战略意图。真可谓胜败得失，系于毫发；指挥若定，似合符契！

【原文】

卒未亲附而罚之则不服[1]，不服则难用也；卒已亲附而罚不行，则不可用也。故令之以文，齐之以武[2]，是谓必取[3]。令素行以教其民[4]，则民服；令不素行以教其民，则民不服。令素行者，与众相得也[5]。

【注释】

〔1〕卒未亲附而罚之则不服：在士卒还未亲近依附之前就施用刑罚，士卒就会怨愤不服。亲附，亲近归附。

〔2〕故令之以文，齐之以武：令，教育。文，指政治、道义。齐，整饬、规范。武，指军纪军法。此句的意思是，用政治、道义来教育士卒，用军纪军法来约束、整饬部队。这是孙子治军思想的核心原则。

〔3〕是谓必取：指用兵打仗一定能取胜。

〔4〕令素行以教其民：令，法令规章。素，平常、平时。行，实行、执行。民，这里主要是指士卒、军队。

〔5〕令素行者，与众相得也：意谓军纪军令平素能够顺利执行的，是因为军队统帅同兵卒之间相处融洽。得，亲和。相得，指军队内部上下和睦，关系融洽。

【精解】

孙子的治军思想："令文齐武"

军队是国家政权机器的柱石，作为执行武装斗争任务的特殊团体，要确保其发挥强大的战斗力，关键之一是要搞好内部的治理，即所谓"以治为胜"。而要治理好军队，使它在关键时刻顶得上去，用得顺手，就必须遵循一定的原则，因为只有在正确原则的指导之下，再配合以具体的方法和手段（比如严格军纪、信赏必罚、强化训练等），才能使全军上下进退有节，团结一致，令行而禁止，无往而不胜。

同先秦时期其他著名兵书，如《司马法》《吴子》《尉缭子》《六韬》等相比，对治军问题的论述，在《孙子兵法》一书中并不占据突出的位置。但是，这并不等于孙子他本人不重视治军，相反，孙子对这个问题还是有自己独到的看法的，曾就如何治军经武提出过许多精辟的原则。

　　这些原则的根本精神，就是刚柔相济，恩威并施："故令之以文，齐之以武，是谓必取"，文武两手都要硬，双管齐下，互补协调，共同作用于治理军队的实践。这里**所谓的"文"，指的是精神教育、物质奖励，是"胡萝卜"；这里所谓的"武"，是军纪军法，重刑严罚，是"大棒"**。孙子指出，在军队管理上，如果没有教化，一味讲求军纪军法，动不动打人屁股，砍人脑袋，使大家整天生活于恐怖之中，那么必然导致将士思想不统一，精神不振奋，离心离德，矛盾激化，"上有政策，下有对策"，极大地影响部队战斗力的正常发挥，"卒未亲附而罚之，则不服，不服则难用也"。但是如果不严肃军纪军法，单纯宽厚溺爱，行"姑息之政"，也势必会导致将士斗志涣散，各行其是，整支军队如同一盘散沙，"卒已亲附而罚不行，则不可用也"，这同样不利于军队的行动，同样是军队建设上的灾难。所以，在孙子看来，只有真正做到教罚并用，宽严结合，胡萝卜与大棒一样不缺，方可"与众相得"，才能有效地控御全军上下，驱使广大官兵在沙场上视死如归，英勇杀敌，从而赢得战争。

　　孙子不但是这么说的，而且一也是这么做的。他初见吴王阖闾，便大刀阔斧把自己"令文齐武"的治军原则实地表演了一番——吴宫教战。他在三令五申训诫参与演习的宫女无效情况下，不顾吴王阖闾本人的求情，毅然决然动用军法，将担任左右队长的吴王宠姬砍了脑壳。当斧钺高高举起又沉沉落下，吴王那两位千娇百媚宠姬连哼都来不及哼一声，便身首异处、香消玉殒之时，所有人都明白了，孙子"令之以文，齐之以武"的治军戒律的确不是虚文，而是实实在在的纲纪。这正是孙子能在短短几年之内，将吴国军队训练成为一支严守纪律、骁勇善战的雄师劲旅的缘由所在。司马迁盛赞孙子的功绩，说是"西破强楚，入郢，北威齐晋，显名诸侯，孙子与有力焉"[①]。看来绝不是信口雌黄，而是确凿无疑的事实。

---

① 《史记·孙子吴起列传》。

另外，据简本，"令"，或可校正为"合"。"令"，或许是传抄过程中产生的形误。"合"与"齐"词性更加接近，两句相对成文，表达上更见效果。就治军之术来说，需要的是文武兼用，宽严相济。也就是说，"文"和"武"都是治军的必要手段，互相配合，才能起到"合"或"齐"的效果。

行 军 篇

地形篇

孙子曰：地形有通者，有挂者，有支者，有隘者，有险者，有远者。我可以往，彼可以来，曰通。通形者，先居高阳，利粮道，以战则利。可以往，难以返，曰挂。挂形者，敌无备，出而胜之；敌若有备，出而不胜，难以返，不利。我出而不利，彼出而不利，曰支。支形者，敌虽利我，我无出也；引而去之，令敌半出而击之，利。隘形者，我先居之，必盈之以待敌；若敌先居之，盈而勿从，不盈而从之。险形者，我先居之，必居高阳以待敌；若敌先居之，引而去之，勿从也。远形者，势均。难以挑战，战而不利。凡此六者，地之道也，将之至任，不可不察也。

故兵有走者，有弛者，有陷者，有崩者，有乱者，有北者。凡此六者，非天之灾，将之过也。夫势均，以一击十，曰走；卒强吏弱，曰弛；吏强卒弱，曰陷；大吏怒而不服，遇敌怼而自战，将不知其能，曰崩；将弱不严，教道不明，吏卒无常，陈兵纵横，曰乱；将不能料敌，以少合众，以弱击强，兵无选锋，曰北。凡此六者，败之道也；将之至任，不可不察也。

夫地形者，兵之助也。料敌制胜，计险厄远近，上将之道也。知此而用战者必胜，不知此而用战者必败。故战道必胜，主曰无战，必战可也；战道不胜，主曰必战，无战可也。故进不求名，退不避罪，唯人是保，而利合于主，国之宝也。

视卒如婴儿，故可与之赴深谿；视卒如爱子，故可与之俱死。厚而不能使，爱而不能令，乱而不能治，譬若骄子，不可用也。

知吾卒之可以击，而不知敌之不可击，胜之半也；知敌之可击，而不知吾卒之不可以击，胜之半也；知敌之可击，知吾卒之可以击，而不知地形之不可以战，胜之半也。故知兵者，动而不迷，举而不穷。故曰：知彼知己，胜乃不殆；知天知地，胜乃不穷。

【题解】

　　本篇承接上一篇,继续阐述利用地形条件克敌制胜的基本原则以及军队在各种地形条件下实施作战的一般方法。它是中国历史上最早系统论述有关军事地形学的精辟专文,与本书中专门阐述兵要地理(战略地理)的《九地篇》一起,构成了兵圣孙武军事地理学思想的主要内容。孙子简明扼要地揭示了巧妙利用地形的重要性,列举了战术地形的主要类型和不同特点,提出了在不同的地形条件下军队行军作战的若干基本原则,辩证地分析了判断敌情与利用地形之间的相互关系。在此基础上,孙子进而探讨了军队作战失利的六种主要原因,论述了若干治军原则。

　　汉简篇题木牍有《□刑(形)》一题,位置在《九地》之前,似即本篇篇题,但汉简中未曾发现此篇的简文。

地

形

篇

【原文】

　　孙子曰:地形有通者[1],有挂者[2],有支者[3],有隘者[4],有险者[5],有远者[6]。我可以往,彼可以来,曰通。通形者,先居高阳[7],利粮道[8],以[9]战则利。可以往,难以返,曰挂。挂形者,敌无备,出而胜之;敌若有备,出而不胜,难以返,不利[10]。我出而不利;彼出而不利[11],曰支。支形者,敌虽利我[12],我无出也;引而去之[13],令敌半出而去之[14],利。隘形者,我先居之,必盈之以待敌[15];若敌先居之,盈而勿从[16],不盈而从之。险形者,我先居之[17],必居高阳以待敌;若敌先居之,引而去之,勿从也[18]。远形者[19],势均[20]。难以挑战[21],战而不利。凡此六者,地之道也[22],将之至任[23],不可不察也。

【注释】

　　〔1〕地形有通者:地形,地理形状、山川形势。通,通达,指广阔平

坦、四通八达的地区。

〔2〕挂者：挂，悬挂、牵碍。此处指前平后险、易入难出的地区。

〔3〕支者：支，支持、支撑。这里指敌我均可据险对峙、不易于发动进攻的地区。

〔4〕隘者：狭隘险要之地。这里特指两山之间的峡谷地带。

〔5〕险者：险，险恶、险要，指行动不便的险峻地带。

〔6〕远者：指路途迂回曲折、敌我双方相距甚远的地区。

〔7〕先居高阳：意为抢先占据地势高隆且向阳之处，以争取主动。

〔8〕利粮道：指保持粮道的畅通无阻。"利"，此处用作动词。

〔9〕以：为的意思。

〔10〕"挂形者"至"难以返，不利"句：意谓在"挂"形地带，敌方如无防备，可以主动出击夺取胜利；如果敌人已有戒备，出击不能取胜，军队想要归返就困难了。

〔11〕彼出而不利：敌人出击也同样不利。而，此处作"亦""也"解。

〔12〕敌虽利我：利，利诱，指敌人以利相诱。

〔13〕引而去之：引，引导、带领的意思。去，离去、离开。引而去之，指率领部队伪装退去。

〔14〕令敌半出而击之：令，使。意谓等敌人一半兵马出击之后，再发起攻击。

〔15〕必盈之以待敌：一定要动用充足的兵力堵塞隘口，来对付来犯的敌军。盈，满、充实的意思。

〔16〕盈而勿从，不盈而从之：此言在"隘"形地域，敌人如果已先我占领，并用重兵把守住了隘口，我方就不可顺随敌意去攻打；如果敌人还未用重兵扼守隘口，我军就应该全力进攻，去争夺险阻之利。从，顺从、从随，这里指发起进攻。

〔17〕险形者，我先居之，必居高阳以待敌：意谓在险阻之地，我军应当抢先占据地高向阳的要害之处以待敌军，争取主动。

〔18〕若敌先居之，引而去之，勿从也：如果敌已占据要地，宜速离去，不可与之交战。

〔19〕远形者：这里特指敌我营垒距离甚远。

〔20〕势均：即敌我双方所处地理条件均等。孟氏注、张预注皆谓“兵势”相均，杜佑注则谓“地势”相均，于义都通，但由于此篇是就“地形”立论，所以杜说似乎更为在理。

〔21〕难以挑战：此言由于地远势均，近敌挑战则劳师辱军，所以称之为“难”。挑战，挑动敌人出战。

〔22〕地之道也：意为上述六者是将帅指挥作战时利用地形的基本原则。道，原则、规律。

〔23〕将之至任：指将帅所应担负的重大责任。至，最、极的意思。

【精解】

孙子的军事地形学：六地之形

孙子从“地形者，兵之助也”这一基本见解出发，根据当时实战的具体要求，进而系统地探讨了战术地形的基本类型和主要特征。他具体列举了军队在作战行动中极有可能遇到的六种基本地形：四通八达的“通形”，能进难退的“挂形”，双方行动都不便的“支形”，狭隘重阻、易守难攻的“隘形”，险峻陡峭、不便展开的“险形”以及距离遥远、双方机遇相等的“远形”。指出了这六种基本地形的各自特点所在，并且就这六种不同的地形条件，提出了详尽而又有针对性的作战指挥要领。

下面我们对孙子的“六地”逐一进行解释，还借此讨论相应地形条件下的战法。

第一种地形是“通形”：“我可以往，彼可以来，曰通。通形者，先居高阳，利粮道，以战则利。”所谓“通”，是就道路而言的，是说道路四通八达。既然四通八达，那么这种地方，我方可以去，敌人可以来，所以一定要占据地势较高的地带，这样子自然会居高临下，视野开阔，如果发起进攻则容易处于主动。曹操注释“通形”翻用孙子的句子：“宁致人，无致于人。”杜佑等注家则基本沿袭曹注，强调的都是战场主动权。同时，因为道路四通八达，交通便利，如果运送粮草，这种地形会相对主动。战争拼后勤，古代也是这样。所以，这种“通形”一定要抢先占据有利地形，抢先占领开阔向阳的高地，确保粮草后勤补给线的畅通无阻，从而牢牢把握主动权。

第二种地形是"挂形"："可以往，难以返，曰挂。挂形者，敌无备，出而胜之，敌若有备，出而不胜，难以返，不利。"对于"挂"，梅尧臣解释为"挂缀"。因为这种地方可以去，但难以返回，所以一旦前往就容易遭到牵制，无法再展开下一步行动。如果敌人没有防备，就可以依靠出其不意的打击，一举击败对方，然后顺利返回；如果敌人已经做好了准备，出击也无法取胜，那就很难顺利返回了。俗语说："肉包子打狗，有去难回"，说的就是这个意思。这种地形，必须要认真观察，如果贸然出击，就必然会对己方不利。

第三种地形是"支形"："我出而不利，彼出而不利，曰支。支形者，敌虽利我，我无出也，引而去之，令敌半出而击之，利。"对于"支形"，梅尧臣解释为"相持之形"。杜牧也训"支"为"久"。这种地形下，我方出动不利，对方出动也是不利，双方都不便长久相持，因此称之为"支形"。所以，遇到这种"支形"，作为指挥员，尤其注意不要受到敌人的引诱。对方无论采取什么手段，都必须沉住气，不能轻举妄动。遇到"支形"，先要做到戒除贪多务得的人性弱点，不受敌方诱兵的迷惑，持重待机，然后"以其人之道，还治其人之身"，统率部队假装退却，诱使敌人前出一半时再突然回师反击，大杀回马枪，玩对手于股掌之中。

第四种是"隘形"："隘形者，我先居之，必盈之以待敌。若敌先居之，盈而勿从，不盈而从之。"所谓隘形，是指两山之间的隘口，这其实咽喉之地，就用兵来说，这往往也是出入的要道，是关键所在。如果我方先占据了隘口，一定要派出重兵把守，防备敌人偷袭。如果敌人已经占据，并且派有重兵把守，那就一定不要贸然前去攻打。如果敌人在隘口尚且没有重兵把守，那就一定要想方设法攻占。

第五种是"险形"："险形者，我先居之，必居高阳以待敌。若敌先居之，引而去之，勿从也。"所谓险形，无外乎是险要地形。所谓"一夫当关，万夫莫开"，谁占据了险要地形，谁就可以赢得战争主动权。所以，遇到这种地方，一定要抢先占据视野开阔的高地。如果这种高地被敌人占领，那就应当立即带兵撤离，不要贸然前去攻打。对于"险形"，孙子强调的抢夺先机，力求抢先占领。

其实，前面的"隘形"也是险要之地，所以孙子也强调了抢先的重要性。这两种地形有相似之处，但又不完全相同。在我们看来，"隘形"大概可算作是"险形"的一种，但又不能代替别的险形，故此孙子才会特地又单列出险形。不管如何，这二者在孙子眼中还是有所区别的。

第六种是"远形"："远形者，势均，难以挑战，战而不利。"所谓远形，是指与敌人距离较远。因为距离远，所以不利于兵力投送。如果劳师远征，只会造成兵马疲惫，很难取得胜利。这就是人们常说的"强弩之末"，力量非常弱，连一块布帛都没有办法穿透。所以，孙子认为，如果与敌人距离较远，那就不能勉强与敌人交战。需要看到，孙子的"六地"，前面五种都反映出具体的地形地貌，唯独"远形"是以距离远近来定义，与其他"五地"有着明显的不同。

【原文】

故兵有走者[1]，有弛者，有陷者，有崩者，有乱者，有北者。凡此六者，非天之灾[2]，将之过也。夫势均，以一击十，曰走[3]；卒强吏弱，曰弛[4]；吏强卒弱，曰陷[5]；大吏怒而不服[6]，遇敌怼而自战[7]，将不知其能，曰崩[8]；将弱不严[9]，教道不明[10]，吏卒无常[11]，陈兵纵横[12]，曰乱[13]；将不能料敌[14]，以少合[15]众，以弱击强，兵无选锋[16]，曰北[17]。凡此六者，败之道也[18]；将之至任，不可不察也。

【注释】

〔1〕兵有走者：兵，这里指败军。走，与以下"弛、陷、崩、乱、北"，共为"六败"之名。

〔2〕非天之灾：意谓导致用兵"六败"的原因，不在于天然的灾难。

〔3〕走：跑、奔，这里指军队败逃。

〔4〕弛：涣散、松懈的意思。这里指将吏软弱无能，队伍涣散难制。

〔5〕陷：陷没。此言将吏虽勇强，但士卒没有战斗力，遇敌，将吏不得不孤身奋战，力不能支，最终陷于败没。

〔6〕大吏怒而不服：此句意谓偏裨将佐恚怒，不肯服从主将的命令。

〔7〕遇敌怼而自战：意为恚怒愤懑的"大吏"，遇敌心怀怨愤，擅自出阵作战。怼，据《尔雅》："怨也。"

〔8〕崩：土崩瓦解，形容全军溃败。

〔9〕将弱不严：指将帅懦弱无能，毫无威严可以制下。

〔10〕教道不明：指治军缺乏法度，军队管理不善。教道，指训练、教育之法度。

〔11〕吏卒无常：无常，指没有法纪、常规，军中上下关系处于失常无序状态。

〔12〕陈兵纵横：指布兵列阵杂乱无章。"陈"，古"阵"字。

〔13〕乱：队伍混乱。

〔14〕料敌：指分析（研究）敌情。

〔15〕合：指两军交战。

〔16〕选锋：由勇敢善战的士卒精选组织而成的先锋部队。战国期间，齐国的技击，魏国的武卒，秦国的锐士，都是当时各国的选锋部队。

〔17〕北：败北。

〔18〕凡此六者，败之道也：这六种情况，是作战失败的原因。

【精解】

孙子治军理论之"兵有六败"

在这里，孙子话锋一转，探讨的是治军理论，也即如何避免防止作战过程中经常出现的"六败"。在孙子眼中，所谓"六败"分别是"走、弛、陷、崩、乱、北"。至于何为"六败"，孙子也一一进行了解释。

第一种是"走"："夫势均，以一击十，曰走。"所谓"势均"，应该说是敌我双方占据了差不多对等的战争条件，双方各自握有势均力敌的资源。张预曰："势均，谓将之智勇、兵之利钝一切相敌也。"在这个时候，如果将帅昏昧，贸然出击，而且是以少击众，以一击十，那就只能招致失败。"走"，是指部队败走逃跑。

第二种是"弛"，第三种是"陷"，这两种可以放在一起进行比较，因为他们都是就官兵关系而言："卒强吏弱，曰弛。吏强卒弱，曰陷。"孙子认为，如果士卒强悍，能力很强，领导和管理他们的军官却懦弱无能，就会造成士卒不买军官的账，进而导致部队管理松散，纪律松弛，缺少战斗力。反之，如果军官能力很强，士卒能力太弱，这同样是一种缺陷。"弛"的意思是，士卒站出来挑战军官的权威，不听招呼，不听指挥。"陷"是和"弛"完全相反的情况。士卒完全没有创造力，只能像一个个小绵羊一样被任意驱使，这样必然会造成战场上部队战斗力的缺失。因为到了这个时候只能依靠军官单打独斗，当然只能导致失败。

第四种是"崩"："大吏怒而不服，遇敌怼而自战，将不知其能，曰崩。"前面两条是就官兵关系而言，讨论的是士卒和军官的关系，所以可以放在一起比较考察。这一条则是就将帅关系而言，说的是将帅对高级军官的领导。"大吏"是指高级军官，领导这些高级军官的应该是将军，或者说是今天的元帅。"怼"是怨恨的意思，指的是冤家或仇敌。孙子认为，高级将领如果遇到仇家便逞一时之怒，不服从管理，擅自出兵作战，作为领导他们的将帅，却不知道其真实才能，那就会造成部队崩坏。

第五种是"乱"："将弱不严，教道不明，吏卒无常，陈兵纵横，曰乱。"这一点似乎才是专门就管理问题而谈，既包括了对士卒的管理，又包括了对军官的管理，考虑得比较全面。孙子指出，作为将帅，如果性格懦弱，不能对部队实行有效的管理，士卒和军官都不听招呼，不遵守纪律，排兵布阵时也是杂乱无章，那就会导致部队混乱，部队也缺少战斗力。

第六种是"北"："将不能料敌，以少合众，以弱击强，兵无选锋，曰北。""北"就是败北。古代称战败为"败北"。"北"是"背"的古文。《说文解字》中说："北，背也，二人相背。""北"由此引申为人体的部位，也即与胸相对的背部。所以，古人说败北就是说打不过转背而逃。孙子对导致战争失败的几个方面进行了总结：一是不能很好探知敌情，二是以少击众，三是以弱击强，四是没有战斗力很强的冲锋队。

按孙子的理解，地形条件是客观的存在，它固然重要，但毕竟仅仅是用兵打仗的重要辅助条件，如何巧妙利用地形，确立战场优势，关键还在于发挥将帅的主观能动性，实施卓越的作战指导。因此，孙子进而论述了

军队由于将帅战术呆板、指挥失当而导致失败的六种情况——"六败"："走、弛、陷、崩、乱、北"，细致剖析了产生"六败"的具体原因和主要表现，并且强调指出造成作战失败的责任应该由将帅来承担，不能归咎于自然条件，像项羽那样说什么"此天亡我也，非战之罪也"，一副怨天尤人的可怜模样。恰恰相反，这乃"非天地之灾，将之过也"。由此可见，**孙子的军事地形学思想是相当系统和辩证的，真正做到了主客观条件的有机结合，即通过对"地有六形"的具体阐发，揭示了地形条件与战争活动之间的内在关系；又通过对"兵有六败"的深刻论述，说明了主观指导失误必然会造成作战行动的失败。**这里，"地有六形"讲的是自然的客观因素，"兵有六败"讲的是人为的主观因素。孙子军事地形学思想的高明，在于恰如其分评价地形在军事上重要作用的同时，正确地强调了发挥人的主观能动性的意义。孙子认为，只有将战场地形等有利的客观因素与战争指导者的主观能动性相结合，才能达到趋利而避害、稳操胜券、心想事成的目的。

【原文】

夫地形者，兵之助也[1]。料敌制胜[2]，计险厄远近[3]，上将[4]之道也。知此而用战者必胜[5]，不知此而用战者必败。故战道必胜[6]，主[7]曰无战，必战可也[8]；战道不胜，主曰必战，无战可也[9]。故进不求名，退不避罪，唯人是保[10]，而利合于主[11]，国之宝也[12]。

【注释】

〔1〕地形者，兵之助也：指地形的审用，是用兵作战的重要辅助条件。按：这是孙子军事地理思想的根本原则。助，辅助、辅佐。

〔2〕料敌制胜：指正确地分析判断敌人虚实强弱情况以夺取胜利。

〔3〕计险厄、远近：指考察地形的险厄，计算道路的远近。

〔4〕上将：贤能、高明之将。

〔5〕知此而用战者必胜：知此，指懂得上述道理。用，为、由、以的

意思。用战，指挥作战。

〔6〕战道必胜：战道，作战具备的各种条件，引申为战争的一般指导规律。战道必胜，是根据战争规律分析，具备了必胜的把握。

〔7〕主：指君主、国君。

〔8〕必战可也：言可自行决断与敌开战，无须听从君命。

〔9〕无战可也：犹言拒绝君命，不同敌人交战。

〔10〕唯人是保：人，百姓、民众。保，保全。此句意谓对个人的进退处置在所不计，只求保全民众。

〔11〕利合于主：指符合、满足国君的利益。合，此为适合、符合的意思。

〔12〕国之宝也：犹言国家的宝贵财富。

【精解】

战争与地理的关系："地形者，兵之助也"

用兵打仗，需要有一个平台，这个平台，就是"时间"和"空间"。换句话说，战争总是在一定的空间和时间范围中进行的。这里，时间体现为战争过程的速决或是持久，空间体现为战争规模（主要指战场覆盖面）的广阔或是狭小。在古代冷兵器作战时代，没有飞机，没有导弹，也没有潜艇，所以，战争当然只是在陆地或水面的范围内展开，这决定了战争不能不受一定的地形条件的影响和制约。

战争与地理的密切关系早已众所周知，于是乎，对于影响军队行动的战场地形地貌，就不能不详细研究，全盘掌握；而为了在整个战略布局上取得有利主动的地位，就不能不对兵要地理形势作用做缜密的考察。前者属于"军事地形学"的范畴，而后者则属于"军事地理学"的概念。[①]当然，在中国古代，对两者的区分并不严格，人们通常是对它们作通盘的研究和阐述的，就像人们不曾严格规范战略、战役、战术、战法、战斗基本含义的情况一样。孙子尽管很伟大，但在这些方面也不可能超越时代，

---

① 参见姜春良主编：《军事地理学》，第140页、157页，军事科学出版社1995年版。

有所例外。

在冷兵器作战时代，掌握和利用地形地理，对于决定战争的胜负关系似乎尤为重大。如在戈壁荒漠地区，如果后勤补给跟不上，那么不用打仗，光饥饿与干渴便能置人于死地。又如在荆棘丛生、羊肠小道崎岖不平的崇山峻岭地带，你就是骑了"的卢""赤兔"一类的宝驹名马，也无法信缰驰骋，更不必说去和敌人挥戟搏杀了。因此，早在孙子之前，就有人去探讨军事与地理条件之间的关系了，并且留下了一些足资启迪的军事地理理论的雏形。例如，《易·师卦·六四》有云："师，左次，无咎。"它的意思是说，军队在作战行动中只要占领了有利的地形，就等于掌握了主动，不再会有任何危险。又如《易经·同人》也说："伏戎于莽，升其高陵，三岁不兴。"意谓如果能充分利用草木茂盛、地势起伏的特殊地形条件，巧妙隐蔽军队，并抢先占领有利的制高点，就能够顺顺利利打败敌人，并使得敌人元气大伤，在好多年之内都无法得到恢复。这些片言只语的论述，在很大程度上成了孙子构筑其军事地理思想的历史文化渊源。

然而，在孙子之前，关于军事活动中运用地理条件相应原则的阐述，还远远不够火候。这表现为：一是片言只语，零碎散漫，东一榔头西一锤子，不见系统，缺乏深度；二是光谈地形，不谈地域，没有涉及军事地理中最核心的兵要地理问题，缺乏广度。只有到了孙子那里，利用地理条件来达成克敌制胜的目的，才成为兵学理论中的重要组成部分，所谓的军事地理学才基本具备规模。这就是说，**孙子称得上是中国古代历史上第一位系统探讨地形、地理条件与军事斗争成败之相互关系的兵学大师**，"沧海横流，方显英雄本色"，孙子可真是不世出的人物，筚路蓝缕，又给后人开辟了军事学的新空间——军事地理学。

孙子的军事地理学思想主要包括两个方面：一是对兵要地理（现今时髦的叫法是"战略地理"）的论述。他撰写《九地篇》，对这一问题集中进行了探讨，提出了军队在九种不同的战略地理环境当中展开行动的指导原则。二是对战术地理的论述，主要内容见于本篇以及前面的《行军篇》。概括地说，孙子本篇的中心思想是集中揭示了巧妙利用地形的重要性，列举了战术地形的主要类型和不同特点，提出了在不同地形条件下军队行军作战的若干要领，辩证地分析了判断敌情与利用地形之间的相互关系，等等。作为中国历史上最早的军事地形学的系统化、规范化理论，它的学术价值是怎么评估也不算为过的。

"知彼知己，胜乃不殆；知天知地，胜乃不穷"（"平津馆本""武经本"、日本"樱田本"等作"胜乃可全"），这是孙子认识战争、指导战争的思想基础。它要求战争指导者尽可能全面了解和掌握各种情况，在这个基础上筹划战略全局，实施战役指导，活用战法战术，赢得生死搏杀，即所谓"动而不迷，举而不穷"。关注地形，了解地形，分析地形，利用地形，就属于"知天知地"的范围，这正是孙子苦心孤诣打造其军事地形学理论体系的出发点。

孙子非常重视战场地形条件对作战行动展开的具体影响，提出了"地形者，兵之助也"这一精辟的论断，强调作战指导者要注重对地形的观察和利用。原因很简单，因为在孙子看来，能不能根据地形条件制定适宜的战法战术，直接关系到战争的胜负，军队的存亡，所以要想成为一位真正有所成就的将帅，不让同代人指着脊梁骨咒骂，不教后世人点着历史书嘲笑，条件之一便是了解和熟悉地形，认真研究、巧妙利用地形，即在判断和掌握敌情的同时，准确地计算地理形势上的险要或平坦、遥远或邻近、广阔或狭窄，以便对军队的开进速度、机动方式、部署主次以及阵地的选择、伪装和使用等，做出明确正确的抉择。孙子对此的重视程度是无可比拟的，即是从战略的层面来认识的，他强调这是高明指挥员所不可或缺的素质，是夺取军事斗争胜利的基本保证："料敌制胜，计险厄远近，上将之道也。"如此这般，孙子就将地形学首次引入了军事斗争的领域，使得敌情分析和地形利用得到了有机的结合，这在中国古代军事学术发展史上具有相当深远的意义。

【原文】

视[1]卒如婴儿，故可与之赴深谿[2]；视卒如爱子，故可与之俱死。厚而不能使，爱而不能令[3]，乱而不能治[4]，譬若骄子，不可用也[5]。

〔1〕视：看待、对待的意思。

〔2〕深豁：豁，同"溪"，山涧河沟。深豁，极深的溪涧，这里喻危险地带。

〔3〕厚而不能使，爱而不能令：指只知厚待而不能使用，只知溺爱而不重教育。厚，厚养、厚待。令，这里是教育的意思。

〔4〕乱而不能治：指士卒放纵不羁而不能加以约束惩治。治，治理，这里有惩处的意思。

〔5〕譬若骄子，不可用也：如同娇惯的子女，不能用来作战。

【精解】

孙子治军理论之"视卒如爱子"

这一段文字，孙子似乎是专对前面所言"六败"而提出的措施。所谓"六败"，主要是己方部队出现了问题。这些情况是对部队管理不善才会出现，其中不少都牵扯到治军问题，故此，孙子要谈谈治军。

对待士卒就像对待婴儿一样，那么士卒就可以同他共赴患难；对待士卒就像对待爱子一样，那么士卒就可以跟他同生共死。如果对士卒厚待而不能使用，溺爱而不能教育，违法而不能惩治，那就如同娇惯了的子女一样，是不可以用来同敌作战的。

应该说，"视卒如婴儿""视卒如爱子"与孙子的仁义思想是可以取得一致的。在《计篇》中，孙子在讨论影响战争胜负的五个重要因素——即"五事七计"时，用到了一个"仁"字。孙子把"将"作为"五事"的第三项，并且指出，为将者必须要具备"智、信、仁、勇、严"这五个基本素质。这五个要素中，"仁"被列为第三位，固不如儒家重视程度之高，但也充分体现出作者的仁爱情怀，反映出孙子的仁爱思想。因为与"仁"相比，"严"字被列在最后一位。这里的"严"，既包含律己，也包含待人。很显然，在孙子眼中，在治理军队、对待部下之时，仁爱之情要比严酷之治显得更为重要、更为管用。可能正是因为有了这种认识，孙子才会有"视卒如婴儿"和"视卒如爱子"的用兵思想。孙子认为，只有这样，才能保证作战之时的三军用命，才可以达成"可与之赴深谿"和"可与之俱死"的作战效果。

需要看到，孙子的仁爱是有限度的。如果超过了一定的限度，也即"厚而不能使，爱而不能令，乱而不能治"，那就是培养娇生惯养的"骄子"，关键时候派不上用场。同时，我们还要看到，孙子对于士卒还会有"愚"，集中体现孙子愚兵之术的文字，主要见诸《九地篇》，后面我们还要进行讨论。孙子所阐述的官兵关系的基本准则，主张将领既要关心爱护士卒，使其感恩戴德；又要严格治军纪律，使其敬畏权威。做到"爱""严"结合，奖惩适宜。这一治军理论，在当时具有一定的进步性，对后人也不乏启迪意义。

【原文】

知吾卒之可以击，而不知敌之不可击，胜之半也[1]；知敌之可击，而不知吾卒之不可以击，胜之半也[2]；知敌之可击，知吾卒之可以击，而不知地形之不可以战，胜之半也。故知兵者[3]，动而不迷[4]，举而不穷[5]。故曰：知彼知己，胜乃不殆；知天知地，胜乃不穷[6]。

【注释】

〔1〕胜之半也：意谓胜利或失败的可能性各占一半，即没有必胜的把握。

〔2〕而不知地形之不可以战，胜之半也：此言如果不知道地形不适宜于作战，得不到地形之助，则能否取胜同样也无把握。

〔3〕知兵者：通晓用兵打仗之道的人。

〔4〕动而不迷：行动起来从不迷惑，含有不盲动的意思。迷，迷惑、困惑。

〔5〕举而不穷：举，行动。穷，困窘、困厄的意思。此句意为所采取的作战措施因敌制宜，变化无穷。

〔6〕胜乃不穷：指胜利永远不会有穷尽。

孙子的大情报观：知彼、知己、知天、知地

孙子以"知彼知己，胜乃不殆；知天知地，胜乃不穷"一句作为《地形篇》结尾，是基于"知地"在孙子情报体系中的地位认识，同时也是对十三篇以"先计而后战"为中心架构的思想体系的呼应。**孙子非常重视情报思想，由此搭建了"由知到战"的兵学体系**。从《地形篇》我们可以再次看出这个特点。

"知彼知己，胜乃不殆；知天知地，胜乃不穷"这句话，早已为古今中外的军事家们所熟悉，是一句经典名言。这句话其实也是非常明显的互文。孙子高度重视情报工作，所持大情报观，与现在情报理论界只一味重视"知彼"有着很大的区别。**孙子的大情报观，要求指挥员必须把"彼""己""天""地"等各方面情况，做综合的比较分析，以此决定战或不战，探讨和分析对于己方作战有利的因素**。这也是《计篇》"五事七计"的主要内容。所以，《地形篇》的这一段名言，其前后两句实则需要互相补充，才能求得一个完整的意思，更为充分地体现孙子的情报思想，尤其是相关情报观的认识。

我们知道，孙子其实没有使用"情报"一词，更无相关情报的定义，但从上述引文，包括《计篇》所介绍的"庙算"理论中，可知孙子的情报概念无疑地包括"彼"与"己"两大范畴，同时也包含了"天"和"地"这两大范畴。

孙子的这一情报观与我军目前对情报概念的理解是截然不同的。在《中国军事百科全书》以及有关的情报理论著作中，大都把情报界定为"彼方情况"或"专为彼军一方"，认为情报的内容不包括己方军事、政治集团的情况，情报产品只是对所获取的敌方和与之相关方面的军事情况进行研究判断的成果。但是，这个应该是值得讨论的。

我们不妨看看美军的论述。在美国《国际军事与防务百科全书》一书中，"军事情报分析·当前的实践·目的"条目里说："军事情报分析的最终目的是帮助任何一级决策者回答两个基本问题：本国（或部队）有何弱

点？敌人有何弱点？这两个问题是相互补充的。"

敌方的弱点或强势，总是对应于己方的强弱而言的，没有对比方的情况，孤立地看待一方的情况，某种意义上说是无法判定其强弱优劣的程度的，甚或可以说是无意义的。美军把情报分析的最终目的界定为判断本国与敌人的弱点，用美军的话说，这是"两个基本问题"；用孙子的语言表达，就是："兵众孰强？士卒熟练？"美军的论述几乎可以说是《孙子兵法》的翻版，与孙子"七计"的内容和提法几乎雷同。

在美国兰德公司"战略评估丛书"《战争中正在变化的情报角色》一文中，作者也这样谈到战争中的情报需求："关于己方部队的能力、局限和位置的准确情报的需要，和'知敌'同样重要。"①

这一观点，不仅明确表达了己方情况属于重要情报的意见，同样也几乎是《谋攻篇》中所说的"知彼知己，百战不殆"的同义语。

从美军和兰德公司对于情报的认识中，似乎可以说，现代战争的发展变化以及外军对情报工作的新的感知，给人一种情报概念将出现历史回归之感。

再者，"天地"与"彼己"是什么关系？

孙子在《计篇》相关"庙算"的情报分析，第一步所给出的五大分析项中包含"天"与"地"这一对范畴，在第二步中又规定要对"天地孰得"作出判断。在《地形篇》更是明确地将"知天""知地"和战争胜负联系在一起。那么，值得我们思考的是，"天"与"地"这一对范畴与"彼"与"己"这一对范畴有无区别？或者说，能否认为"彼己"这一对范畴可以包括"天地"的内容？

通常的军事著作往往只把交战双方的情况区分为一方与另一方两方面，即便是认为情报应当包含彼与己双方情况的论著，也认为情报似乎只有敌情与我情之分，一切情报，要么属于敌情，要么属于我情。其实，这种说法存在很大的理论漏洞。事实上，在敌情和我情之外，还存在着第三类情报，这就是既不属于敌情也不属于我情的天情和地情。例如，在春秋

① 原文是：As important as knowing the enemy is the need for accurate information on the capabilities, limitations, and location of one's own forces. 转引自张晓军《武经七书军事情报思想研究》，第6页，军事科学出版社2001年版。

战国时代，有过许多在其他诸侯国疆域上进行的战争，也出现过长途跋涉，跨越诸多小国进行的战争，这里便有一个了解和分析战场环境乃至战略地理环境方面的任务，而这些情报，并不能归于敌情或我情。同理，假设今天或未来的战争中，出现交战双方在第三国或者公海乃至太空作战的情形，那里的地理、水文、气象乃至太空资料当然是交战双方都需要收集的，当然也是情报，但是这些情报无疑只能隶属于彼情与己情之外的情报范畴。试想，如果将这些区域的情况都归为敌情，则至少在理论上将会产生这样的逻辑结果：该区域属于彼方的领土、领海或领空。那样一来，岂不是在理论和实践上都很荒谬？

饶有趣味的是，美国《国际军事与防务百科全书》一书的"军事情报"条目是这样下的定义："军事情报是针对外国、外国军事组织和可能成长为军事作战地区的地理而进行的所有上述情报活动。"看来，至少在该书作者的心目中，"作战地区的地理"情报是有别于外国、外军情报的。这一定义和孙子的理论在实质上是一致的。

孙子在《地形篇》中把"彼己"和"天地"视为两对并列而不可互相替代的情报范畴，并认为必须做到"四知"，才能确保战争胜利。孙子把"天"与"地"作为独立的情报范畴进行分析，不仅是战略战术分析的必需，而且也显示了理论上的周密。孙子的大情报观，除了他建立的"彼"与"己"这一对范畴之外，也表现在他又建立了"天"与"地"这一对不可被"彼己"替代的范畴。这一段论述，虽说发自两千年之前，却意外地与现代西方情报理论完全对接，充分说明孙子的思想在今天并不过时。

九地篇

《孙子兵法》精解

孙子曰：用兵之法，有散地，有轻地，有争地，有交地，有衢地，有重地，有圮地，有围地，有死地。诸侯自战之地，为散地。入人之地而不深者，为轻地。我得则利，彼得亦利者，为争地。我可以往，彼可以来者，为交地。诸侯之地三属，先至而得天下之众者，为衢地。入人之地深，背城邑多者，为重地。行山林、险阻、沮泽，凡难行之道者，为圮地。所由入者隘，所从归者迂，彼寡可以击吾之众者，为围地。疾战则存，不疾战则亡者，为死地。是故散地则无战，轻地则无止，争地则无攻，交地则无绝，衢地则合交，重地则掠，圮地则行，围地则谋，死地则战。

所谓古之善用兵者，能使敌人前后不相及，众寡不相恃，贵贱不相救，上下不相收，卒离而不集，兵合而不齐。合于利而动，不合于利而止。敢问："敌众整而将来，待之若何？"曰："先夺其所爱，则听矣。"兵之情主速，乘人之不及，由不虞之道，攻其所不戒也。

凡为客之道，深入则专，主人不克；掠于饶野，三军足食；谨养而勿劳，并气积力，运兵计谋，为不可测。投之无所往，死且不北，死，焉不得士人尽力？兵士甚陷则不惧，无所往则固，深入则拘，不得已则斗。是故其兵不修而戒，不求而得，不约而亲，不令而信。禁祥去疑，至死无所之。吾士无余财，非恶货也；无余命，非恶寿也。令发之日，士卒坐者涕沾襟，偃卧者涕交颐。投之无所往者，诸、刿之勇也。

故善用兵者，譬如率然；率然者，常山之蛇也。击其首则尾至，击其尾则首至，击其中则首尾俱至。敢问："兵可使如率然乎？"曰："可。"夫吴人与越人相恶也，当其同舟而济，遇风，其相救也如左右手。是故方马埋轮，未足恃也；齐勇若一，政之道也；刚柔皆得，地之理也。故善用兵者，携手若使一人，不得已也。

将军之事，静以幽，正以治。能愚士卒之耳目，使之无知。易其事，革其谋，使人无识。易其居，迂其途，使人不得虑。帅与之期，如登高而去其梯。帅与之深入诸侯之地，而发其机，焚舟破釜，若驱群羊，驱而往，驱而来，莫知所之。聚三军之众，投之于险，此谓将军之事也。九地之变，屈伸之利，人情之理，不可不察。

凡为客之道，深则专，浅则散。去国越境而师者，绝地也；四达者，衢地也；入深者，重地也；入浅者，轻地也；背固前隘者，围地也；无所往者，死地也。是故散地，吾将一其志；轻地，吾将使之属；争地，吾将趋其后；交地，吾将谨其守；衢地，吾将固其结；重地，吾将继其食；圮地，吾将进其途；围地，吾将塞其阙；死地，吾将示之以不活。故兵之情，围则御，不得已则斗，过则从。

是故不知诸侯之谋者，不能预交；不知山林、险阻、沮泽之形者，不能行军；不用乡导者，不能得地利。四五者，不知一，非霸王之兵也。夫霸王之兵，伐大国，则其众不得聚；威加于敌，则其交不得合。是故不争天下之交，不养天下之权，信己之私，威加于敌，故其城可拔，其国可隳。施无法之赏，悬无政之令，犯三军之众，若使一人。犯之以事，勿告以言；犯之以利，勿告以害。投之亡地然后存，陷之死地然后生。夫众陷于害，然后能为胜败。故为兵之事，在于顺详敌之意，并敌一向，千里杀将，此谓巧能成事者也。

是故政举之日，夷关折符，无通其使，厉于廊庙之上，以诛其事。敌人开阖，必亟入之。先其所爱，微与之期。践墨随敌，以决战事。是故始如处女，敌人开户；后如脱兔，敌不及拒。

【题解】

本篇是十三篇中最为独特的一篇，全篇约一千二百字，几占全书五分之一，内容丰富，思想精辟，说理透彻，文采斐然。孙子立足于战略地理学的高度，放眼战争全局，围绕当时诸侯争霸兼并战争的新的特点和需要，深刻地论述了军队在九种不同战略地理条件下进行作战的基本指导原则，特别强调了要根据不同作战地区官兵所产生的不同心理状态，来制定切合实际、行之有效的战略战术，确保赢得战争的胜利。孙子提倡深入敌境进行作战，认为这样做具有使士兵听从指挥、努力作战、就地解决军队的给养问题、士兵无所畏惧等多种优点。

本篇篇题，曹操注："欲战之地有九"，指明本篇是围绕地理形势与作战之间的关系，展开对作战指导规律的探讨。

【原文】

孙子曰：用兵之法，有散地，有轻地，有争地，有交地，有衢[1]地，有重地，有圮地，有围地，有死地。诸侯自战之地[2]，为散地。入人之地而不深者，为轻地[3]。我得则利，彼得亦利者，为争地[4]。我可以往，彼可以来者，为交地[5]。诸侯之地三属[6]，先至而得天下之众者，为衢地[7]。入人之地深，背城邑多者，为重地[8]。行山林、险阻、沮泽，凡难行之道者，为圮地[9]。所由入者隘，所从归者迂，彼寡可以击吾之众者，为围地[10]。疾战则存，不疾战则亡者，为死地[11]。是故散地则无战[12]，轻地则无止[13]，争地则无攻[14]，交地则无绝[15]，衢地则合交[16]，重地则掠[17]，圮地则行[18]，围地则谋[19]，死地则战[20]。

【注释】

〔1〕衢：四通八达的道路。

236

〔2〕诸侯自战之地，为散地：指在本土作战，士卒近家，危急时容易逃散的地区。散，离散。

〔3〕入人之地而不深者，为轻地：指军队在进入敌境不深的地区作战，士卒离本土不远，情况危急时易于轻返，是谓"轻地"。

〔4〕争地：指我军占领有利，敌军占领也有利的地区。

〔5〕交地：指道路纵横、地势平坦、交通便利的地区。交，纵横交叉。

〔6〕诸侯之地三属：三，泛指众多。属，连接、毗邻。三属，多方毗连，盖指敌我与多方诸侯国相毗邻。

〔7〕先至而得天下之众者，为衢地：谁先到达就可以得到四周诸侯的援助，这样的地方叫作"衢地"。

〔8〕入人之地深，背城邑多者，为重地：进入敌境已远，隔着很多敌国城邑的地区，叫作重地。

〔9〕行山林、险阻、沮泽，凡难行之道者，为圮地：凡是山林、险要隘路、水网湖沼这类难以通行的地区，叫作"圮地"。圮，《说文》："圮，毁也。"

〔10〕围地：入口狭隘，归路迂远，敌人能够以少兵胜我多众的地区，叫作"围地"。

〔11〕疾战则存，不疾战则亡者，为死地：地势险恶，只有奋勇作战才能生存，不迅速力战就难免覆灭的地区，叫作"死地"。

〔12〕散地则无战：在散地上不宜作战。

〔13〕轻地则无止：止，停留、逗留。意为军队在"轻地"不宜停留。

〔14〕争地则无攻：遇到争地，我方应该先行占据；如果敌人已先期占领，则不要去强攻争夺。

〔15〕交地则无绝：绝，隔绝、断绝。此句意为在"交地"要做到军队部署上能够首尾连贯，互相策应。

〔16〕衢地则合交：合交，结交。意谓在衢地上要加强外交活动，结交诸侯盟友，以为己援。

〔17〕重地则掠：指深入敌方腹地，后方接济困难，要"因粮于敌"，就地解决部队的补给问题。掠，掠取、抢掠。

〔18〕圮地则行：军队行进中遇到圮地，必须设法迅速通过。

〔19〕围地则谋：此言军队如陷入"围地"，就必须善用计谋来摆脱困境。

〔20〕死地则战：言军队如进入"死地"，就必须奋勇力战，以求脱险。

【精解】

孙子的兵要地理理论

所谓"兵要地理"，其实就是军事战略地理，按现代军事术语表示，军事战略地理"是在军事领域内，从战略的高度研究与军事有关的地理环境，对军事战略的影响，为决策者进行安全环境分析，选择战略目标，拟定战略方针，制定武装部队建设规划和建立一个有利的战略态势服务"[①]。孙子本篇所谈到的"兵要地理"问题，其概念似乎没有这般拗口与复杂，但主要精神是相通的，特别是在"建立一个有利的战略态势"方面，古今战略地理学的出发点和努力方向可谓高度一致，所以"何妨古今一线牵"，用现代战略地理学的一些原理，来观照和认识孙子兵要地理说的价值与意义。

毫无疑义，对兵要地理在军事活动中的地位与作用，孙子是高度重视的，他曾从自然地理与人文地理相结合的角度，阐述了战略地理环境的不同类型及其主要特点。中国人素有数字崇拜的嗜好，尤其对"九"这个数字情有独钟，理由是它为阳之尊，数之极（所以皇帝老儿称为"九五之尊"，凡事有一圆满归宿叫作"九九归一"）。孙子是食人间烟火的，故亦不能免俗，下意识地把兵要地理区分为九个大类：散地、轻地、争地、交地、衢地、重地、圮地、围地、死地。其实它们可笼括划分为两个类型，一是自己国土内的"散地"，一是敌人国土内的"重地"。

兵要地理既然如此复杂多样，那么战争指导者就要善于根据不同的战略地理条件，采取正确适宜的作战方针，以掌握战争的主动权。孙子认为，在不同类型兵要地理上展开军事行动，有其一般规律可循，这个规律就是军队在不同环境之下，其心理状态与战斗潜能发挥的可能态势。为此，他系统地提出了针对各种兵要地理的作战要领，"良工授之以法，高手度人

① 雷杰：《战略地理学概论》，第 2 页，解放军出版社 1990 年版。

金针"，让人们窥知并掌握认识、运用兵要地理因素的窍门。例如，在散地上要统一部队的意志，稳定军心，同时尽可能避免作战；在争地上，不可贸然发起进攻，而要注意后续部队迅速跟进，以便相互策应；在四通八达的衢地之上，应该广泛结交诸侯，引为外援，至少也要让其保持中立，不来蹚这趟浑水，等等。九类情况，九种解套的方法。孙子都替战争指导者预先设想安排好了，用心可谓良苦。

孙子的兵要地理思想是对无数战争经验教训进行总结的产物，具有强烈的针对性和显著的成效性，也经受住了历史长河的洗礼，而被证明屡试不爽，俱有应验。作战的成败，大多可以从是否遵循这些原理寻找到内在的原因。比如，北宋末年浙江的方腊，"食菜事魔"，啸聚山林，揭竿起事，曾先后攻陷多座城池，占据六州五十二县的地盘，人们争相附从，其众最盛时曾发展到百万人以上，几乎成就一番气候。可是好景不长，最后还是让朝廷大军赶回其"帮源洞"老巢，一一剿灭了。这中间原因虽然很多，但方腊本人在关键时刻不能驾驭全局，及时把战火烧向北宋王朝的统治腹心，反而退守"散地"，导致其部属信众怀土恋家，斗志涣散，战斗力下降，当是不可忽略的因素。又如明末农民军首领高迎祥、李自成（在朝廷的眼睛里，他们当然是不折不扣、罪无可逭的"流寇"）统率部队南征北战，谁知稍不注意，落进了官军的包围，在明军总督陈奇瑜的围攻下，不得不退入车厢峡，陷入围地。眼见覆灭在即，李自成心灵福至，"设计运谋"，献宝诈降，居然骗过了陈奇瑜，诱使官军网开一面，乘机突出围地，死灰复燃，卷土重来，从此一发而不可收。这可以说是与孙子"围地则谋"的指导思想不谋而合。

时至今天，**孙子本篇的兵要地理理论中，最富有现实意义的是关于"衢地"和"争地"的论述，特别是"衢地"，从战略地理的角度看，更显示其重要性。**

关于"衢地"，孙子他反复强调这是四通八达的要害地域，而且非本国所有，因此，他主张事先从外交上争取这一要地所在国的同情而加以控制利用。第二次世界大战之后，各大国所从事的"衢地"争夺，在西太平洋地区，主要是控制日本。美国从自身的战略利益着眼，一直重视日本列岛这块战略要地，以抗衡苏联，以求在全球争霸斗争中赢得主动优势的地位。因为日本北海道的宗谷海峡和根室海峡，中部的津轻海峡，西南部的对马海峡，都是控制从日本海进入太平洋的通道，是名副其实的"衢地"，而苏联的远东地区海军基地海参崴，正处于日本海的西岸。美国控制了日本，就等于把苏联的远东海军力量困死在日本海的彼岸，不能再有大的作为。正是出于这一考虑，第二次世界大战后美国舍得花大本钱在日本的身上，以求长久保持日本这一战略"衢地"。反观苏联，也通过占领南千岛群岛而控制了根室海峡，以它作为自己进入浩瀚太平洋的通道。即便是这些年来世界风云变幻，苏联解体，实力急剧下降，苏联的主体俄罗斯也不愿放弃南千岛群岛。这中间的主要原因，也在于俄罗斯充分认识到南千岛群岛对于控制战略衢地的重要意义，因此宁可放弃同日本签订和平协议的机会，不要经济援助也毫不让步。

从欧、亚、非三大洲的战略"衢地"看，地中海可以说是首屈一指的地区。地中海有三条通路，恰如本篇所说的"衢地"一样。它们分别是西边为英国所控制的直布罗陀海峡，东边为埃及所控制的苏伊士运河，北边为土耳其所控制的达达尼尔海峡。环绕在地中海的周围，星罗棋布分布着数以十计的国家，属于世界上战略资源最为集中的地区之一，特别是中东地区的石油，北非地区的矿产，更直接关系着各国的经济、军事命脉。因此，它长期以来成为诸大国瞩目的焦点，而要控制地中海，从战略地理看，就必须首先控制出入地中海的三条通道。于是多年来，各大国始终在为实现"据其要津"的战略目标而努力。至于其手段，便是联络与国，订立同盟，寻求立足之点，扩大势力范围，"重币轻使，约和旁国，交亲结恩"①。可以这么说，自第一次世界大战以来，地中海乃至整个欧洲上空的风风雨雨，都是同大国为控制这一战略"衢地"而进行的斗争密切不可分的。

近些年来，国际战略大格局又发生了重大的变化，然而，大国之间为争夺世界战略"衢地"的较量仍在延续，看不出有停止的任何迹象，这一现实表明，孙子有关兵要地理问题的论述，其价值依然存在，其启迪依然可贵。

---

① 《吴王孙武问对》，见杜佑：《通典》卷一百五十九。

【原文】

所谓古之善用兵者，能使敌人前后不相及[1]，众寡不相恃[2]，贵贱不相救[3]，上下不相收[4]，卒离而不集[5]，兵合而不齐[6]。合于利而动，不合于利而止[7]。敢问："敌众整而将来，待之若何？"曰："先夺其所爱，则听矣[8]。"兵之情主速[9]，乘人之不及[10]，由不虞之道[11]，攻其所不戒[12]也。

【注释】

〔1〕前后不相及：前军与后卫不能相互策应配合。及，策应。

〔2〕众寡不相恃：众，指大部队。寡，指小分队。恃，依靠。此句言大部队与小部队之间不能相互依靠和协同。

〔3〕贵贱不相救：贵，军官。贱，士卒。救，救应、救援。指军官和士卒之间不能相互救应。

〔4〕上下不相收：收，有收集、聚齐之义，收拢、聚集。谓部队建制被打乱，上下之间失去联络，无法聚合。

〔5〕卒离而不集：离，离散。集，集结。言使敌军士卒离散而无法集结起来。

〔6〕兵合而不齐：虽能使士卒集合在一起，但无法让军队整齐统一，形成充分的战斗力。

〔7〕合于利而动，不合于利而止：合，符合。于，和。动，作战。止，不战。此句重见于《火攻篇》。

〔8〕先夺其所爱，则听矣：爱，珍爱，引申为要害、关键。听，听从、顺从。此句的意思是：首先攻取敌人的要害之处，敌人就会不得不听从我的摆布了。

〔9〕兵之情主速：情，情理。引申为关键。主，重在、要在，关键在。速，迅速、疾速。

〔10〕乘人之不及：人，敌人。不及，措手不及。

〔11〕由不虞之道：由，经过、通过。不虞，不曾料想到、没有意料到。

〔12〕戒：防备、戒备、警戒的意思。

孙子的"为客之道"：如何在"死地"作战

《九地篇》其余的论述都是围绕如何在"死地"作战，也即"为客之道"而展开。这些论述可以分为以下几个层次：

第一，战略战术运用的一般原则；

第二，根据上述原则，发动长途奔袭打击敌人；

第三，长途奔袭的统御之法和保密原则等；

第四，进一步地与轻地等作对比，突出强调死地作战的效应；

第五，总结"为客之道"，即死地作战的一般步骤。

先说战略战术的一般原则。孙子提出了四条原则，**第一条原则是诱迫敌人分兵**。孙子认为，古时善于用兵打仗的将领，都是要努力使得敌人首尾不能相顾，前后不能相互策应，主力部队和非主力部队之间无法建立合理顺畅的联系，官兵之间也不能相互救援，在需要迅速集结的时候，上下之间也不能及时地聚集和合拢，士卒散离之后就不能迅速地集中，即便是勉强凑合在一起，也是杂乱不整。这些其实都是为了力求分割敌人，力争达成以众击寡。分兵出击一直是兵家大忌，故此，聪明的指挥员就要设法诱使敌人做分兵出击的多头蛇，这就是《计篇》等强调的"亲而离之"。

第二条原则是利益原则。孙子之所以这样调动敌人，诱使敌人分兵，无外乎是希望达成有利于己的战争态势，力争出现有利时机。出现了有利时机就马上出兵攻打，没有这种有利时机就不要贸然出击。

第三条原则是抓住要害，打击关键。孙子认为，发动战争之时，必须要抓住敌人的要害。这一层意思，孙子是借用一段对话推出的：

问："如果敌人众多且阵势严整前来攻击，用什么办法对付它呢？"

答："先夺取敌人最关键最看重之处，那么它就会不得不听从我方摆布了。"

这段对话是自问自答，在一问一答中给出了答案：用兵打仗，不怕敌人阵势严整，不怕敌人兵强势众，只要抓住对手的要害，袭击和攻打敌人的关键部位，那就可以迫使敌人乖乖就范。

第四条原则是快速原则。孙子认为，用兵打仗，贵在神速。要乘着敌人猝不及防，从敌人意想不到的道路，攻击其没有防备的地方。如果出现了机会，就要马上抓住。战机的出现往往就是一瞬间的事情，把握不住，那就一切力气白费。所以，用兵务求神速。孙子在《计篇》说："攻其无备，出其不意。"这一方面是说抓住敌人的要害，一方面是求得快速用兵。如果想快速地消灭敌人，摧毁敌人的意志，就必须要遵循这样的原则。

　　其实，相关用兵之法，孙子在《虚实篇》论述得最为精妙。《虚实篇》中说："我专而敌分"，这是就敌我双方而谈的，其目标是：我专为一，敌分为十，这样便可以达成十攻一、以众击寡的局面。在上面一段，孙子再次提及了分割敌人和调动敌人的重要性。但这些仍然只是如何使得"敌分"的战法，至于如何达成"我专"，这就是《九地篇》的重要内容。在孙子看来，死地作战就是实现"我专"的重要手段，所以前面论了如何使得"敌分"之后，剩下的篇幅就探讨如何使得"我专"，这就进入更深层次的相关"为客之道"的讨论，也就是真正进入了《九地篇》的主题。

　　孙子认为，进入敌国作战，越是深入敌境，士卒的军心就会越发变得专一，敌人越是不能战胜。这种情况下，实则是反客为主，成功地主宰战争。不仅如此，在敌国富饶的地区做客，可以趁机掠夺粮草，以保障军队给养。如果做到了给养充足，其实也可以给部队提升士气。所以，长途奔袭、深入敌军腹地作战可以带来直接效应，也可以带来间接效应。直接效应是三军足食，间接效应则是带来士气高涨，最终赢得战争的胜利。这一点，我们在后面还将进一步作深入讨论。

九地篇

【原文】

　　凡为客之道[1]，深入则专[2]，主人不克[3]；掠于饶野[4]，三军足食；谨养而勿劳[5]，并气积力[6]，运兵计谋，为不可测[7]。投之无所往[8]，死且不北，死，焉不得[9]士人尽力？兵士甚陷则不惧[10]，无所往则固[11]，深入则拘[12]，不得已则斗[13]。是故其兵不修而戒[14]，不求而得，不约而亲[15]，不令而信[16]。禁祥去疑[17]，至死无所之[18]。吾士无余财，非恶货也；无余命，非恶寿也〔19〕。令发之日，士卒坐者涕沾襟〔20〕，偃卧者涕交颐〔21〕。投之无所往者，诸、刿之勇也〔22〕。

【注释】

〔1〕为客之道：客，客军，指离开本土进入敌境作战的军队。道，规律、原则。

〔2〕深入则专：专，齐心、专心。此言军队深入敌境作战，就会齐心协力、意志专一。

〔3〕主人不克：主人，处于防御地位的一方，此处指在本土作战的军队。克，战胜。此句的意思是，在自己本土作战的敌军不能够战胜我军。

〔4〕掠于饶野：掠取敌方富饶田野上的庄稼。

〔5〕谨养而勿劳：谨，注意、注重。养，休整。

〔6〕并气积力：并，合，引申为集中、保持的意思。积，积蓄。意谓保持士气，积蓄战斗力量。

〔7〕为不可测：使敌人无从判断。测，推测、判断。

〔8〕投之无所往：投，投放、设置。意谓把军队投置于无路可走的绝境。

〔9〕焉不得：焉，疑问代词，何、什么的意思。

〔10〕兵士甚陷则不惧：士卒们深陷危险境地就不再恐惧。甚，很、非常的意思。

〔11〕无所往则固：无路可走的情况下军心就会稳固。固，坚固、牢固、稳固的意思。

〔12〕深入则拘：拘，拘束、束缚。这里引申为人心专一不会涣散。

〔13〕不得已则斗：迫不得已就会殊死战斗。

〔14〕是故其兵不修而戒：修，修治、修明法令。戒，戒备、警戒。指士卒不待整治督促，就知道加强戒备。

〔15〕不约而亲：指不待约束就能做到内部的亲近团结。约，约束。亲，团结。

〔16〕不令而信：指不待申令就能做到信任服从。信，服从、信从。

〔17〕禁祥去疑：禁止占卜之类的迷信，消除谣言，以避免士卒产生疑惑。祥，吉凶的预兆，这里指占卜之类的迷信活动。疑，疑惑、疑虑。

〔18〕至死无所之：即便到死也不会逃避（动摇）。之，往。

〔19〕吾士无余财，非恶货也；无余命，非恶寿也：我军士卒没有多余的钱财，这并不是他们厌恶财宝；没有第二条命（却去拼死作战），这也并不是他们不想长寿。余，多余。恶，厌恶、讨厌。货，财宝、财物。寿，长寿、寿考。

〔20〕士卒坐者涕沾襟：坐着的士卒热泪沾满衣襟。涕，眼泪。襟，衣襟。

〔21〕偃卧者涕交颐：躺着的士卒则泪流面颊。偃，仰倒。颐，面颊。

〔22〕诸、刿之勇也：像专诸和曹刿那样英勇无畏。诸，专诸，春秋时吴国的勇士，用藏于鱼腹的剑刺死吴王僚，自己也当场被杀。刿，曹刿，又名曹沫，春秋时期鲁国武士。在齐鲁柯地（今山东东阿）会盟上持剑劫持齐桓公，迫使齐同鲁订立盟约，收回为齐所侵的鲁国土地。

【精解】

孙子的军事心理思想："陷之死地然后生"

仗是靠人来打的，将军手下没有兵，便成了光杆司令；最好的武器没人去用，便成了一堆废铜烂铁。离开了人，什么仗都打不成。然而人又是有血有肉有感情的，到了尸横遍野的战场，面对彼此杀红了眼的同类，是扑上去拼个你死我活，还是掉转头撒腿逃跑，往往是一念之差，不是让恐惧吓破肝胆，就是让勇敢战胜恐惧，这一切都取决于人的心理状态，这表明将士们精神面貌的好坏，参战意识的强弱，在很大程度上成了决定战争胜负的筹码。因此，重视人的心理因素，激励官兵士气，发挥部队的战斗力，乃是战争指导者在管理部队、指导战争时必须优先要解决的问题。

孙子是中国历史上第一位系统阐述军事心理学的兵学大师，军事心理思想是他兵学理论体系中的重要组成部分。在本篇中，他对军事心理学作了最原始的考察，提出了在正确认识部队心理状态的基础上，激励士气，鼓舞斗志，夺取胜利的主要原则和具体方法。

常言道："世事洞明皆学问，人情练达即文章。"孙子对"人情"的体会也是如此，认为"人情之理，不可不察"。基于这样的观念，他对部队在不同情况下的心理反应进行了细致的分析。首先，他从作战区域的远近角度阐述了军心士气的凝聚或涣散问题。指出：凡是越境进攻作战，越是深入到敌方的重地，就越是能使军心稳固，使士气振奋，牢牢立于不败之地："凡为客之道，深入专，浅则散"，"深入则专，主人不克"。接着，孙子探讨了导致出现这种奇怪现象的原因，认为这是由部队的心理状态所决定的：在本土作战，免不得想到家中的父母妻儿，惦记着那一亩三分地、两间破草屋，七思八想，斗志就涣散了，瞅准机会就开溜，这样的军队如何能有战斗力？反之，如果远离乡土，深入到敌国的腹地，家里的事鞭长莫及，想也没用，自然开不了小差（到了陌生地方，不认得回家的路）。相反，死亡的威胁则是始终包围着自己。在这样的情况下，便只好排除各种杂念，鼓起全身勇气，去同敌人拼命，以求死里逃生，这叫作"深入则拘，不得已则斗"。

孙子进而论述了部队作战中更为普遍的心理活动规律，这就是"兵之情，围则御，不得已则斗，过则从"。指出要想让部队官兵肯卖命杀敌，最好的办法是把他们安置到无路可走的"绝境"上去，这样，全军上下就会在求生意识的驱使下，奋不顾身去战斗了。孙子强调，这是军队作战心理的一般共性："投之无所往，死且不北。死，焉不得士人尽力？兵士甚陷则不惧，无所往则固"。

了解军事心理的目的，是为了在战争中加以运用，为此，孙子系统提出了如何巧妙利用部队作战心理的具体方法，其宗旨是因势利导，处心积虑，使官兵们深陷危险窘迫的环境之中，透逼其为生存而死战。具体地说，就是"塞其阙"，"示之以不活"，"投之亡地"，"陷之死地"，等等。

该如何来做到这一点呢？孙子也替大家想出了高招：推行"愚兵"之术，把士兵们当作懵懂无知的"羊群"来看待，该怎么折腾他们便怎么折腾，"能愚士卒之耳目，使之无知"，"若驱群羊，驱而往，驱而来，莫知所之"。让士卒成为一群没有头脑，任凭将帅驱使的战争工具。这样，将帅在利用部队心理"投之无所往"的时候，便可以轻松愉快、得心应手了。士卒们的战斗潜能也能够得到充分地发挥了（不管是自愿还是不自愿），便可以造成"携手若使一人"的"理想"局面，舒舒服服地圆自己的胜利之梦！

应该说，孙子的军事心理思想透露着冷酷残忍的血腥味儿，反映了古代上层统治者与普通士兵之间的阶级对立的本质属性。孙子的"道"，是让民众去服从君主的意志，"令民与上同意也"，而不是让统治者去迁就民众的利益，"令上与民同意也"。所以，他在谈到运用部队作战心理时，考虑的只是将帅的利益，而视士兵生命为草芥，在这样的立场之下，他的招数越高明，对士兵所造成的痛苦也就越深重。这一点我们在今天是要有清醒的认识的，切不可把孙子当作普济众生的"和平主义""爱兵如子"的好好先生来看待。

然而，我们也应该看到，贪生怕死，乃是人的本能，所谓"蝼蚁尚且惜命，而况人乎"！"夫农，民之所苦；而战，民之所危"①。没有一些绝招是无法让人在战场上克服对死亡的恐惧，奋不顾身，殊死拼搏的。虽然不同的阶级在这方面所使用的手段会不尽相同，但最终所要收到的效果却是完全一致的。从这个意义上讲，孙子掌握和运用军队心理的原则和方法虽然阴损，虽然可恶，但是却非常实用，非常有效，"凡是存在的，都是合理的"，我们大可不必装出一副大义凛然的样子，对它大加鞭挞。

历史上借鉴汲取孙子军事心理思想，用以指导战争实践的现象是司空见惯的，其中尤以秦汉之际韩信背水列阵大破赵军最为典型。在这次战役中，韩信根据己方兵力寡少、军心不固以及深入重地等实情，并且针对赵军主帅陈余本人"不用诈谋奇计"的迂腐性格，遵循孙子"投之亡地然后存，陷之死地然后生"的作战原则，"陷众于害"，背水列阵，激发起汉军将士人人死战、个个拼命地昂扬斗志，抑制住了赵军如潮般的攻势，同时出动奇兵袭占赵军大营，使赵军腹背受敌，阵脚大乱。韩信乘机发动反击，终于阵斩陈余，大获全胜，一举灭赵，实现了断楚之右臂的战略目的。

但是，"投之亡地然后存"的作战心理原则，如同孙子其他兵学原则一样，固然是制胜之法宝，却并非用兵之教条。换句话说，实践这一原则，要有一定的条件，如将帅足智多谋，敌将蠢笨如牛，及时出动奇兵策应，等等。总之是要灵活运用，因敌变化，而不能生搬硬套，死守拘泥。同样以韩信背水布阵大破赵军一事为例。如果当时赵军主帅陈余不那么刚愎自

---

① 《商君书·算地》。

用，迂腐疏阔，而能听取部下李左车的意见，自己率主力深沟高垒，持重相峙，派奇兵摧毁汉军的辎重，切断汉军的粮道，那么，韩信再是高明，也玩不成这场心理大战的游戏，而且还很有可能如李左车所估计的那样，沦为赵军的阶下囚。可见，是陈余的无能，造就了韩信的功名。历史上就有因死啃教条，不能灵活掌握这一原则而导致失败、贻笑天下的，如三国时期马谡不讲条件侈谈"陷之死地然后生"原则，舍水上山，放弃要冲，最终惨遭失败，痛失街亭，就是这方面的明显例子。由此可见，要正确发挥孙子军事心理思想的巨大威力，必须辅之以具体的条件，实施高明的指导，用孙子自己的话说，就是"兵无常势，水无常形，能因敌变化而取胜者，谓之神"（《虚实篇》）。

在军事科技迅猛发展的今天，人的因素在战争中的地位和作用并没有丝毫的减弱。因此，正确运用军事心理学理论管理部队，指导战争依然是一个重要的课题。美军是目前世界上武器装备最为先进的军队，可它却非常重视掌握、运用军事心理学理论，积极摸索利用人的心理因素以达到克敌制胜目的的途径。如它主张内部的团结，其SPAP心理训练计划中的一条重要原则即是"维护部队内部的团结"。又如它也十分注重对敌人从事心理战，在海湾战争、科索沃战争、阿富汗战争以及伊拉克战争中，通过散发传单、电台广播、寄送电子邮件等方法，开展铺天盖地、强大持续的政治、军事攻心，动摇对手的抵抗意志，瓦解对手的军心士气，收到了相当理想的效果，为夺取战争的胜利创造了有利的条件。美军成功的做法，也给我们很大的启示，即在现代高科技战争条件下，军事心理学活动的舞台不但不见萎缩，恰恰相反，它是更见广阔，大有可为，而《九地篇》所反映的军事心理思想，作为中国古代军事文化遗产的重要组成部分，仍然可以为我们从事军队建设，指导未来可能爆发的战争，提供有益的借鉴，发挥应有的作用。

【原文】

故善用兵者，譬如率然[1]；率然者，常山[2]之蛇也。击其首则尾至，击其尾则首至，击其中则首尾俱至。敢问："兵可使如率然乎？"曰："可。"夫吴人与越人相恶也，当其同舟而济，遇风[3]，其相救也如左右手。是故方马埋轮，未足恃也[4]；齐勇若一，政之道也[5]；刚柔皆得，地之理也[6]。故善用兵者，携手若使一人[7]，不得已也。

【注释】

〔1〕率然：古代传说中的一种蛇。

〔2〕常山：即恒山，是五岳中的北岳，位于今山西浑源南。西汉时为避汉文帝刘恒之讳，改称"常山"。北周武帝时，重新改称为"恒山"。

〔3〕当其同舟而济，遇风：指乘坐同一条船横渡江河，遇上大风。济，渡。

〔4〕方马埋轮，未足恃也：言将马并排地系缚在一起，将车轮掩埋固定起来，想以此来稳定部队，那是靠不住的。方，并、比的意思。

〔5〕齐勇若一，政之道也：使士卒齐心协力、英勇杀敌如同一人，这才是治理军队的正确方法。齐，齐心协力。政，治理、管理的意思。

〔6〕刚柔皆得，地之理也：言使强者和弱者都能各尽其力，这在于恰当地利用地形。

〔7〕携手若使一人：使全军携手作战就像一个人一样。携手，挽手、拉手。

【精解】

孙子协同作战的理想追求：常山之蛇

显然，孙子对于"为客之道"非常看重，所以《九地篇》对于一些重要的原则性问题曾反复进行论述。除了抽象的理论论证之外，还有进一步的举例说明。这可能给人造成重复叙述和语言累赘的印象，甚至让一些专家对该篇作出"错简"的判断。不只是《九地篇》，《孙子兵法》十三篇中一些重要论题，比如说"知彼知己"的情报论、"非利不动"的利益论等，都曾重复出现，反复进行论证。这应该是出于强调的目的，一定不是错简。《九地篇》中，作者对于心目中非常看重的"为客之道"的一些基本原则，当然也要重点论证,不惧重复,这也不应当被视为错简。接下来,孙子以"常山之蛇"和"吴越相争"作为例证,对"为客之道"的用兵原则进行更为深入的论证。

孙子指出,善于指挥作战的,就应当使得队伍能够做到首尾呼应,就像是"率然"。接着就解释了什么是"率然":"率然者,常山之蛇也。"这一句,是非常明显的注释体文字,应该基本定性为衍文。《戊笈谈兵·孙子》中也没有这一句。[①] 检诸简本却可以看到这一句,那么它是不是果为衍文,自然就要打上一个大大的问号。杨树达曰:"古人行文,中有自注。"[②] 很有可能"率然"这一句正是作者的自注文字,即便有《戊笈谈兵》这样的本子作为支持,仍然不能确定为衍文。

孙子以"率然"作比喻,生动表达了他对于部队高度协同、整体作战的境界的追求。率然是恒山的一种蛇。这种蛇,反应非常灵敏。打它的头部时,它的尾部就会赶来救应;打它的尾部时,它的头部就会赶来救应;打它的腹部时,它的头部和尾部都会赶来救应。所以,在孙子看来,军队各部分之间的相互接应就应该像率然这种蛇一样迅速和敏捷。这样的部队才是一个完美的整体,很难被完全击败。

有研究专家指出,《孙子兵法》这部书很像是以吴、楚、越争霸为背景写成的。楚国是吴国力争打败的大国,王霸之兵伐大国,目标指的应该就是楚国。越国则是长期与吴国角力的对手,所以《孙子兵法》十三篇中曾两次提及吴越争霸之事。赵本学曰:"孙子以当时本国之事而断之以明,贵于料敌也。"[③] 这是有几分道理的。其一见诸《虚实篇》:"以吾度之,越人之兵虽多,亦奚益于胜败哉?"[④] 这里明指吴越互为仇敌;其二则见诸《九地篇》,在该篇,作者认为吴国人和越国人虽然彼此仇视,但当他们必须要同舟共济以自救时,相互之间的救援就像是人的左手和右手一样。这里不是在讲仇敌,更像是在构建特殊条件之下的友谊,很值得玩味。

从《势篇》我们可以看到,孙子为了在战争中获胜,要求指挥员一定

---

① 《戊笈谈兵·孙子·九地》,清光绪二十一年刊本。

② 《古书疑义举例续补》卷二。

③ 赵本学《孙子书校解引类》。

④ "以吾度之",赵注本作"以吴度之"。张预曰,吾乃吴之误也。

孙子兵法 精解

要善于"造势"，努力创造达成胜利的各种条件。这种长途奔袭的"为客之道"，可以激发士卒和部队最大的战斗潜力，自然也可视为"造势"的一种手段。

与这种求得最优态势的方法相比，战马并列和掩埋车轮这种严整的阵势是无法与其并肩的。"为客之道"能迫使三军上下齐心协力奋勇作战，这才是最可利用的一种手段。就地形的运用来说，能够使得高下、险易等不同地形地势，都能够很好地得其所用，这就是赋予将帅使用和掌握地理的基本原则。就用兵打仗而言，善于利用客观条件，使得全军上下团结如同一人，这就是高明的指挥员。

接下来，孙子对指挥员的素质提出了更高的要求。孙子认为，作为将帅，一定要能够保持冷静的头脑，公正严明地管理部队。必要的时候，还要能够蒙蔽士卒的耳目，不让他们知道军机要事。这就是他的愚兵之术。

实施长途奔袭的"为客之道"使用这种愚兵之术，其目的无外乎是为了保守秘密。孙子认为，作为指挥员，必须要善于临时变更作战部署，中途改变原定计划，让人摸不着头脑。不仅如此，还要经常改换驻地，善于迂回行军，使得对手无法揣测我方意图。将帅统率部队深入敌国，就像是驱赶羊群，驱过来，赶过去，士卒只知听从指挥，而不知道究竟会到哪里去。

除了善于保密之外，还需要善于造势，让士卒陷入不得不拼死作战的境地。比如，在向部属下达战斗任务时，使得他们如同登高之后被抽去梯子那样无路可退，聚拢三军部众，将他们投置于非常险恶的境地。这就是著名的"陷之死地然后生"的原则。这条原则，曾被韩信化用为"背水阵"，成功击败赵国军队。在孙子之前，春秋时期的孟明也用过，他同样是把部队逼入一个无路可退的绝境，成功击败了晋军。此外，《三十六计》有"上屋抽梯"一计，疑从这里化出。只是其使用原则和方法，已经和孙子有所不同。孙子着眼点在己方，《三十六计》则更多是对敌。不管如何，孙子这种战法虽然说带着一定的风险，却具有相当的实战价值，因此才得到军事家们的认可和借用。

【原文】

将[1]军之事，静以幽[2]，正以治[3]。能愚士卒之耳目，使之无知[4]。易其事，革其谋，使人无识[5]。易其居，迂其途，使人不得虑[6]。帅与之期，如登高而去其梯[7]。帅与之深入诸侯之地，而发其机[8]，焚舟破釜[9]，若驱群羊，驱而往，驱而来，莫知所之。聚三军之众，投之于险[10]，此谓将军之事也。九地之变，屈伸之利[11]，人情之理，不可不察。

【注释】

〔1〕将：此处作动词用，主持、指挥的意思。

〔2〕静以幽：静，沉着冷静。以，同"而"。幽，幽深莫测。

〔3〕正以治：谓严肃公正而治理得宜。正，严正、公正。治，治理、有条理。

〔4〕能愚士卒之耳目，使之无知：指能够蒙蔽士卒，使他们不能知觉。愚，蒙蔽、蒙骗。

〔5〕易其事，革其谋，使人无识：变更正在做的事情，改变计谋，使他人无法识破。易，变更。革，改变、变置。

〔6〕易其居，迂其途，使人不得虑：变换驻防的地点，迂回行军的路线，使敌人无法图谋。虑，图谋。

〔7〕帅与之期，如登高而去其梯：将帅赋予军队作战任务的同时，要断绝其归路，迫使士卒们勇往直前。帅，将帅。期，约定时间。与之期，指与部队约定赴战，即向部下赋予战斗任务。

〔8〕帅与之深入诸侯之地，而发其机：言统帅军队深入敌国腹地，如击发弩机射出的箭镞一般笔直向前。而，如、如同。

〔9〕焚舟破釜：指烧掉舟船，打碎炊具，以示决一死战之意。釜，锅。

〔10〕聚三军之众，投之于险，此谓将军之事也：集结全军，把他们投置到险恶的绝地，这就是指挥军队作战中的要事。

〔11〕九地之变，屈伸之利：指对不同地理条件的应变处置，使军队的进退得宜。屈，弯曲。伸，伸展。屈伸，指部队的前进或后退。

【精解】

孙子战略突袭的理论及方法

　　孙子提出了一整套精辟深刻的战略突袭的理论及其方法。

　　为了实现速战速决的战略意图，达到"兵不顿而利可全"的目的，孙子提倡采取突然袭击的方式来展开战略进攻行动，主张纵深突袭，似尖刀直插敌人的心脏，一举战胜敌人。

　　第一，战前秘密决策，隐蔽准备。为了确保突然袭击能出敌不意，攻其无备，孙子主张在战前做出秘密决策，"天知、地知、你知、我知"，保证军事机密不致泄露，即所谓"厉于廊庙之上，以诛其事"。这一是要"夷关折符"，封锁关口，销毁通行凭证，防止敌方间谍潜入侦察。二是要"无通其使"，既不接受敌方新派使臣来访，以防其高明的间谍见微知著，察觉我方的战略意图；也不允许敌方留居人员离境，防范消息的走漏。总之，巧妙地加以伪装，诱使敌人放松戒备，暴露弱点，"始如处女，敌人开户"。

　　第二，及时把握进攻的时机，正确选择主攻的方向。孙子强调，优秀的作战指导者应该善于捕捉战机，一旦发现敌人呈示弱点，有机可乘，就不必同敌人讲客气，当以迅雷不及掩耳的速度发起攻击，"敌人开阖，必亟入之"，如神兵从天而降，打得敌人措手不及，找不着北，"后如脱兔，敌不及拒"。作为军事指挥员，要在这个过程中充分发挥主观能动力，通过"顺详敌之意"，"运兵计谋，为不可测"等方法，来催化有利进攻时机的形成，而不要站在一旁无所事事睁着眼干等待。关于选择主攻方向的问题，孙子反对采取撒胡椒粉、平均使用力量的打法，主张在实施战略突袭的时候，做到攥紧拳头，"并敌一向，千里杀将"，"兵之情主速，乘人之不及，由不虞之道，攻其所不戒也"，"先夺其所爱"，等等。即集中优势的兵力，以最快的速度，打击敌人既是要害而又虚弱的地方，大量杀伤敌人的有生力量，事半功倍地解决战斗。

　　第三，巧妙灵活地变换战术，刚柔兼济，因敌变化。一旦做出了战斗决心，决定了进攻的时机，选定了主攻的方向，做好了打击的准备，那

九
地
篇

么在战役战斗中，灵活用兵、巧妙指挥也就成为实现战略突袭目标的主要环节了。孙子对战略进攻中的战术运用问题进行了认真探索，提出了有关的原则和方法。其中心内容是"践墨随敌，以决战事"，即根据敌情的变化，灵活机动地决定自己的战术运用。诸如，隐蔽自己的作战企图，示形于敌，瞒天过海，调动对手，牵着敌人的鼻子走，"易其事，革其谋""易其居，迁其途"布列阵势要如同常山之蛇一般，灵活自如，反应敏捷，善于策应，"击其首则尾至，击其尾则首至，击其中则首尾俱至"，等等。其宗旨就是强调灵活的指挥，多变的战术，反对墨守成规，避免贻误战机，陷入被动。

　　这里，**孙子实际上触及到了战术运用上的最深层次命题，即战术理论原则性与灵活性的统一问题，**这用哲学范畴来表述，就是"常"与"变"的对立与统一。所谓"常"，是指事物的稳定性、永恒性，大经大法，这在儒家那里，便是"经"，"道之大原出于天，天不变，道亦不变"；[①] 所谓"变"，是指事物的变化性、适时性，通权达变，这在儒家那里，便是"权"。这两者既是对立的，"男女授受不亲"，但又是统一的，"嫂溺，援之以手，权也"。[②]

　　就兵学而言，"常"与"变"的统一尤为重要，因为战争本身就是或然性与盖然性的有机统一。成型的战术原则，是千百万人用鲜血和生命凝聚而成的，自然有它的合理性和通用性，对它自然应该予以最大的尊重，这一点孙子心里非常清楚，他一再强调"高陵勿向，背丘勿逆"，坚决提倡"围师必阙，穷寇勿迫"，就充分说明他对既定的战术原则是何等的信赖，何等的推崇。

　　但是战争是最具有或然性的活动，随机性、变化性是它的根本特点，战术上的"常法"不可能适应千变万化的战场形势，如果一味拘泥以往的经验，迷恋于作战的成规，那么就等于胶柱而鼓瑟，非打败仗不可，即所谓"法有定论，而兵无常形。一日之内，一阵之间，离合取舍，其变无穷，一移踵瞬目，而兵形易矣。守一定之书，而应无穷之敌，则胜负之数戾矣。"[③]

① 《汉书》卷五十六，《董仲舒传》。
② 《孟子·离娄上》。
③ 《何博士备论·霍去病论》。

因此，用兵打仗，在尊重"常法"的同时，更必须注重战术的灵活变化，随机创新，因为后者才是真正的用兵艺术魅力之所在，才是兵学原则不断丰富、不断升华的不竭动力。这正如何去非所说的那样："不以法为守，而以法为用，常能缘法而生法，若夫离法而合法。"① 从这个意义上说，孙子主张在战略进攻中，坚定不移地贯彻"践墨随敌"、因敌变化的战术原则，实在是切中了要害，识破了玄机。

【原文】

凡为客之道，深则专，浅则散[1]。去国越境而师者，绝地也[2]；四达者，衢地也；入深者，重地也；入浅者，轻地也；背固前隘者，围地也[3]；无所往者，死地也。是故散地，吾将一其志[4]；轻地，吾将使之属[5]；争地，吾将趋其后[6]；交地，吾将谨其守[7]；衢地，吾将固其结[8]；重地，吾将继其食[9]；圮地，吾将进其途[10]；围地，吾将塞其阙[11]；死地，吾将示之以不活[12]。故兵之情，围则御[13]，不得已则斗，过则从[14]。

【注释】

〔1〕深则专，浅则散：指在敌国国土上作战，深入则士卒意志统一，斗志专一，浅入则士卒离散。

〔2〕去国越境而师者，绝地也：离开本国，越过边界进行作战的地区，叫作绝地。

〔3〕背固前隘者，围地也：背后地势险要，前面道路狭隘，进退易受制于敌的地区，叫作围地。

〔4〕散地，吾将一其志：在散地作战，我们要做到统一全军的意志。一，统一。

〔5〕轻地，吾将使之属：在轻地作战，我们要使部队部署相互连接。属，连接、相连。

---

① 《何博士备论·霍去病论》。

〔6〕争地，吾将趋其后：在争地作战，我们要使后续部队迅速跟进。

〔7〕交地，吾将谨其守：遇到交地，我们将谨慎实施防守。

〔8〕衢地，吾将固其结：遇上衢地，我们要巩固与诸侯国的结盟。

〔9〕重地，吾将继其食：在重地，我们要保障军粮供给。继，继续，引申为保障、保持。

〔10〕圮地，吾将进其途：遇上圮地，我们要迅速通过。

〔11〕围地，吾将塞其阙：陷入围地，我们要堵塞缺口，迫使士卒不得不拼死作战。阙，缺口。

〔12〕死地，吾将示之以不活：到了死地，我们要向敌人显示我方将士决一死战的决心。

〔13〕围则御：军队被包围就会奋起抵御。

〔14〕不得已则斗，过则从：迫不得已士卒就会奋起战斗，身陷绝境士卒就会听从指挥。过，甚，这里指深陷危境。从，听从、服从指挥。

【精解】

孙子深入重地的作战指导原则

孙子主张，在可能的情况下，应该大胆坚决地深入重地，把战争指向敌人的腹心地区。战略纵深是敌人的腹心，对它的打击，效果远远超过其他地区，往往能起到大伤元气、动摇根本的作用。所以，孙子主张以坚决果断的行动，迅速快捷地将重兵插入敌人的心脏地带，"帅与之深入诸侯之地，而发其机"，"信己之私，威加于敌"，来确保战略突袭行动取得成功。为达到这一目的，他要求在敌国浅近纵深的"轻地"要迅速通过，不作纠缠，即便是敌之战略前哨的"争地"，也要巧妙迂回，决不旁骛，"地有所不争，城有所不攻，军有所不击"，免得干扰和牵制自己的战略主攻行动。同时，要实行脱离后勤保障的无后方作战，依靠对敌国的劫掠来补充自己军队的粮草，"掠于饶野，三军足食"。

孙子这一深入重地、击敌腹心的作战指导原则，在美英联军攻打伊拉克之战中有非常精彩的印证：战争伊始，美英联军即迅速突入伊拉克境内，兵锋直指伊首都巴格达。为此，美英联军置卡尔巴拉、纳西里耶、纳杰夫等城市、要点于不顾，全速开进，在短短几天的时间里推进四五百公里，基本上形成了对巴格达的战略合围之势，并很快将这座象征着萨达姆政权力量的城市加以攻克，为这场战争画上一个句号。这种直插腹心、占敌重地的做法，是战略进攻的最佳选择，古今战争史上均无例外。

综上所述，**孙子关于战略突袭的指导思想是：以优势的兵力，多变的战术，出敌不意的时间、方向，深入敌之重地，给敌以毁灭性的打击。**在战术上，收到"使敌前后不相及，众寡不相恃，贵贱不相救，上下不相收，卒离而不集，兵合而不齐"的效果；在战略上，达到"伐大国，则其众不得聚；威加于敌，则其交不得合"，"其城可拔，其国可隳"的目的。

孙子这一思想，深刻揭示了进攻突袭作战的普遍规律，曾在实践中得到广泛的运用，孙子亲自参与指挥的破楚入郢之战，可以说是这一原则的实战体现。

这次影响春秋晚期战略格局的重大战争，以吴军五战入郢、大获全胜而告终。而吴军之所以取胜，除了其政治清明，具备一定的经济、军事实力，善于"伐交"争取与国之外，关键在于其作战指导的高明，而这种高明，集中体现为吴军正确遵循了孙子的战略突袭原则。一是"顺详敌之意"，采取疲楚误楚的正确策略，使楚军疲于奔命，并且松懈戒备。二是正确把握进攻时机，明智选择主攻方向，乘隙蹈虚，实施远距离的战略突袭，迫使楚军在十分被动形势下仓促应战。三是把握有利的决战时机，先发制人，一举击败楚军主力。四是适时进行战略追击，不给楚军以重整旗鼓、进行反击的任何机会，真正做到了"伐大国，则其众不得聚"，顺利实现了"威加于敌，故其城可拔，其国可隳"的战略目标。

【原文】

是故不知诸侯之谋者，不能预交；不知山林、险阻、沮泽之形者，不能行军；不用乡导者，不能得地利[1]。四五者，不知一，非霸王之兵也[2]。夫霸王之兵，伐大国，则其众不得聚[3]；威加于敌，则其交不得合[4]。是故不争天下之交[5]，不养天下之权[6]，信己之私[7]，威加于敌，故其城可拔，其国可隳[8]。施无法之赏[9]，悬无政之令[10]，犯三军之众[11]，若使一人。犯之以事，勿告以言[12]；犯之以利，勿告以害[13]。投之亡地然后存，陷之死地然后生[14]。夫众陷于害，然后能为胜败[15]。故为兵之事，在于顺详敌之意[16]，并敌一向[17]，千里杀将，此谓巧能成事者也。

【注释】

〔1〕"是故"至"不能得地利"句：已见于前《军争篇》，疑系衍文。

〔2〕四五者，不知一，非霸王之兵也：此言九地的利害关系，有一不知，就不能成为霸、王的军队。"四五者"，曹操注为"谓九地之利害"。霸王，即霸主，春秋时期诸侯之伯长。

〔3〕则其众不得聚：指敌国军民来不及动员和集中。聚，聚集、集中。

〔4〕威加于敌，则其交不得合：指用强大的兵威施加到敌人的头上，那么它在外交上也就无法联合与国了。

〔5〕是故不争天下之交：指没有必要争着和其他的国家结交。

〔6〕不养天下之权：养，培养、培植。此句意为没有必要在其他的国家里培植自己的权势。一说，"不"当为"必"，似有道理，惜未有证据耳。

〔7〕信己之私：信，伸、伸展。私，私志、意图。此句谓当伸张自己的战略意图。

〔8〕威加于敌，则其城可拔，其国可隳：指兵威施加于敌，则敌国的城邑可以攻拔，敌人的国都可以摧毁。隳，音灰，毁坏、摧毁的意思。国，都城。春秋时的"国"，一般都是指大城邑或国都。

〔9〕施无法之赏：意谓施行超出惯例的奖赏，即所谓的法外之赏。无法，不合惯例、超出规定的意思。

〔10〕悬无政之令：谓颁布打破常规的命令。无政，即无正，指不合常规。悬，悬挂，引申为颁发、颁布。

〔11〕犯三军之众：犯，使用。一说为调动。此句意为指挥三军上下行动。

〔12〕犯之以事，勿告以言：犯，用。之，指士卒。事，指作战。言，指谋虑、实情。意为驱使士卒参战，但不要说明任务的意图。

〔13〕犯之以利，勿告以害：意谓驱使士卒进行战斗时，只告诉其有利的条件，而不告诉其任务的危险性。

〔14〕投之亡地然后存，陷之死地然后生：将军队置于危亡之地，然后可以保存；使军队陷入死绝之地，然后可以生存。

〔15〕夫众陷于害，然后能为胜败：谓只有把军队投置于险恶境地，才能取胜。害，害处，指恶劣处境。胜败，指取胜、胜利，这是偏正结构用法。

〔16〕在于顺详敌之意：顺，通"慎"，谨慎的意思（据杨丙安《孙子会笺》说）。详，当训"审"，详细考察。此句意为用兵作战要做到审慎地考察敌人的意图。一说，是指假装顺从敌人的意图。亦通。

〔17〕并敌一向：指集中兵力攻向敌人的一点。

【精解】

孙子深入重地的外交准备

与统御之法相配合的是外交准备。这里单说外交战，孙子指出，长途奔袭之前应该做到以下几点：不了解诸侯列国的战略意图，就不能预先与之结交；不熟悉山林、险阻、沼泽等地形情况，就不能行军；不重用向导，就无从得到地利。这些情况，如有一样不了解，都不能成为称王争霸的军队。凡是称王争霸的军队，进攻敌对大国，能使敌国的军民来不及动员集中；兵威加在敌人头上，能够使敌方的盟军无法配合策应。因此，没有必要去争着同天下的诸侯结交，也用不着在各诸侯国里培植自己的势力；只要伸展自己的战略意图，把兵威施加在敌人头上，就可以拔取敌人的城邑，摧毁敌人的国都。施行超越惯例的奖赏，颁布不拘常规的号令，指挥全军就如同使用一个人一样。向部下布置作战任务，但不说明其中的意图。动用士卒，只说明有利的条件，而不指出危险的因素。将士卒投置于危地，才能转危为安；使士卒陷身于死地，才能起死回生。军队深陷于绝境，然后才能奋起拼杀赢得胜利。所以，指导战争这种事，在于谨慎地观察敌人的战略意图，集中兵力攻击敌人之一部，千里奔袭，擒杀敌将。这就是所谓巧妙用兵，实现克敌制胜的目标。

发动长途奔袭之前应该如何搞好外交，从上面孙子的这段论述可以看出，其中的要点一共有四：

第一是"不争天下之交"，意思是不必争着去和天下诸侯结交。如果急急忙忙去攀附，结果很可能适得其反，反倒会不经意间壮大了对手的力量，造成己方的孤立和被动。

第二是"不养天下之权"，意思是不必刻意尊奉诸侯，早请示晚汇报式的比尊敬对手，往往会培植他们的权威，影响己方的声威，不利于在诸侯之间树立威信。

第三是"信己之私"，意思是伸展自己的抱负和主张，追求应得的利益。"信"同"伸"或"申"，一说"确信"[①]，也通。

第四是"威加于敌"，意思是把进攻的威力施加到敌人头上，逼迫敌人屈服就范。

上述四点其实也可归结为两点：外交上不卑不亢，内政上加紧准备。也即坚持独立自主，避免受制于人。至于所要达成的目标则有两点：第一是"其众不得聚"，使得对手的军队无法得到及时的集中；第二是"其交不得合"，使对方在外交上孤立无援。只要出现了这种情况，也就是等到了"其城可拔，其国可隳"的良机。

赘述一句的是，明清时期的某些《孙子兵法》版本经过了刻书人的妄自改动，其实这些都是妄改，是对《九地篇》没有读懂，总以为这其中到处是错简和误书。

这一段中，比较费解的是"四五者，一不知，非霸、王之兵也"一句。"四五"究竟何指，前人一直众说纷纭。何守法《校音点注孙子》曰："此盖结语，四五为九，乃指九地也。或曰，四五者，上四五事也。"古今图书集成本"四"作"此"，"非"前有"则"。蒋方震《孙子浅说》曰："诸家于'四五者'均无所发明，而曹公、张预均谓'四五'为'九地之利'，以四加五为九。然古人文字向无此体例，且近于儿戏，不可从也。考明人茅元仪《孙子兵诀评》作'此三者'，可见'四五者'为'此三者'之讹，

---

① 详细讨论参见王建东：《孙子兵法思想体系精解》，第464页，文冈图书公司1976年版。

盖传写时误'此'为'四',误'三'为'五',篆书形体相近。所谓'三者',即上文'预交''行军''地利'三句,其说良是。"这种说法是值得参考的。

【原文】

是故政举之日[1],夷关折符[2],无通其使[3],厉于廊庙之上[4],以诛其事。敌人开阖[5],必亟入之。先其所爱[6],微与之期[7]。践墨随敌[8],以决战事[9]。是故始如处女,敌人开户[10];后如脱兔,敌不及拒[11]。

【注释】

〔1〕政举之日:政,指战争行动。举,指实施、决定。

〔2〕夷关折符:意即封锁住关口,废除通行的凭证。夷,削平,此处引申为封锁。折,折断,这里可以理解为废除。符,泛指通行凭证。古时以木、竹、铜等材料做成的牌子,上书图文,分为两半,用作传达命令、调兵遣将和通行关界的凭证。

〔3〕无通其使:不同敌国的使节相往来。使,使节。

〔4〕厉于廊庙之上,以诛其事:谓在庙堂上反复推敲计议,来决定战争行动事宜。厉,同"砺",本义为磨刀石。此处意为反复推敲、计议。廊庙,即庙堂,喻指最高决策机构。诛,曹操注:"诛,治也。"意为研究决定。

〔5〕敌人开阖:敌人敞开门户,指敌人有隙可乘之时。阖,门扇。

〔6〕先其所爱:指首先攻取敌之关键要害处,以争取主动。爱,珍爱、宝贵,指要害。

〔7〕微与之期:不要事先与敌人约期交战。微,无、毋的意思。之,指敌人。期,约期。

〔8〕践墨随敌:指避免墨守成规,而要随着敌情的变化来决定作战行动。践,避免的意思。墨,墨线,喻指陈规、教条。

〔9〕以决战事:以解决战争胜负问题,即求得战争的胜利。

〔10〕始如处女,敌人开户:军事行动开始之前,要做到如同处女一

样沉静柔弱，诱使敌人放松戒备。开户，开门，此处指松懈戒备。

〔11〕后如脱兔，敌不及拒：战斗一旦打响，就要像脱逃的兔子一样迅速，使得敌人来不及抗拒。

【精解】

实施"为客之道"的关键步骤

《九地篇》的最后，作者论述的是"为客之道"的具体实施方法，也就是组织实施的一些关键步骤。

第一是"顺详敌之意，并敌一向"，意思是能审慎考察敌人的战略意图，将兵力集中在主攻方向上，千里奔袭，就可擒杀敌将。在孙子眼中，这就是所谓妙用计策成就大事。顺，作"慎重"解。"详"，当训"审"，考察的意思。又：赵本学《孙子书校解引类》曰："详，张贲读作佯，是也。"按照这种说法，该句的意思是说：假装顺应着敌人的意图行事，让敌人自己钻进圈套之中。这也是一种说法。

第二是"夷关折符，无通其使"。意思是，在作战行动开始之前，要及时封锁关口，销毁通行符证，不允许敌国使者往来。这是保密的需要，防止袭击计划被敌军间谍窃取。

第三是"厉于廊庙之上，以诛其事"。意思是在庙堂之上反复计议，慎重决定作战计划。"厉"同"励"，有勉励督促之意。"诛"可训"治"，修明之意。这是说要充分准备和筹划，使得方方面面的力量都能发挥作用。

第四是"必亟入之，先其所爱"。敌人一旦有隙可乘，必须迅速采取行动，乘虚而入，并抢先夺取其最为依仗的作战条件，而不要同它约定会战的日期。敌军所爱，必定是战略要道和战略要地，如果抢先占据则掌握主动。至于不和敌人约定作战日期，这是孙子诡道思想使然。按照尊奉军礼的堂堂正正的战法，这种长途奔袭则一定无法顺利展开。敌军做好了充足的准备之后，又是客场作战，哪里能找到袭击和取胜的机会。所以，一定是突然袭击，"攻其无备，出其不意"，才能获得成功。

第五是"践墨随敌，以决战事"。作战计划要根据敌情的变化而不断地调整，灵活决定自己的作战行动。这其实就是"因敌而变化"。孙子说"能因敌而变化者谓之神"，表现出对这种高超指挥艺术的称许。当然，要做到"因敌而变化"，情报保障必须跟得上，否则也是空谈。

第六是"始如处女"。作战开始之时，大军要像处女一样沉静。羞涩的处女，一定是遮遮掩掩，欲迎还拒。这种态度却是能很好地迷惑敌人，保守己方的战略意图。

第七是"后如脱兔"。一旦敌人的弱点暴露，就必须像脱兔那样迅速采取行动，使其来不及组织抵抗。合适的战机非常不易，同时也会转瞬即逝，如果错失了就很难再来，所以一定不能错过，必须以最快的速度抓住机会。

通观《九地篇》，该篇并不存在结构缺陷，并非编辑杂乱，相反，它是一篇结构非常严谨、论述非常透彻、主题非常集中的相关战略奔袭的专论。这篇论文鲜明反映出孙子所处的诸侯争霸的时代特征。按照孙子的话说，"霸王之兵伐大国"，由于周天子日渐式微，诸侯都看到了争霸天下、争当霸主的机会，因此都跃跃欲试。但是受制于当时的历史条件和特定的战争环境，孙子认为，只有运用这种长途奔袭的"为客之道"，才能充分地"信己之私"，进而达成"掠乡分众，廓地分利"（《军争篇》）的目的，在诸侯争霸的格局中占据一席之地。

孙子协助伍员长途袭击楚国，正是贯彻了这种"为客之道"的长途奔袭的战法，一举打败了强大的楚国，使得吴国当成了南方霸主。

公元前 506 年，吴楚之间发生柏举之战。这场战争是小国战胜大国的成功战例，更是孙子长途奔袭的"为客之道"的生动例证。吴国君臣巧妙利用楚与陈、蔡等附属国之间的矛盾，抓住有利条件，果断地以长途奔袭的作战方式，成功地在楚国腹地柏举击败其主力部队，实现"西破强楚"的战略目标，为北上争霸奠定了坚实的基础。

在这场战场中，吴军先是以小规模军队轮番出击，使得楚军疲于奔命，最终导致战斗力松懈，失去对吴军的警惕性。在准确掌握楚国北疆防御空虚的情报之后，吴军忽然越界千里伐楚，直扑楚国腹地，可谓是"攻其无备，出其不意"。楚军仓促应战，数战皆北，溃不成军。吴军并不给楚军任何喘息的机会，而是一路追击和尾随，直到攻入楚国都城。吴军之所以能成功击败强大的楚军，一方面是成功实施了"能而示之不能""佚而劳之"等诱敌之策，使得楚人错误地判断了战场形势，另一方面则是孙子将士卒置于死地，深入敌军腹地，迫使士卒无限发挥潜能，爆发出惊人的战斗力，最终成功地打败了强大的对手。可以说，吴军的成功入郢是一次非常成功的战略奔袭，更是孙子"为客之道"战略战术的成功运用。

火攻篇

孙子曰：凡火攻有五：一曰火人，二曰火积，三曰火辎，四曰火库，五曰火队。行火必有因，烟火必素具。发火有时，起火有日。时者，天之燥也；日者，月在箕、壁、翼、轸也；凡此四宿者，风起之日也。

凡火攻，必因五火之变而应之。火发于内，则早应之于外。火发兵静者，待而勿攻，极其火力，可从而从之，不可从而止。火可发于外，无待于内，以时发之。火发上风，无攻下风。昼风久，夜风止。凡军必知有五火之变，以数守之。

故以火佐攻者明，以水佐攻者强。水可以绝，不可以夺。

夫战胜攻取，而不修其功者，凶，命曰费留。故曰：明主虑之，良将修之。非利不动，非得不用，非危不战。主不可以怒而兴师，将不可以愠而致战；合于利而动，不合于利而止；怒可以复喜，愠可以复悦，亡国不可以复存，死者不可以复生。故明君慎之，良将警之，此安国全军之道也。

【题解】

本篇是我们现在所能见到的中国古代最早的系统总结火攻作战经验和特点的专门文字，主要论述了春秋以前火攻的种类、条件、实施火攻的方法以及火发后的相应应变措施等问题。此外，本篇还论述了慎战思想，强调君主和将帅对战争要慎重从事，以利益的大小或有无作为发起战争的依据："合于利而动，不合于利而止"，认为这才是真正的"安国全军之道"。

火攻，指以火助攻，杀伤敌之有生力量，摧毁敌之战争资源，从而夺得战争的胜利。

【原文】

孙子曰：凡火攻有五[1]：一曰火人[2]，二曰火积[3]，三曰火辎[4]，四曰火库[5]，五曰火队[6]。行火必有因[7]，烟火必素具[8]。发火有时，起火有日[9]。时者，天之燥也[10]；日者，月在箕、壁、翼、轸[11]也；凡此四宿者，风起之日也[12]。

【注释】

〔1〕五：五类、五种。

〔2〕火人：焚烧敌军人马。火，此处作动词用，烧、焚烧的意思。以下"火积"等之"火"义同。

〔3〕火积：指焚烧敌军的粮秣物资。积，积聚、积蓄，此处指粮草。

〔4〕火辎：指焚烧敌军的辎重。

〔5〕火库：意为焚烧敌军的物资仓库。库，仓库。

〔6〕火队：指焚烧敌之军事交通和转运设施。队，通"隧"，道路。一说，火队即焚烧敌军队伍。

〔7〕行火必有因：指实施火攻必须具备一定的条件。行，实施。因，

原因，此处指进行火攻的必备条件。

〔8〕烟火必素具：烟火，指火攻的器具和燃料等物。素，平素、经常的意思。具，准备妥当。

〔9〕发火有时，起火有日：意谓当根据天时条件而实施火攻。

〔10〕时者，天之燥也：燥，气候干燥。言火攻应在气候干燥时进行。

〔11〕箕、壁、翼、轸：中国古代星宿的名称，是二十八宿中的四个。其中，箕属东方苍龙七宿之一，壁属北方玄武七宿之一，翼、轸属南方朱雀七宿。

〔12〕凡此四宿者，风起之日也：即箕、壁、翼、轸四个星宿。此言凡月球行经这四个星宿时，正是起风便于火攻的时候。古人认为月亮运行到箕、壁、翼、轸这四个星宿位置时多风。

【精解】

五种火攻破敌的方法

"烈火张天照云海""赤壁楼船扫地空"，这两行大气磅礴、音节铿锵、形象鲜明、叱咤风云的诗句，出自于唐代伟大诗人，号称"诗仙"的李太白之《赤壁送别歌》。它同宋代大文豪苏东坡的千古绝唱——《念奴娇·赤壁怀古》一词一样，为人们绘声绘色、惟妙惟肖地重现了公元208年发生的一幕：曹操、孙权、刘备三方赤壁大鏖战的生动而又惨烈的场景。这场决定魏、蜀、吴三国鼎立、逐鹿中原之命运大战的最基本特色，就是"火攻破敌"。"遥想公谨当年，小乔初嫁了，雄姿英发，羽扇纶巾，谈笑间，樯橹（一作'强虏'）灰飞烟灭"。处于战略弱势地位的孙、刘联军，运筹帷幄，指挥若定，巧妙地以火助攻，一把冲天大火烧得数十万曹操雄师鬼哭狼嚎，丢盔弃甲，溃不成军，狼狈北窜。曹孟德先生横槊赋诗、并吞寰宇的气概雄心，"周公吐哺，天下归心"的远大理想，就此付诸东流，抱恨终天！

在漫长的中国古代战争历史上，除了野战、城池攻守等常规战法之外，还有许许多多形式各异、惊心动魄的特殊战法，例如山地战、丛林战、荒漠戈壁战、河川湖泊战、夜战、雪战、水战、火攻等。这中间尤以火攻为人们所广泛瞩目，曾上演过一幕幕惊天地泣鬼神、气吞山河的战争场面。历史上不少脍炙人口的著名战例，往往与"火攻"相联系，仅就三国历史而说，几场关键性的战役——官渡之战、赤壁之战、彝陵之战，就是火攻制敌的典范。

所谓"火攻"，就是通过放火燃烧的途径，猛烈打击敌人，歼敌有生力量，毁敌战争资源，从而争取主动，克敌制胜。**在古代冷兵器作战的条件下，火攻称得上是威力最为强大、效果至为明显的作战手段之一。**火攻一旦奏效，便会使敌方的器械物资、城池营垒片刻之内化为乌有，三军人马瞬息之间毁伤殆尽，从而为纵火的一方主动进攻创造良好的作战态势。所以，明代杰出的军事家戚继光将军曾不无感慨地说："夫五兵之中，唯火最烈；古今水陆之战，以火成功最多"[①]。

孙子所处的春秋晚期，属于典型的冷兵器时代，所使用的兵器，主要是戈、戟、矛、殳、弓箭、佩剑等，锋刀相接、弓矢交射的作战形式，主要靠的是力与力的直接对抗与较量，"杀人一千，自损八百"，战胜敌人的一方，往往也要付出相当规模的代价，人员和物资的消耗相对较大，战争的效益比相对较低。在这种条件之下，火攻作为一种投入较小而产出较大的重要进攻方式，自然要引起当时兵学家们的高度重视，孙子在这方面当然也不例外。为此，**他合乎逻辑地要在《孙子兵法》一书中专门开辟一篇，来集中论述"火攻"的问题，其内容包括了火攻的基本种类，实施火攻的条件和方法，兵攻与以火助攻的关系，等等，从而对春秋时期火攻作战经验做出了全面的总结。**

孙子是哲学家，而不是文学家。文学家是"跟着感觉走"，讲究的是激情与冲动，讲话写文章，只求优雅与艺术，随心之所欲；哲学家是"不见兔子不撒鹰"，讲究的是逻辑与理智，讲话写文章，只求严谨与科学，按理之所规。因此，孙子对火攻问题的阐述同样具有严谨的逻辑性，换句话说，即有着清晰的层次性，极强的说理性。

首先，充分肯定火攻战术在军事斗争中的地位与作用。孔子说："名

[①] 《练兵实纪·杂集》卷二。

不正则言不顺，言不顺则事不成，事不成则礼乐不兴，礼乐不兴则民无措手足。"① 要谈火攻，首先要给火攻正名，所谓"必也正名乎"。所以孙子讨论火攻，第一个工作是要说明"火攻"的意义。在他看来，以火助攻，乃是提高军队战斗力，卓有成效打击和消灭敌人，夺取作战胜利的重要战术手段，"以火佐攻者强"。有了这样的认识，再讨论火攻的具体战术问题才具备了基础，这叫作"纲举而目张"。

其次，根据所要打击对象的不同，把火攻的方式具体区分归纳为五个大类。一是焚烧敌方的人马，它属于最主要的类型，如赤壁之战、彝陵之战的情况；二是焚烧掉敌军的粮草，让他们饿肚子全身虚脱，就像官渡之战中曹操采纳许攸的献计，一把火烧掉袁绍囤积在乌巢的军粮；三是焚烧敌军的辎重，"军无辎重则亡"，对手没有了装备，便只有挨打的份，没有还手的力；四是焚烧敌军的仓库，破坏对手的后方战略资源，这仗自然便无法再打下去，就像隋统一南北之前，用高颎的计谋，潜入陈国后方，烧仓库搞破坏；五是焚烧敌方的交通线，补给道路一旦被切断，敌人虽"有心杀敌"，但实际情况则是"无力回天"，遭到失败不过是个时间问题了。

以上五种火攻破敌的方式，实际上可归为两大类：一是以敌人的有生力量为目标，直接打击和消灭敌人的肉体；二是以敌人的物资工具为目标，即摧毁敌人的后勤机器，剥夺敌人赖以支持战争的物质资源，使得敌人心有余而力不足，最终输掉整个战争。它们其实几乎囊括了古代作战所涉及的各个重要方面。

【原文】

凡火攻，必因五火之变而应之[1]。火发于内，则早应之于外[2]。火发兵静者[3]，待而勿攻，极其火力[4]，可从而从之，不可从而止[5]。火可发于外，无待于内[6]，以时发之[7]。火发上风，无攻下风[8]。昼风久，夜风止[9]。凡军必知有五火之变，以数守之[10]。

---

① 《论语·子路》。

【注释】

〔1〕必因五火之变而应之：因，根据、利用。应，策应、接应、采取对策的意思。本句意谓应当根据"火发于内"至"昼风久，夜风止"等五种不同情况而灵活处置。注家多以"五火之变"为"火人"等五种火攻方式，不确。

〔2〕早应之于外：及早用兵在外面进行策应。

〔3〕火发兵静者：兵，此处指敌军。静，安静、沉着、不慌乱。

〔4〕极其火力：让火势烧到最旺之时。极，尽、穷尽的意思。

〔5〕可从而从之，不可从而止：从，跟从，这里指用兵进攻。而，则、就。

〔6〕无待于内：意谓不必等待内应。无，无须、不必。内，内应。

〔7〕以时发之：根据气候、月象的情况实施火攻。以，依据、根据。

〔8〕火发上风，无攻下风：上风，风向的上方；下风，风向的下方。

〔9〕昼风久，夜风止：意为白天风刮久了，夜里风势就会止息。一说，白天有风放火，军队可以跟进攻击；夜里顺风放火时，军队不能随之发起攻击。

〔10〕以数守之：数，星宿运行度数，此处引申为实施火攻的条件。守，等待、等候。

【精解】

火攻与兵攻的有机结合

孙子指出，凡是火攻，必须根据以下五种因火攻所引起的变化，来灵活地加以处置。在敌营内部放火，就要及时派兵从外面机动策应。火已烧起而敌军依然保持镇静，我方就应持重等待，不可立即发起进攻，且待火势旺盛后，再根据情况作出决定，可以进攻就进攻，不可以进攻就停止。火可以从外面燃放，这时就不必等待内应，只要适时放火就行了。要从上风口放火，不要面对下风口发起进攻。白天风刮得时间久了，夜晚风就容易停止。军队必须灵活掌握五种火攻的方法，等待放火的时日条件具备时再进行火攻。

孙子在这里首先论述实施火攻的具体条件,指出要避免火攻流于形式,"银枪蜡烛头,中看不中用",使其发挥应有的作用,就必须正确选择火攻的时机。火攻的具体操作是有相当大的难度的,"落花有意,流水无情",不是想怎么做便能这么做的,所以,**孙子强调指出,火攻的实施必须依赖于一定的条件。这种条件概括起来包含有两个方面:一是气象条件,一是物质条件。**

"万事俱备,只欠东风","东风不与周郎便,铜雀春深锁二乔"。这里的"东风",就是气象条件。就这项条件而言,孙子认为应该是"发火有时,起火有日",即要选择有利的时机,如气候干燥,月亮行经箕、壁、翼、轸等星宿位置(古人认为月亮在这些位置时会天刮大风),等等。这在《三国演义》里,便是诸葛亮披上道袍、筑坛襄星借东风的表演。就物质条件而言,是"行火必有因,烟火必素具",即火攻用的器材物资必须在平时预做准备,不要平时不烧香,急来抱佛脚。孙子认为,一旦具备了这些条件,那么就可以考虑在作战当中运用火攻这个手段了,"该出手时便出手,风风火火闯九州"。

孙子这样看问题,是有他自己的道理的。因为孙子这里所谈的"火攻",同后世(火器时代)乃至当代(核武器时代)的火攻,是截然不同的事情。在当时历史条件下,火攻主要是利用松脂、艾草等易燃物品,依靠风力的作用,四下纵火来给敌方造成伤亡和损失。它受到多种因素的制约,尤其是天气条件的限制(同耕田种稻靠天吃饭的情况一样),不可能随时随地使用,而只能是一种特殊的辅助性进攻手段,所以必须先讲求有关的气候及物质条件。否则便是望梅止渴,画饼充饥!

另外,**孙子也主张火攻与兵攻的有机结合,相辅相成。**火攻不是简单地用纵火的方法去惊扰敌人,而必须按照一定的火攻战术来运作。它的基本要领,就是不要让火攻成为一种单纯、孤立的进攻手段,而是要使它和兵攻有机地结合起来,以兵攻为主导,以火攻为辅助,从而发挥出最大的战斗能量。为此,孙子他明确提出了"必因五火之变而应之"的战术原则,即利用纵火所引起的敌情变化,采取不同的火攻战术,并且及时以主力进行相应的配合策应,指挥部队发起凌厉的攻击,来扩大战果,一举奠定胜局。按孙子的观点,这才是火攻破敌的上乘境界。

孙子这样辩证分析问题，的确非常有必要。因为火攻固然威力强大，效果显著，但利与弊形影相随，有大利者必有大害，这乃是事物的一般规律，"风物长宜放眼量"，如果在火攻问题上不知道灵活掌握，随机处宜，就不能使这种战法发挥应有的作用，更有甚者，有时反而会给自己带来灾难性的后果，这叫作"船夫常在水中死，将军不免阵上亡"。譬如南朝萧梁时期，侯景起兵反叛，攻打巴陵，他想"依样画葫芦"，用火攻的手段来攻克城池，谁知上天不保佑乱臣贼子，风向突变，大火转而烧到自己的兵马，损失惨重，终于大败，就是"偷鸡不成蚀把米"的具体例子。所以，聪明的军事指挥员在实地火攻之时，一定要针对敌情的变化，灵活地加以处置，绝对不做"玩火自焚"的蠢事。孙子早在两千五百年之前便注意到这个问题，系统提出"必知有五火之变，以数守之"的方法，告诉大家要掌握"火发于内，则早应之于外"，"火发上风，无攻下风"等具体要领，足见他认识之深刻，视野之开阔，可谓语重心长，循循善诱！

【原文】

故以火佐攻者明[1]，以水佐攻者强。水可以绝[2]，不可以夺[3]。

【注释】

〔1〕以火佐攻者明：佐，辅佐，辅助。明，明显，指效果显著。一说"明"即"强"，两字异文同义。又一说，"强"意为勉强，转义为稍、次。即言水攻稍次于火攻（参见华星白《孙子稗疏》）。

〔2〕绝：隔绝、断绝的意思。

〔3〕不可以夺：夺，夺取、剥夺，这里指焚毁敌人的物资器械。一说，此句当作"火可以夺"，"不"乃"火"字形近易误，且与"火可以绝"句相对称。

"以火佐攻者明"

本段第一句"以火佐攻者明，以水佐攻者强"，作者是拿"明"和"强"二字可以参互比较，是对一种理想作战效果的比喻。第二句"水可以绝，不可以夺"的"不"，很可能系形近致误，本该作"火"。至少有一些版本支持这种意见。比如《戊笈谈兵·孙子》中的"不"即为"火"。此外，《武经七书合笺·孙子》曰："不可，一作火可。"该句拿水攻作比照，强调的是火攻战法是和水攻战法一样，都是能对敌造成巨大杀伤，取得非常理想的作战效果的一种利器。

东西数万里，上下几千年，运用火攻战术以克敌制胜的成功战例就像秋天晴朗夜空上的星星，多得数也数不清。其中比较著名的，就有战国期间田单即墨城下大摆火牛阵击败燕军，东汉班超通西域过程中的破鄯之战，三国时期孙、刘联军战胜曹军的赤壁之战，东吴陆逊火烧连营数百里、大破刘备的彝陵之战，北宋初年潘美火攻刘𬬮、夺占广州平定南汉之战，曹彬火烧水寨、攻取金陵灭亡南唐之战，元末朱元璋鄱阳湖借助火攻、歼灭陈友谅主力之战，等等。这些战役的指挥者，之所以能巧妙运用火攻战法，取得超越常规的成功，归根结底，都是他们在作战指挥上自觉或不自觉地贯彻了孙子"火攻"理论的结果。

"曾经沧海难为水，除却巫山不是云"，在诸多运用"火攻"战术而取得成功的战例之中，赤壁之战也许是最为人们所熟悉，也是最具有典范意义的一个。

曹操占据江陵之后，企图乘胜顺流东下，占领整个长江以东的地区。谋士贾诩认为这时应利用荆州的丰富资源，休养军民，巩固新占地盘，然后再以强大优势迫降孙权。可是当时曹操已被胜利冲昏了头脑，盲目乐观，轻敌自大，坚持继续向江东进军。

由于曹军多是北方人，不习惯于水上的风浪颠簸，便用铁环把战船联结起来，以减轻船体的晃动。周瑜的部将黄盖针对敌强我弱，不宜持久，和曹军士气低落、战船连接等实际情况，建议实施火攻，奇袭曹军战船。

周瑜欣然采纳了这一建议，秘密制定了"以火佐攻"、因乱而击之的作战方针。

周瑜利用曹操骄傲轻敌的弱点，先让黄盖写信向曹操诈降，并与曹操事先约好了投降的时间和方式。曹操踌躇满志，不知是计，以为真的有天上掉馅饼的好事，便兴冲冲表示接受黄盖的"归顺"。于是，黄盖率艨艟（一种用于快速突击的小船）、斗舰数十艘，满载干草，灌以油脂，并巧加伪装，插上旌旗，同时预备快船系挂在大船之后，以便放火后换乘，这行动方案做得真是丝丝入扣，毫无破绽。

发起进攻那天，正刮着东南大风，战船航速节节加码，迅速向曹军阵地接近。曹军以为这是黄盖前来投降，皆伸长脖子围观守望，毫不戒备。黄盖在距离曹军阵地二里许，下令各船同时放火。一时间"火烈风猛，船往如箭"，径直向曹军冲去。曹军船只首尾相连，分散不开，移动不便，顿时成了一片火海。这时候，风还是一个劲地吹刮，火势熊熊，遂向岸上蔓延，一直烧到了岸上的曹军营寨。曹军上下被这场突如其来的大火烧得惊慌失措，哭爹喊娘，乱作一团，兵败如山倒，烧死、溺死者不计其数。在长江南岸的孙、刘联军主力船队乘机擂鼓前进，横渡长江，大败曹军，扩大战果。曹操被迫率军由陆路经华容向江陵方向撤退，行至云梦时曾一度迷失道路，又遇风雨，道路泥泞，以草垫路，才使骑兵得以通过。一路上，杯弓蛇影，一夕数惊，人马自相践踏，将士死伤累累。孙、刘联军乘胜水陆并进，一直追击到南郡（今湖北江陵境内）。曹操留下曹仁、徐晃驻守江陵，乐进驻守襄阳，自己率领残兵败将奔逃回北方。赤壁之战至此以孙权、刘备方面大获全胜而宣告结束。

赤壁之战，是中国历史上火攻的典型战例，充分体现了孙子"火攻"作战理论的精髓要义。在这场决定三国命运的战争中，弱小的孙权、刘备联军面对屡战屡胜、兵锋正锐的曹操大军，没有自乱方寸，不曾胆战心惊，而是在知彼知己、知天知地的基础上，针对曹操骄傲轻敌、舍长用短（"舍鞍马而就舟楫"）的特点，利用地理、天时方面的有利条件，果断采取"以火佐攻"的作战方针，乘敌之隙，一把火烧出一个三国鼎立的崭新局面。

在具体的作战过程中，孙、刘联军也认真贯彻了孙子"火攻"战法的基本原则。首先，他们充分做好了实施火攻的必要准备，即预先准备了充足的火攻器材——干草、油脂以及用于突击冲锋的火攻载体——艨艟、斗舰，这就是所谓的"行火必有因，烟火必素具"。其次，他们也做到了"发火有时，起火有日"，即充分利用东南风大起劲吹的机会，及时地放火焚烧曹军的战船和大营。最后，正如孙子所说："火发于内，则早应之于外"。使火攻与兵攻有机地结合起来。周瑜、刘备等人，在实施火攻袭击方案顺利得手的情况之下，不失时机地统率主力船队横渡长江，乘着敌人惊慌失措、混乱不堪之际，奋勇攻击，大创聚歼，从而扩大了战果，赢得了完全的胜利。孙、刘联军在赤壁大鏖战中的突出表现，证明了它的统帅集团不愧为谙熟"以火佐攻""凡军必知有五火之变，以数守之"这一火攻原则的卓越代表，反映了孙子"火攻"战术思想在冷兵器作战时代所具有的独到价值与深远影响。从这个意义上说，孙子的"火攻"战术原则及其具体方法，业已经受住了历史老人的公正验证，而成了中华兵学宝库的璀璨瑰宝。

【原文】

夫战胜攻取，而不修其功者，凶[1]，命曰费留[2]。故曰：明主虑[3]之，良将修之[4]。非利不动[5]，非得不用[6]，非危不战[7]。主不可以怒而兴师[8]，将不可以愠[9]而致战；合于利而动，不合于利而止；怒可以复[10]喜，愠可以复悦，亡国不可以复存，死者不可以复生[11]。故明君慎之，良将警之[12]，此安国全军之道也[13]。

【注释】

〔1〕不修其功者，凶：言如不能及时论功行赏以巩固胜利成果，则祸患至矣。功，《文选·魏都赋》注引《孙子兵法》文，"功"作"赏"。另一说，"功"指胜利成果。凶，祸患。

〔2〕命曰费留：命，命名的意思。费留，财货耗费而师老淹留的意思。一说，打了胜仗而不及时论功行赏，会挫伤将士的积极性，最终增大耗费。

〔3〕虑：谋虑、思考的意思。

〔4〕良将修之:修,治、处理。按,"修"在此处含有"儆戒"的意思。

〔5〕非利不动:没有利益就不行动。

〔6〕非得不用:不能取胜就不要用兵。得,取胜。用,用兵。

〔7〕非危不战:不到危急关头不轻易开战。危,危急、紧迫。

〔8〕主不可以怒而兴师:主,指国君。以,因为,由于。

〔9〕愠:恼怒、怨愤、愤懑的意思。

〔10〕复:重复、再度的意思。

〔11〕亡国不可以复存,死者不可以复生:《战国策》载吴起语曰:"国破不可复完,卒死不可复生。"可谓和孙子如出一辙。

〔12〕故明君慎之,良将警之:慎,慎重、谨慎。警,警惕、警戒。之,指用兵打仗。

〔13〕此安国全军之道也:安国,安邦定国。全,保全。

【精解】

孙子的慎战思想

孙子知道火攻的威力巨大,同时也深知火攻的危害。所以,孙子指出,凡是打了胜仗,攻取了土地城邑,而不能巩固其战争胜利成果的,就必定会有祸患。这种情况叫作财耗师老的"费留"。所以说,明智的国君要慎重地考虑这个问题,贤良的将帅要严肃地对待这个问题。没有好处不要行动;没有取胜的把握不要用兵;不到危急关头不要开战。国君不可因一时的愤怒而发动战争,将帅不可因一时的愤懑而出阵求战。符合国家利益才用兵,不符合国家利益就停止。愤怒还可以重新转变为欢喜,愤懑也可以重新转变为高兴,但是国家灭亡了却不能复存,人若是死了却不能再生。所以,对待战争,明智的国君应该慎重,贤良的将帅应该警惕,这是安定国家保全军队的基本原则。

从上述一段话可以看出,《火攻篇》中的另一重要内容,是孙子的慎战思想。孙子强调君主和将帅对战争要谨慎从事,做到"非利不动,非得不用,非危不战",对于那种缺乏政治目的和战略目标而轻启战端的愚妄行为，孙子持坚决反对的态度。他着重指出国君不可以凭个人喜怒而发动战争，将帅也不可以逞一时意气而随便动武。无论是战是和，都必须以利益大小或有无为依据："合于利而动，不合于利而止。"认为这才是真正的"安国全军之道"。否则"战胜攻取，而不修其功者，凶"，到头来一定会受到现实的惩罚，丧师辱身，为天下笑。曹操在夺取荆州之后，忘乎所以，志满意得，不能认真"修其功"，没有把握住千载难逢的统一天下之良机，拒绝了高参贾诩关于先稳定新占地盘，再伺机攻打东吴的正确建议，轻敌冒进，率意开战，从而埋下了兵败赤壁的种子。在具体作战部署上，曹操又犯联结战船等一系列错误，加上对孙、刘联军可能实施火攻的情况愚昧无知，疏于戒备，轻信了黄盖的诈降欺骗，终于导致了惨重的失败，葬送了兵扫六合、统一全国的大好机会，其教训的确是非常深刻的。《礼记·曲礼上》讲："敖（傲）不可长，欲不可从，志不可满，乐不可极。"曹操不听先哲之言，吃亏自在眼前，这对于后人来说，实在具有永远警示的意义。

　　孙子的这一看法较之于儒、墨之流一味"非战""反战"立场无疑更**接近于真理，而与《商君书》为代表的法家"主战"理论相比，也具有更大的合理性。**[1]"合于利而动，不合于利而止"乃是从事任何活动的根本依据，战争作为暴力的政治行为，更应该遵循这一宗旨。而要真正贯彻"兵以利动"的精神，国君和将帅乃是关键。古代国君是一国的主宰，他的一举一动都直接关系着国家的安危存亡，在战争问题上尤其如此。国君如果遇事不能沉着冷静，仅凭一腔热血而轻率发动战争，那后果就不堪设想。至于将帅，乃是一军的统帅，他指挥是否得当，与战争的胜负关系极大。遇事冷静，处变不惊，不为利诱，不为辱怒，是将帅应有的优良素质，也是军队克敌制胜的重要保证。有鉴于此，孙子才一再告诫统治者"不可以怒而兴师"，奉劝将帅切"不可以愠而致战"。

　　征之于史，这种"慎战"理论乃不刊之论，正如唐代杜牧所说："将兵者，有成者，有败者，勘其事迹，皆与武所著书一相抵当。犹印圈模刻，一无差跌。"[2]像成皋之战中曹咎"以愠致战"终遭杀身，夷陵之战中刘备"以

---

① 黄朴民：《孙子兵法选评》，第3页，上海古籍出版社2004年版。
② 杜牧：《孙子注·序》。

怒兴师"招致惨败，李自成不修其功断送天下，都是违背孙子谆谆教诲的必然结果。

孙子为什么在一篇专门讨论具体火攻战术的文字里，会包含这类表面看上去并不相涉的内容，两者之间又有什么内在逻辑联系，这真叫人百思不得其解，以至有学者认为所谓"安国全军之道"云云，很有可能是错简。真是众说纷纭，莫衷一是，留下了一个很大的谜团。其实，往深处去想，我们觉得解开这个谜团还是有线索可寻的：烈火的破坏性、威胁性是最为巨大的，所谓"如火燎原，不可向迩"，战争的性质正与它相同，对战争的后果自应有高度的警惕，所以以火为喻，引申出"慎战"的道理，提倡"安国全军之道"也就是理有固宜了。孙子的机心精密，雅人深致，于此可见一斑。

《火攻篇》的最后，论述的是"安国全军之道"，这些内容与十三篇的第一篇——《计篇》，形成了呼应之势。《计篇》在开篇就指出"兵者国之大事"，提醒人们需对战争问题慎重考察。这种慎战态度，首尾呼应，所以不能不让人猜想认为，《火攻篇》才是十三篇的最后一篇。银雀山汉简本《孙子兵法》出土后，人们从相关篇题木牍中找到证据，更加认定这个推论。其实简本篇题木牍的最后一篇，似乎名曰《七埶（势）》，而不是《火攻》。

有更多学者坚持认为，《用间篇》才是十三篇的最后一篇，依靠情报思想贯穿始终。的确，**孙子时刻不忘情报，十三篇的总体结构基本遵循"先计而后战"的逻辑顺序，完成了一个从情报到战法的循环。当然，这大循环中又有小循环**。比如，从《形篇》到《势篇》再到《虚实篇》，构成了一个小循环，论述的是力量的形成于运用。再如，《行军篇》《地形篇》和《九地篇》又围绕"地"这个主题形成一个小循环。并且，就治军而言，《行军篇》提出"令（合）文齐武"的总原则，《地形篇》则强调"爱"的一面，《九地篇》则强调"害"的一面，同样也是一个小循环。总之，《孙子兵法》十三篇是大循环中藏着有小循环，如此循环往复，令人回味无穷。

用间篇

《孙子兵法》精解

孙子曰：凡兴师十万，出征千里，百姓之费，公家之奉，日费千金；内外骚动，怠于道路，不得操事者，七十万家；相守数年，以争一日之胜，而爱爵禄百金，不知敌之情者，不仁之至也，非人之将也，非主之佐也，非胜之主也。故明君贤将，所以动而胜人，成功出于众者，先知也。先知者，不可取于鬼神，不可象于事，不可验于度，必取于人，知敌之情者也。

故用间有五：有因间，有内间，有反间，有死间，有生间。五间俱起，莫知其道，是谓神纪，人君之宝也。因间者，因其乡人而用之。内间者，因其官人而用之。反间者，因其敌间而用之。死间者，为诳事于外，令吾间知之，而传于敌间也。生间者，反报也。

故三军之事，莫亲于间，赏莫厚于间，事莫密于间。非圣智不能用间，非仁义不能使间，非微妙不能得间之实。微哉微哉！无所不用间也。间事未发而先闻者，间与所告者皆死。

凡军之所欲击，城之所欲攻，人之所欲杀，必先知其守将、左右、谒者、门者、舍人之姓名，令吾间必索知之。

必索敌人之间来间我者，因而利之，导而舍之，故反间可得而用也。因是而知之，故乡间、内间可得而使也；因是而知之，故死间为诳事，可使告敌；因是而知之，故生间可使如期。五间之事，主必知之。知之必在于反间，故反间不可不厚也。

昔殷之兴也，伊挚在夏；周之兴也，吕牙在殷。故惟明君贤将，能以上智为间者，必成大功。此兵之要，三军之所恃而动也。

【题解】

本篇为全书最后一篇，主要论述在战争活动中使用间谍以侦知、掌握敌情，总结了间谍的种类划分、基本特点、使用方式等。孙子主张战争指导者必须做到"知彼知己"；而要"知彼"，即"知敌之情者"，最为重要的手段之一，就是用间。孙子认为，同战争的巨大耗费相比，用间实在是代价小而收效多的好办法，必须充分运用。

间，间谍。《说文》曰："间，隙也。"《尔雅·释言》："间，倪也。"所谓用间，就是"谍知敌情，而乘间隙入之也"。这正是自古以来军事侦察的目的所在。

【原文】

孙子曰：凡兴师十万，出征千里，百姓之费〔1〕，公家之奉〔2〕，日费千金；内外骚动〔3〕，怠于道路〔4〕，不得操事者〔5〕，七十万家〔6〕；相守数年〔7〕，以争一日之胜，而爱爵禄百金〔8〕，不知敌之情者，不仁不至也〔9〕，非人之将也，非主之佐也，非胜之主也〔10〕。故明君贤将，所以动而胜人〔11〕，成功出于众者，先知也〔12〕。先知者，不可取于鬼神〔13〕，不可象于事〔14〕，不可验于度〔15〕，必取于人，知敌之情者也〔16〕。

【注释】

〔1〕百姓之费：汉简本作"百生之费"，"生"为"姓"之古字。

〔2〕公家之奉：公家，指国家（公室）。"奉"同"俸"，指军费开支。

〔3〕内外骚动：指举国上下混乱不安。内外，前方后方的通称。骚动，动乱不安。

〔4〕怠于道路：怠，《说文·心部》："怠，慢也。"引申有疲怠、疲劳义。

〔5〕不得操事者：不得，不能够。操事，操作农事。

〔6〕七十万家：比喻战争对从事正常农业生产影响之大。

〔7〕相守数年：意即相持多年。相守，相持、对峙的意思。

〔8〕而爱爵禄百金：而，如果、倘若。爱，吝啬、吝惜。爵，爵位。禄，俸禄。百金，泛指金钱财宝。

〔9〕不仁之至也：不仁慈、不恩惠到了极点。至，极、极点。

〔10〕非胜之主也：意谓这不是能主宰胜利的好国君。主，主宰。另一说，"主"指人主、国君。

〔11〕动而胜人：意为一出兵就能够克敌制胜。动，行动、举动。此处指出兵。而，则、就的意思。

〔12〕成功出于众者，先知也：出于，超过、胜于。先知，预先侦知察明敌情。

〔13〕不可取于鬼神：指不可以通过祈祷、祭祀鬼神和占卜等方法去求知敌情。

〔14〕不可象于事：象，类比、比附。事，事情。此句意为不可用与其他事情作类比这一办法去求知敌情。

〔15〕不可验于度：指不能用征验星辰运行度数的办法去求知敌情。验，应验、验证。度，度数，指日月星辰运行的度数（位置）。

〔16〕必取于人，知敌之情者也：一定要取之于人，取之于那些熟悉了解敌人内情的人。

【精解】

用间的重要性

西方著名军事理论家若米尼通过对战争经验的总结，发现了使用间谍与夺取战争胜利之间的紧密内在联系。所以，他合乎逻辑地把借助侦察和间谍手段获取敌方的情报，列为战争勤务学的主要内容之一："组织和指挥各种侦察，通过这种侦察和间谍手段获取有关敌人配置和运动的尽可能准确的情报。"① 若米尼强调指出，战争中实施巧妙机动的最重要的条件之一，毫无疑义是在下达命令之前，切实准确地掌握敌人的情报。而真的要详细掌握敌军的内部情报，最可靠也最经济的方法莫过于间谍活动。为此，他认为在四种判断敌军行动的方法之中，建立起一个完善的（但有时不免是花费巨大的）间谍网，乃是首屈一指的方法。② 可以很明显地看到，若米尼是把善用间谍以克敌制胜提到战略的高度来加以认识的。

无独有偶，兵圣孙子同样高度重视用间，一再强调它是"三军所恃而动"的根本。而且值得我们中国人大大骄傲一番的，孙子这一思想的提出，是在"丘牛大车"的纯冷兵器作战时代，要比若米尼的高见整整早了两千多年，这也从一个侧面说明，在很长很长的时间里，中国的军事思想在世界上绝对是占据领先地位的，"外国的月亮并不比中国来得圆"，这可教爱好面子、尊重传统的中国人好好长了一口志气，得到了一回满足。

中国文化的一个很大特色，是绕同心圆，是起点与终点的重合，这叫作"功德圆满"。《孙子兵法》同样体现了这么一种文化精神。从算计、预算敌情（《计篇》），经战争准备（《作战篇》）、运用谋略（《谋攻篇》）、发展实力（《形篇》）、创造有利态势（《势篇》）、灵活用兵、争夺先机、因敌变化而取胜（《虚实》《军争篇》《九变篇》），到解决"处军相敌"（《行军篇》）、利用地形（《地形篇》）、掌握兵要地理（《九地篇》）、实施火攻（《火攻篇》）等更具体的战术问题，恰好一个完整的战争程序，现在又回复到《用间篇》的预知敌情，重新开始，等同于环绕了一个大圆圈，这就是周而复始，否定之否定的大循环。**从这个意义上说，《用间篇》既是全书的终结，也是兵学理论生生不息、与时俱进的象征，其具有独特的价值与意义自不待言。**可见，本篇在全书结构中的安排，是孙子颇有深意处置的结果，值得好好玩味。

本篇的主要内容，是论述在战争活动中使用间谍以侦知、掌握敌情的重要性，以及间谍的种类划分、基本特点、使用方式等。它是一篇从战略层面探讨用间问题的精彩文字，为我国古代用间理论的不祧之祖。

---

① （瑞士）A. H. 若米尼：《战争艺术概论》，第 278 页，解放军出版社 1986 年版。

② 同上书，第 291 页。

从战略的高度，强调用间以掌握第一手敌情的重要性。孙子认为，要成为胜利的主宰者，说难也难，说容易也容易，关键是看你是否能"遍知"（全面了解敌情），是否能"先知"（预先掌握敌情），有没有真正做到"知彼知己"；而要"知彼"的关键，则在于"知敌之情实"，达到这一目的的最重要手段之一，便是巧妙使用间谍。在孙子的眼中，用间是投入较少而回报较多的合算买卖，具有战略全局的意义，"故惟明君贤将，能以上智为间者，必成大功。此兵之要，三军之所恃而动也"。既然合理又合算，自然不能随便拒绝。

从更深的层次考察，我们可以发现，孙子重视用间不是偶然的，它至少是由三个因素促成的。

一是孙子的用间观属于其战争效益理论的必有之义，也就是说，孙子提倡用间是他认真核计战争成本之后所作出的明智选择。孙子认为，战争不是什么好东西，可在当时的历史条件下它又是不可避免的。如何在参与战争的同时，尽可能设法将战争所造成的损失降低到最小的程度，是每一位未丧尽天良、不缺乏理智的战争指导者应积极解决的问题，毕竟"一将功成万骨枯"并不是什么值得夸耀的事情。而同战争的巨大耗费相比较，给间谍发放丰厚的奖金，实在是微不足道的开销，既然用间开销小、成本低，又能掌握主动、出奇制胜，那么何必放着阳关大道不走，去走死打硬拼费力不讨好的独木桥。如果太小家子气，为了节省下一些钱财而不重视谍报工作，盲目开展行动，导致战争以失败收场，那便是"不仁之至"，必将成为国家和民众的罪人。

二是孙子的用间观念，称得上是对陈旧"军礼"传统的勇敢挑战和大胆否定。在"动之以仁义，行之以礼让"这样的"军礼"传统氛围之下，用间被看作是"下三滥"、不道德的行为，因为它同贵"偏战"而贱"诈战"的原则相违背，不守信用，有碍公平交手，所以正人君子不屑为之。孙子认为，这样看问题，未免太迂腐可笑了，蠢得像猪，笨得像熊，完全违背了军事斗争的根本宗旨（打得赢）和一般规律（打得巧），按着这样的逻辑去办事，仗是必输无疑，而仗打输了，其他便一切无从谈起，这才是真正的不仁义，真正的不人道，所谓"图虚名而取实祸"。所以，他旗帜鲜明地主张用间，为用间正名，为胜利呐喊。

三是孙子的用间观念，是对卜筮占验迷信预测的一次根本性的革命。孙子生活的时代，上古三代的卜筮占验歪风依然刮得很厉害，人们往往依据烧龟甲、摆蓍草而得出的结果，来选择作战的时间和作战的地点，来判断胜负的定数，即所谓"卜筮至预见表象，先图其利"①。只要看看时到今天，看风水、八卦算命的骗子依旧逍遥于江湖，便可知两千多年前卜筮战争胜负的现象存在实在是最正常不过的现象了。可是孙子他的确了不起，完全不信这一套乌烟瘴气的东西，而是讲"先知者，不可取于鬼神，不可象于事，不可验于度"，强调指出获取情报、预知胜负的正确方法唯独一条途径，就是"必取于人"。这实际上是倡导在掌握敌情问题上，要最大限度发挥人的主观能动作用，充满了朴素的唯物精神，从而"跳出三界外，不在五行中"，摆脱了当时笼罩在兵学思想界的妖氛鬼雾，使得自己的"先知"主张牢牢地建立在比较科学理性的基础之上。仅凭这一点，孙子的境界便非同寻常了。

【原文】

故用间有五：有因间[1]，有内间，有反间，有死间，有生间。五间俱起，莫知其道[2]，是谓神纪[3]，人君之宝也。因间者，因其乡人而用之[4]。内间者，因其官人而用之[5]。反间者，因其敌间而用之[6]。死间者，为诳事于外[7]，令吾间知之，而传于敌间也[8]。生间者，反报也[9]。

【注释】

〔1〕因间：即下文的"乡间"。

〔2〕五间俱起，莫知其道：俱，全、一起。道，规律、途径。

〔3〕是谓神纪：是，这、此。谓，叫作。纪，方法、法度。神纪，意即神妙莫测之道。

〔4〕因间者，因其乡人而用之：因，根据、依据，引申为利用。乡人，

---

① 《史记》卷一百二十八，《龟策列传》。

敌国的普通人。

〔5〕内间者，因其官人而用之：官人，指敌方的官吏。此句意为，所谓内间，是指收买敌国的官吏为间谍。

〔6〕反间者，因其敌间而用之：所谓反间，就是指收买和利用敌方的间谍，使其为我所用。

〔7〕为诳事于外：诳，欺骗，瞒惑。诳事，假情报。此句意为故意向外散布虚假的情况来欺骗和迷惑对手。

〔8〕令吾间知之，而传于敌间也：意思是让我方间谍了解自己故意散布的假情报并传给敌方间谍，诱使敌人上当受骗。在这种情况下，事发之后，我方间谍往往难免一死，所以称之为"死间"。另一说，死间乃打入敌方长期固定潜伏之间。

〔9〕生间者，反报也：反，同"返"。此句意为：所谓生间，是那些到敌方了解情况后能够活着回来报告敌情的人。

【精解】

五种间谍的使用方法

孙子对间谍的种类进行了比较准确的划分。孙子将用间活动按其性质和特点分门别类划分为五种。第一种叫作"因间"，又称作"乡间"，中国人喜欢讲人情，老乡观念特别重，所谓"美不美，家乡水；亲不亲，故乡人"。乡间，就是指利用敌方阵营中的同乡亲友关系打入敌人内部，探消息，搞情报。第二种为内间，即舍得花大本钱，罗致收买敌方的官员充当间谍，如战国时期秦国贿赂收买赵王宠臣郭开等人，借刀杀人除掉赵国名将李牧。第三种为反间，就是用乾坤大挪移的功夫，借力打人，设法使敌人的间谍自觉或不自觉地为我方所利用，从而达到扰乱敌人视听，搜集各种情报的目的。第四种为死间，就是要心肠如同石头一样硬、血液如同冰水一样冷，"舍不了孩子套不住狼"，故意散布一些虚假情报，以牺牲己方间谍为代价，诱使敌人上当受骗。第五种为生间，就是让自己的间谍在完成搜集情报的任务之后，能够巧妙脱身，平平安安返回大本营报告敌情。应当说，孙子关于"五间"的划分是相当合理和准确的,综观古今中外著名的间谍活动,大多不超出因间、内间以及反间的范围,这叫作"万变不离其宗"。

在说明"五间"的不同特点和功用的同时,孙子他进而主张"五间俱起",使敌人无法了解我方用间的规律,处处被动挨打,始终防不胜防。所谓"俱起",意思是同时间内一并派出,而"神纪",意即神妙莫测之道。"五间俱起",这就是孙子的间谍运用之术,或者称之为谍报术。

孙子特别强调,在用间问题上不能不分主次,平均使力,而要抓住关键,突出重点。这个关键,就是在"五间"之中要以"反间"为主,带动其他的"四间"(看来《三十六计》中有"反间计",而没有什么"生间""因间"之计,不是偶然的疏忽),广开情报来源,动员各种类型的间谍运用各种手段窃取敌人的情报,使得敌人的反间谍机构"莫知其道",整个儿成聋子哑巴再外加睁眼瞎,陷入一筹莫展的困窘境地,从而获得纲带目张的效果:"五间之事,主必知之,知之必在于反间。"反间既为重中之重,那么在他身上要舍得花血本,大投入,这叫作"好钢要用在刀刃上"。

孙子"五间俱起"而以"反间"为主的用间方法论,富有深刻的哲理性。这就如同作战指导要做到灵活主动、变化莫测的道理一样,在用间问题上也要善于运用多种手段,应变无穷,真真假假,虚虚实实,"大方无隅,大器晚成,大音希声,大象无形"。既突出重点,又灵活制宜,不拘一格,这种"因情用兵"的思想方法,表明孙子真正参悟透了神妙无比的用间之道,进入了用间的上乘境界。

孙子之所以强调"五间俱起",其实是十三篇中一以贯之的"诡道"思想在用间思想中的具体体现。孙子在《计篇》提出了"兵者,诡道"的主张,这一主张实则贯穿于十三篇始终,使得《孙子兵法》十三篇充满了"诡道"之术,以至于获得"谋者见之谓之谋,巧者见之谓之巧"[①] 的评价。《用间篇》中的"五间俱起,莫知其道"同样充满了"诡道"思想,故此才可以说"莫知"。与此同时,"五间俱起"应当还有以下几个方面的考虑:首先是可以广辟情报收集渠道,"五间俱起"比单一渠道在情报来源渠道上显然要更加广泛一些;其次是可以对间谍收集到的情报进行验证,以确保

---

① 《孙子十家注遗说并序》。

"得间之实"；最后则可以及时发现和有效防止己方间谍炮制假情报来邀功求赏。

【原文】

故三军之事，莫亲于间[1]，赏莫厚于间[2]，事莫密[3]于间。非圣智[4]不能用间，非仁义不能使间[5]，非微妙不能得间之实[6]。微哉微哉！无所不用间也[7]。间事未发[8]而先闻者，间与所告者皆死[9]。

【注释】

〔1〕莫亲于间：于，比。亲，亲密。

〔2〕赏莫厚于间：此言军中的赏赐，没有比间谍所受更为优厚的。

〔3〕密：秘密、机密的意思。

〔4〕圣智：非凡卓越的才智，指具有杰出才智的人。

〔5〕非仁义不能使间：指如果吝啬金钱、爵禄，不能做到以诚相待，就无法使间谍乐于效命。

〔6〕非微妙不能得间之实：微妙，精细奥妙，这里指用心精密，手段巧妙。实，实情。

〔7〕无所不用间也：言无时无地不可使用间谍。

〔8〕间事未发：发，举、行、施行的意思。此句言间事还未施行开展。

〔9〕而先闻者，间与所告者皆死：先闻，事先知道，即暴露。

【精解】

用间三原则

孙子系统地提出了用间上的三项基本原则，进一步论证了间谍工作在军事活动中的地位，说明谍报问题的关键性、优越性和机密性，这就是所谓的"三军之事，莫亲于间，赏莫厚于间，事莫密于间"。

孙子用间三原则的核心精神，指的是怎样对用间行动提供保障，以获得预期的成功，"南方有鸟，三年不鸣，不鸣则已，一鸣惊人"。道理很浅显，间谍活动既然直接关系着战争的胜负成败，那么就必须以最大的努力去做好它。而要做好用间工作，真正发挥用间的作用，关键的关键，又在于在用间的过程中严格保密，滴水不漏，"事莫密于间"，使得敌人根本无法了解我方用间的动态，掌握我方用间的规律。在必要的时候，甚至不惜杀人灭口："间事未发，而先闻者，间与所告者皆死"。消除一切隐患，抹去所有痕迹。

　　正因为需要高度保密，所以间谍的人选，不能不是将帅的最亲近之心腹，使得为将者十分熟悉他们的性格、才能以及爱好，能够牢牢地加以掌控；而同时他们也甘心于服从军队的整体利益，不计个人的安危得失，矢志不渝地效忠于将帅本人，赴汤蹈火，在所不辞，于是乎，用间的定位也就只能是"三军之事，莫亲于间"了。由于间谍工作带有极大的风险性，随时随地有被捕乃至掉脑袋的可能性。为了鼓励人们解除后顾之忧，心甘情愿去从事这个充满危险、脑袋拴在裤带上的行当，严守机密，默默奉献，实在有必要在物质上为他们提供最优厚的补偿，以报答酬谢他们为国家、为军队所做出的重大贡献，于是乎便有了"赏莫厚于间"这一原则的确立。由此可见，孙子的用间三原则，乃是一个完整而连贯的思路，彼此互为前提，互为关系，互为补充，缺一不可，这充分反映了孙子用间基本理论的系统缜密，无懈可击。

　　此外，孙子提出了用间的必要条件，高度推崇聪明智慧在用间活动中的重要作用。在孙子看来，用间如同从事其他军事活动一样，必须具备一定的素质和条件。这些素质与条件，概括起来，就是"圣智""仁义"和"微妙"。前两项决定着能否高明地动员和驱使间谍不遗余力、想方设法去执行并完成任务。因为道理非常简单，只有聪明睿智的统帅，才会把用间当作克敌制胜的重要法宝来认真对待；也只有仁慈慷慨、素孚众望的统帅，才能赢得间谍的由衷信赖和热忱拥戴，愿意前仆后继，死不旋踵，尽个人最大的努力去攫取敌方的情报。

　　后一项则是决定着军事统帅能否睿智地甄别、判断间谍所提供的情报之可靠真实程度。因为间谍所搜集到的情报往往真伪混杂，虚实相间，只有通过火眼金睛的仔细分辨，去伪存真，去芜存精，才能使得这些情报在战争中真正派上用场，发挥应有的作用，而不至于弄巧成拙，让对手用反间计来愚弄、暗算自己，发生判断上的失误，造成行动上的败北。而能够避免这种尴尬处境的，也只能是那些谋虑精细、见微知著的军事统帅。由此可见，这三项条件互为关系，不可或缺，凑合在一起，共同成为有效发挥"用间"强大威力的保证："非圣智不能用间，非仁义不能使间，非微妙不能得间之间"。孙子之说，可谓深得"用间"之妙道要义矣！它完全建立在睿智善谋的基础之上，"三谛圆融"，绝不会因时空的变化而丧失其生机盎然的活力。

孙子的用间思想，系统完整而又条分缕析，高明卓绝而又不乏可操作性，因此，后世兵家对此无不奉为圭臬。如《百战奇法》的作者就说："凡欲征伐，先用间谍，觇敌之众寡、虚实、动静，然后兴师，则大功可立，战无不胜。"[1] 把"立大功"同"用间谍"直接联系在一起。《经武要略》的作者也讲："兵家之有采探，犹人身之有耳目也。耳目不具则为废人，采探不设则为废军。"[2] 把间谍对军队的重要性，形象地比喻为人身体上的耳朵和眼睛。这类言辞在中国古代兵书战策中可谓是连篇累牍，比比皆是，说到底都是对孙子用间理论的衣钵相承。

【原文】

凡军之所欲击[1]，城之所欲攻，人之所欲杀，必先知其守将、左右、谒者、门者、舍人[2]之姓名，令吾间必索知[3]之。

【注释】

〔1〕军之所欲击：此句为宾语前置结构句式，即"（吾）所欲击之军"。下"城之所欲攻""人之所欲杀"句式同此。

〔2〕守将、左右、谒者、门者、舍人：守将，主将。左右，指守将身

---

① 《百战奇法·间战》。
② 《经武要略》正集卷二十二，《侦候》。

边的亲信。谒者，负责传达通报的人员。门者，负责把守城门的官吏。舍人，门客，指谋士幕僚。

〔3〕索知：侦察了解。索，搜索、侦察。

【精解】

行间抓重点

孙子指出，凡是要准备攻打的敌方军队，要准备攻占的敌方城池，要准备刺杀的敌方人员，都必须预先了解其主管将领、左右亲信、负责传达的官员、守门官吏和门客幕僚的姓名，指令我方间谍一定要将这些情况侦察清楚。

孙子认为用间必须预先确定行动目标，找准用间对象："守将、左右、谒者、门者、舍人之姓名，令吾间必索知之。"为什么要打探清楚这些情况，我们可以想见的是，孙子应该是将诸如守将和左右、门人等，都当成了用间的重点目标。前面说过，上述这些人其实都是敌方的要害人员，或者说都是一些掌握了核心机密，能影响对方主帅决策的人，所以理应成为行间的重点目标。

孙子的这一思想，在实际谍战中得到了充分运用。历史上巧妙运用孙子用间思想的案例层出不穷，不胜枚举，从而上演了一幕幕波澜壮阔、惊心动魄的谍战活剧。

一个生动的例子就是皇太极反间除掉袁崇焕。当袁崇焕鲁莽杀掉毛文龙之后，皇太极抓住了这个施行反间计的良机。当时，明王朝为了加强对边疆大吏的控制，经常派出太监去边境刺探情报。这些执行任务的太监中，有的因为道路不熟而被清军活捉。后金军中就关押着两名被俘的明朝太监。崇祯皇帝此时对文臣武将都不信任，反倒信任太监，于是皇太极决定利用这两名太监巧做文章，除掉袁崇焕。皇太极招来看管这两名太监的副将高鸿中、参将鲍承先，先对他们做了一番详细交代，让他们在看押明朝太监时故意放松警惕，好让他们有机会"出逃"。一天夜里，高鸿中等人在离着两名太监距离很近的地方，故作神秘地透露：今天撤兵是皇上的计策。

刚刚我看到皇上和袁崇焕的人悄悄地密谋了很久。根据皇上和袁崇焕的密约，事情都已经办得差不多了。两名太监虽被关押，对这些对话非常敏感，所以躲在一边仔细窃听，把他们的对话都仔细记在心中。几天后，高鸿中故意放走明朝太监。这两名太监回到朝廷，立即向崇祯报告了他们所窃听来的有关袁崇焕的秘密情报。崇祯本来就对袁崇焕心存疑虑，听到太监的这番话之后，立即就信以为真，认定袁崇焕有通敌之罪，决定对其进行抓捕。崇祯二年十二月一日，崇祯帝以"议饷"为名义，召见袁崇焕、满桂、祖大寿等人，乘机逮捕袁崇焕，并在关押不久之后就将其杀害。

此外，人们较为熟悉的谍报案例有，秦昭王重金收买内间使赵王上当受骗，将大将廉颇"下岗"，换上只会纸上谈兵的赵括当大将，一举打赢长平之战；刘邦采纳陈平的计谋，让陈平放手从事间谍大战，离间项羽与部下之间的关系，为争取楚汉战争的胜利扫清障碍；岳飞利用矛盾，巧使反间之计，诱使金人废黜掉伪齐王刘豫，兵不血刃为自己北伐中原开了一个好头；韦孝宽心机缜密，利用间谍借刀杀人，不露声色除掉北齐大将斛律光；种世衡老谋深算、心狠手辣，通过用间，挑拨西夏统治集团内部的关系，西夏朝廷两位亲王不明不白就做了冤死之鬼。诸如此类的故事，史不绝书，孙子的用间思想由此而得到了历史的验证。

【原文】

必索敌人之间来间我者，因而利之[1]，导而舍之[2]，故反间可得而用也。因是而知之[3]，故乡间、内间可得而使也[4]；因是而知之，故死间为诳事，可使告敌；因是而知之，故生间可使如期[5]。五间之事，主必知之。知之必在于反间，故反间不可不厚也[6]。

【注释】

〔1〕因而利之：趁机收买和利用敌间。因，由、就，可理解为顺势、趁机。利，意即收买。

〔2〕导而舍之：导，诱导、引导。舍，同"捨"，释放、放行。一说，"舍"作"居止"解。

〔3〕因是而知之：此指从反间那里获悉敌人内情。

〔4〕乡间、内间可得而使也：意谓通过利用反间，乡间和内间才能有效地加以使用。

〔5〕如期：按期，此指按期返回报告敌情。

〔6〕故反间不可不厚也：厚，厚待，也包含重视的意思。五间之中，以反间最为关键，因此必须给予反间以十分优厚的待遇。

【精解】

反间是关键

孙子说，一定要搜查出那些前来侦察我方军情的敌人间谍，从而用重金收买他，引诱开导他，然后再放他回去。这样，反间就可以为我所用了。通过反间了解敌情，这样，乡间、内间也就可以利用起来了。通过反间了解敌情，这样，就可以使死间传播假情报给敌人了。通过反间了解敌情，这样就能使生间按预定时间返回报告敌情了。五种间谍的运用，国君都必须了解掌握。了解情况的关键在于反间的使用，所以，对"反间"不可不给予优厚的待遇。

孙子的这些论述不是虚妄之言。间谍本属无名英雄，但在历史上留下姓名的重要间谍也有很多，比如汉代末年的张松、五代时期的马景、宋代的法嵩和宇文虚中、明代的夏正等。这些人的成功行间，都在谍战史上留下了精彩的一页，同时生动诠释了孙子"明君贤将，能以上智为间者，必成大功"的道理。

孙子虽说是"五间俱起"，但在"五间"之中是有所偏重的。"五间"之中，孙子尤其重视"反间"。孙子说："五间之事，主必知之，知之必在反间，故反间不得不厚也。"从这句话中不仅可以看出孙子非常重视反间，而且可以看出，孙子一直是将反间当成用间的重点方向。孙子说："必索敌人之间来间我者，因而利之，导而舍之，故反间可得而用之。"敌方派出的间谍，自然对敌方的情况有很多了解，如果能够很好地进行拉拢，一方面是可以破坏敌方的间谍行动，一方面则是可以直接从对方间谍身上获取有价值的情报。

晋朝的羊祜，就是一个非常善于运用反间的谍战高手。公元265年，司马炎正式称帝，改国号为晋，当上了晋武帝。此后不久，他便将灭吴之事摆上议事日程。当时，西晋政权内部对于灭吴并不能达成一致意见，尚书左仆射羊祜等人积极支持南下灭吴，也努力为晋武帝出谋划策。泰始五年（269），司马炎任命羊祜为荆州诸军都督，准备随时摧城拔寨，举兵南下。

西晋和东吴的边界线以荆州一线为最长，所以羊祜所负责地带是灭吴战争最为关键的地区。羊祜到任之后，发现荆州的形势并不是非常稳固，军粮也不是十分充足，于是花费很多精力开发土地，兴办农业。羊祜深知情报先行的重要性，在积蓄力量的同时，他派出大量间谍，悄悄潜伏到对岸，积极收集有关东吴的军政情报，为出兵东吴做着积极的准备工作。每当与吴国发生纠纷之时，羊祜都会对吴人坦诚相待。对那些前来投降的吴人，羊祜一般都是让他们自己决定去留，此举反倒很好地聚集了人气，收买了民心。从他们的嘴中，羊祜也获得了很多富有价值的情报。

当时，晋、吴之间经常互通使者，并在私下里悄悄地往对方派遣间谍。羊祜对于这些使者一直都能优礼相待，并力争对其进行拉拢和收买。有一些间谍被成功策反。通过这些间谍之口，羊祜成功地挖出了那些深深潜伏的间谍，对吴国的情况有了更为充足的了解。由于羊祜一直非常用心地收集吴国的情报，为他日后撰写《平吴疏》打下了很好的基础，更为顺利灭吴创造了条件。

灭吴前后，羊祜非常重视情报先行，其收集情报的手法也非常多样，而且富有成效。这其中，优礼对待对方所派出的间谍，借此来破坏敌方的间谍行动，显得尤其突出。这种借情感来进行拉拢和收买的方式，反映出羊祜用心深远的一面，至今仍然很有实效性。孙子曾说："反间，可得而用也。"在成功策反某个间谍之后，就可以通过这个间谍再挖出那些深潜的间谍。灭吴之战中，羊祜正是很好地运用了这种"反间"手法。

在东魏西魏的长期对抗中，侯景也有巧妙使用反间的成功案例。在当时的邙山会战中，宇文泰虽然战败，可并不想放弃虎牢关这个战略要地，于是他打算派遣间谍悄悄潜入虎牢，并且写了一封信给守城将领，让间谍随身携带。在信中，宇文泰命令守城将领魏光坚守不出，等待援兵。没想到的是，间谍尚未到达虎牢城下就被侯景抓住。经过搜查，很快就发现了宇文泰写给魏光的信件。侯景看到书信之后，灵机一动，立即模仿宇文泰的笔迹和口气，重新写了一封书信，并将书信的内容改成："宜速去。"①接着，侯景不动声色地还是派这名间谍携带着伪造的信件进到城里。魏光本来就没打算坚守城池，在看到书信之后，顾不上辨别真伪，连夜撤出虎牢。侯景则因为巧妙收复虎牢之功，被高欢封为司空。

侯景利用书信行间充满了巧思，是谍战史上的经典案例。侯景充分利用了敌军将领被围困时的恐惧和焦躁心理，判断他们一定会急于撤退，至于伪造的书信也是利用敌军间谍传递，几个方面因素结合在一起，故而达成奇效，由此兵不血刃地夺取了虎牢关。

【原文】

昔殷[1]之兴也，伊挚在夏[2]；周[3]之兴也，吕牙[4]在殷。故惟明君贤将，能以上智[5]为间者，必成大功。此兵之要[6]，三军之所恃而动也[7]。

【注释】

〔1〕殷：即商朝。

〔2〕伊挚在夏：伊挚，即伊尹，商朝贤臣，开国元勋。原为夏桀的臣子，后归附商汤，商汤任用他为相。在灭夏过程中，伊尹刺探敌情，发挥了很大的作用。夏，夏朝，大禹之子夏启所建立的中国历史上第一个统治王朝，共传十七世，至夏桀时为商汤所灭亡。

〔3〕周：周朝，公元前 11 世纪周武王伐纣灭商后所建立的王朝，建都于镐京（今陕西西安）。公元前 771 年，周平王迁都洛邑（今河南洛阳），故又划分为西周和东周。

〔4〕吕牙：即姜尚、姜子牙，俗称周太公，曾为商纣王之臣。祖先封

---

① 《资治通鉴》卷一五八。

于吕，故又称为"吕牙"。周武王任用他为"师"，推翻了殷商王朝的统治，后被分封于齐地（在今山东境内），为齐国开创者。

〔5〕上智：最有智能谋略的人。

〔6〕此兵之要：这就是军事行动中的关键所在。要，要害、要务、关键的意思。

〔7〕三军之所恃而动也：军队要依靠间谍所提供的情报而展开活动，实现既定的战略目标。

【精解】

三军之要

孙子强调间谍刺探情报的重要性，并且认为朝代的兴衰与使用间谍密切相关。他说，从前殷商的兴起，在于伊挚曾经在夏为间，熟悉了解夏的内情；周朝的兴起，在于吕牙曾经在殷为间，熟悉了解殷商的内情。

可以说，《用间篇》总共五百余字，虽则字数不多，但已基本奠定中国古代谍报学的若干基础理论，就谍报工作的地位和作用、组织领导原则、谍报人员的素质等等问题，都作了一些初步的探讨。孙子就谍报工作的地位和作用问题进行了深刻论述。孙子指出，用好间谍，知敌之情，是"**此兵之要，三军之所恃而动也**"，突出强调了用间的重要性。在孙子看来，明智的国君，贤能的将帅，能够任用智慧高超的人充当间谍，就一定能够建树大功。而且，这是用兵上的关键步骤，整个军队都要依靠间谍所提供的敌情来策划决定军事行动。

孙子一直将"先知"作为将帅和国君"动而胜人，成功出于众者"的先决条件，可以看出其对谍报工作的重视程度。**从《计篇》开始，孙子一直追求的就是"先胜"，十三篇中就如何达成这种"先胜"展开各种各样的讨论，各种谋略之术均由此而展开，但说到底，这中间是"先知"，起到了一种保障作用。也就是说，由"先知"到"先胜"是一个最为基本的路子。正因为"先知"是"先胜"的可靠保证，故此孙子格外重视情报工作**，对"知"和"先知"作了大量深入的探讨。

孙子的间谍理论，放在今天仍然并不过时，甚至在世界范围内具有启示价值。在现当代战争中，间谍活动在军事斗争中的作用依旧十分突出。只要想一想，希特勒的间谍伎俩奏效，苏联红军最优秀的将领图哈切夫斯基元帅沉冤莫白，一枪毙命，给苏联国防所带来的巨大灾难，你就不能不承认，有时候一个间谍的力量，抵得上数十万武装到牙齿的军队。当然，间谍的能量之大小，往往取决于操纵、指挥他的统帅之水平，这一点在现代战争中也不例外。苏联优秀间谍左格尔就其本人素质而言，丝毫也不逊色于任何一位西方间谍，他的间谍活动，曾为苏联的国家安全做出过巨大的贡献，然而，斯大林体制的僵硬官僚性质，也极大限制了左格尔作用的发挥。苏德战争前夕，他费尽心思、千辛万苦搞来的情报，并没有真正引起苏联最高当局的充分重视，因此而忽略了战争迫在眉睫的危险，以至于当德军浩浩荡荡向苏联境内冲杀前来之时，束手无策，濒临崩溃。这个事实提醒人们，间谍固然重要，用间固有作用，但问题的关键是决策者如何用间。否则"黄钟毁弃，瓦釜齐鸣"，一切都是白说。

由于在现当代军事斗争中，用间依然是不可或缺的环节，所以孙子在本篇中所阐述的思想，仍为世界各国军事情报界所重视和借鉴。例如，日本的谍报人员曾把《孙子兵法》作为最大的谍报技巧专家的著作，翻译成日文，而他们在1904年的日俄战争和1941年偷袭夏威夷珍珠港美国太平洋舰队前后，搜集情报和实际运用情报的策略，以及具体手段，大多与《孙子兵法》用间思想若合符契。同样，美国中央情报局也曾把孙子视为谍报理论的鼻祖，让所属雇员认真阅读《孙子兵法》以及按孙子用间原理写作而成的《间书》。尽管随着现代科学技术的高速发展，今天世界上已有了卫星摄影的高超技术，有了监视电讯发射的一整套先进技术设备（如全球定位仪等），但是在具体的用间和反间谍手段上，本篇所揭示的基本原理并没有过时。同时，需要指出的是，即使是最现代最先进的高技术侦察手段，也无法完全取代人工搜集情报、信息的功能，以人为本位的用间活动，在现代战争乃至于未来战争中仍然会有它重要的位置，这一点在美军近期发动的阿富汗战争和伊拉克战争中都已有充分的证明。

当然，今天的间谍活动已远远超越了军事、政治领域的范围，商业经济活动中、科学技术领域内的间谍活动同样是愈演愈烈，花样翻新。换句话说，用间这只无形的巨手正伸向社会生活的各个方面。这就要求我们各行各业的人士都应当多少掌握一些用间和反间谍的基本知识，以便在人生的大舞台上站得更稳，走得更远，这就是所谓的"害人之心不可有，防人之心不可无"。

附录 1

孙子传

　　孙子武者，齐人也。以兵法见于吴王阖庐。阖庐曰："子之十三篇，吾尽观之矣，可以小试勒兵乎？"对曰："可。"阖庐曰："可试以妇人乎？"曰："可。"于是许之，出宫中美女，得百八十人。孙子分为二队，以王之宠姬二人各为队长，皆令持戟。令之曰："汝知而心与左右手背乎？"妇人曰："知之。"孙子曰："前，则视心；左，视左手；右，视右手；后，即视背。"妇人曰："诺。"约束既布，乃设铁钺，即三令五申之。于是鼓之右，妇人大笑。孙子曰："约束不明，申令不熟，将之罪也。"复三令五申，而鼓之左，妇人复大笑。孙子曰："约束不明，申令不熟，将之罪也，既已明而不如法者，吏士之罪也。"乃欲斩左右队长。吴王从台上观，见且斩爱姬，大骇，趣使使下令曰："寡人已知将军能用兵矣。寡人非此二姬，食不甘味，愿勿斩也。"孙子曰："臣既已受命为将，将在军，君命有所不受。"遂斩队长二人以徇。用其次为队长，于是复鼓之，妇人左右前后跪起皆中规矩绳墨，无敢出声。于是孙子使使报王曰："兵既整齐，王可试下观之。唯王所欲用之，虽赴水火，犹可也。"吴王曰："将军罢休就舍，寡人不愿下观。"孙子曰："王徒好其言，不能用其实。"于是阖庐知孙子能用兵，卒以为将。西破强楚，入郢，北威齐晋，显名诸侯，孙子与有力焉。

　　孙子既死，后百余岁有孙膑。膑生阿、鄄之间，膑亦孙武之后世子孙也。

　　（选自《史记》卷六十五《孙子吴起列传》）

译文：

　　孙子名武，是齐国人，因为精通兵法受到吴王阖庐接见。阖庐说："您的十三篇兵书我都看过了，可以试着用来小规模地指挥军队吗？"孙子回答说："可以。"阖庐说："可以用妇女试验吗？"孙子回答说："可以。"于是阖庐答应让他试验，叫出宫中一百八十名美女。孙子将她们分为两队，让吴王最宠爱的两位美姬分别担任队长，并令所有的美女都手持一支戟。孙子命令她们说："你们知道自己的心、左右手和背吗？"妇人们都回答说："知道。"孙子说："我说向前，你们就看着心口所对方向；我说向左，你们就看左手所对方向；我说向右，你们就看右手所对方向；我说向后，你们就看后背所对方向。"妇人们齐声答道："是。"等这些号令宣布完毕，摆好斧钺等刑具，再把号令重复交代清楚。于是，孙子击鼓发令，命她们向右，结果引来妇人们一阵哈哈大笑。孙子说："军纪还不清楚，号令不熟悉，这是将领的过错。"孙子再次重复交代清楚军纪，然后击鼓发令让她们向左，结果她们又都是哈哈大笑。孙子说："纪律不清楚，号令不熟悉，这是将领的过错。现在既然讲得清清楚楚，却不遵照号令行事，那就是军官和士兵的错了。"于是就要杀左、右两队的队长。吴王正在台上观看，看到孙子要杀自己的爱妾，大吃一惊，急忙派使臣传达命令说："我已经知道将军很会用兵了。我要是没了这两个侍妾，吃起东西来都不香甜，希望你不要杀她们。"孙子回答说："我已经接受命令为将，将在军中，即便是国君的命令，也有可以不接受的。"于是杀了两位队长示众，再按顺序任用两队第二人为队长。这时，孙子再击鼓发令，不论是向左向右、向前向后，还是跪倒、站起，妇人们都做得符合号令、纪律要求，再没有人敢出声。于是孙子派出使臣向吴王报告说："队伍已经操练整齐，大王可以走下来察看验收了。任凭大王使用，即使叫她们赴汤蹈火也可以办到。"吴王回答说："让将军停止演练，回宾馆休息吧。我不愿下去察看了。"孙子感叹道："大王只是欣赏我的军事理论，却不能让我付诸实践。"从此之后，吴王阖庐知道孙子果真善于用兵，终于任命他做了将军。后来，吴国向西打败了强大的楚国，攻克郢都，向北威震齐国和晋国，在诸侯各国名声赫赫，这期间孙子出了很大力。

　　孙子死后，隔了一百多年又出了一个孙膑。孙膑出生在阿城和鄄城一带，也是孙武的后代子孙。

历代评孙子

明之吴越，言之于齐，曰智（知）孙氏之道者，必合于天地。

——《孙膑兵法·陈忌问垒》附简

有提十万之众，而天下莫敢当者谁？曰桓公也。有提七万之众，而天下莫敢当者谁？曰吴起也。有提三万之众，而天下莫敢当者谁？曰武子也。

——《尉缭子·制谈篇》

临武君与孙卿子议兵于赵孝成王前。

王曰："请问兵要。"

临武君对曰："上得天时，下得地利，观敌之变动，后之发，先之至，此用兵之要术也。"

孙卿子曰："不然。臣所闻古之道，凡用兵攻战之术，在乎壹民。弓矢不调则羿不能中微，六马不和则造父不能致远，士民不亲附则汤武不能以必胜也。故善附民者，是乃善用兵者也，故兵要在乎善附民而已。"

临武君曰："不然。兵之所利者势利也，所行者变诈也。善用兵者感忽悠暗，莫知其所从出，孙吴用之无敌于天下，岂必待附民哉？"

孙卿子曰："不然。臣之所道，仁人之兵，王者之志也。君之所贵权谋势利也，所行攻夺变诈也，诸侯之事也。"

——《荀子·议兵》

境内皆言兵，藏孙吴之书者家有之，而兵愈弱，言战者多，披甲者少也。

——《韩非子·五蠹》

吾治生产，犹伊尹、吕尚之谋，孙、吴用兵，商鞅行法是也。是故其智不足与权变，勇不足以决断，仁不能以取予，强不能有所守，虽欲学吾术，终不告之矣。

——《史记·货殖列传》白圭语

自是之后，名士迭兴，晋用咎犯，而齐用王子，吴用孙武，申明军约，赏罚必信，卒伯诸侯，兼列邦土，虽不及三代之诰誓，然身宠君尊，当世显扬，可不谓荣焉？岂与世儒暗于大较，不权轻重，猥云德化，不当用兵，大至君辱失守，小乃侵犯削弱，遂执不移等哉！

——《史记·律书》

世俗所称军旅，皆道《孙子》十三篇。《吴起兵法》，世多有，故弗论，论其行事所施设者。

——《史记·孙子吴起列传》

非信廉仁勇不能传兵论剑，与道同符，内可以治身，外可以应变，君子比德焉。作《孙子吴起列传》第五。

——《史记·太史公自序》

非兵不强，非德不昌，黄帝、汤、武以兴，桀、纣、二世以崩，可不慎欤！《司马法》所从来尚矣，太公、孙、吴、王子能绍而明之，切近世，极人变。

——《史记·太史公自序》

春秋之后，灭弱吞小，并为战国……雄杰之士因势辅时，作为权诈以相倾覆，吴有孙武，齐有孙膑，魏有吴起，秦有商鞅，皆禽敌立胜，垂著篇籍。当此之时，合纵连横，转相攻伐，代为雌雄。齐愍以技击强，魏惠以武卒奋，秦昭以锐士胜。世方争于功利，而驰说者以孙、吴为宗。

——《汉书·刑法志》

孙武、阖庐，世之善用兵者也。知或学其法者，战必胜；不晓什伯之阵，不知击刺之术者，强使之军，军覆师败，无其法也。

——《论衡·量知篇》

　　操闻上古有弧矢之利，《论语》曰："足兵"，《尚书》八政曰"师"，《易》曰"师贞，丈人吉"，《诗》曰"王赫其怒，爰征其旅"，黄帝、汤、武，咸用干戚以济世也。《司马法》曰："人故杀人，杀之可也"。恃武者灭，恃文者亡，夫差、偃王是也。圣人之用兵，戢时而动，不得已而用之。吾观兵书战策多矣，孙武所著深矣！孙子者齐人也，名武，为吴王阖闾作兵法一十三篇，试之妇人，卒以为将，西破强楚，入郢，北威齐晋。后百岁余有孙膑，是武之后也。审计重举，明画深图，不可相诬。而后世人未之深亮训说，况文烦富，行于世者失其旨要，故撰为《略解》焉。

——《孙子十家注·孙子序》曹操语

　　孙武所以能制胜于天下者，用法明也。

——《三国志·马良传》诸葛亮语

　　阖闾信其威，夫差用其武，内果伍员之谋，外骋孙子之奇，胜强楚于柏举，栖劲越于会稽，阙沟乎商鲁，争长于黄池。

——左思《吴都赋》

　　抱痼疾而言精和、鹊之技，屡奔北而称究孙、吴之算，人不信者，以无效也。

——葛洪《抱朴子·微旨》

　　孙武兵经，辞如珠玉，岂以习武而不晓文也！

——刘勰《文心雕龙·程器》

　　朕观诸兵书，无出孙武；孙武十三篇，无出虚实。夫用兵识虚实之势，则无不胜焉。

——《唐太宗李卫问对》卷中，李世民语

案《曹公新书》曰："己二而敌一，则一术为正，一术为奇；己五而敌一，则三术为正，二术为奇。"此言大略耳。唯孙武云："战势不过奇正，奇正之变，不可胜穷。奇正相生，如循环之无端，孰能穷之。"斯得之矣，安有素分之邪？若士卒未习吾法，偏裨未熟吾令，则必为之二术。教战时，各认旗鼓，迭相分合，故曰分合为变，此教战之术尔。教阅既成，众知吾法，然后如驱群羊，由将所指，孰分奇正之别哉？孙武所谓"形人而我无形"，此乃奇正之极致。是以素分者，教阅也；临时制变者，不可胜穷也。

——《唐太宗李卫公问对》卷上，李靖语

太宗曰："严刑峻法，使众畏我而不畏敌，朕甚惑之。昔光武以孤军当王莽百万之众，非有刑法临之，此何由乎？"

靖曰："兵家胜败，情状万殊，不可以一事推也。如陈胜、吴广败秦师，岂胜、广刑法能加于秦乎？光武之起，盖顺人心之怨莽也，况又王寻、王邑不晓兵法，徒夸兵众，所以自败。臣案《孙子》曰：'卒未亲附而罚之，则不服；已亲附而罚不行，则不可用。'此言凡将先有爱结于士，然后可以严刑也。若爱未加而独用峻法，鲜克济焉。"

太宗曰："《尚书》言：'威克厥爱，允济；爱克厥威，允罔功。'何谓也？"

靖曰："爱设于先，威设于后，不可反是也。若威加于前，爱救于后，无益于事矣。《尚书》所以慎戒其终，非所以作谋于始也。故《孙子》之法，万代不刊。"

——《唐太宗李卫公问对》卷中

太宗曰："兵法孰为最深者？"

靖曰："臣常（尝）分为三等，使学者当渐而至焉。一曰道，二曰天地，三曰将法。夫道之说，至微至深，《易》所谓'聪明睿智神武而不杀'者是也。夫天之说，阴阳；地之说，险易。善用兵者，能以阴夺阳，以险攻易，孟子所谓'天时地利'者是也。夫将法之说，在乎任人利器，《三略》所谓'得士者昌'，管仲所谓'器必坚利'者是也。"

太宗曰："然。吾谓不战而屈人之兵者，上也；百战百胜者，中也；深沟高垒以自守者，下也。以是校量，孙武著书，三等皆具焉。"

——《唐太宗李卫公问对》卷下

语有之曰："天时不如地利，地利不如人和。"诚谓得兵术之要也，以为孙武所著十三篇，旨极斯道。故知往昔行师制胜，诚当皆精其理。今辄捃撫与孙武书之义相协并颇相类者纂之，庶披卷足成败在斯矣。

——杜佑《通典》卷一四八，《兵一》

自古以兵书著书列于后世、可以教于后生者，凡十数家，且百万言。其孙子所著十三篇，自武死后凡千岁，将兵者有成者、有败者，勘其事迹，皆与武所著书一一相抵当，犹印圈模刻，一不差跌。

——杜牧《樊川文集·注孙子序》

武之所论，大约用仁义，行机权。

——《杜牧注孙子·序》

战国诸侯言攻战之术，其间以权谋而辅仁义，先智诈而后和平，惟孙子十三篇而已。

——施子美《武经七书讲义·孙子·计篇》引张昭《张昭兵法》语

武之书本于兵，兵之术非一，而以不穷为奇，宜其说者之多也。

——《欧阳文忠公集·居士集·孙子后序》

孙武十三篇，兵家举以为师。然以吾评之，其言兵之雄乎！今其书，论奇权密机，出入神鬼，自古以兵著书者罕所及。以是而揣其为人，必谓有应敌无穷之才，不知武之用兵乃不能必克，与书所言远甚……
且吴起与武一体之人也，皆著书言兵，世称孙吴。然而吴起之言兵也，轻法制，草略无所统纪，不若武之书辞约而意尽，天下之兵说皆归其中。然吴起始用于鲁，破齐；及入魏，又能制秦兵；入楚，楚复霸。而武之所为反如是，书之不足信也，固矣。

——苏洵《嘉祐集·权书·孙武》

神宗论孙武书，爱其文辞，意指。王安石曰："言理而不言事，所以文约而所该者博。"士论及韩信，安石曰："信但用孙武一二言，即能成功名。"

——《涧泉日记》

古之言兵者，无出于孙子矣。利害之相权，奇正相生，战守攻围之法，盖以百数，虽欲加之而不知所以加之矣。然其所短者，智有余而未知其所以用智，此岂非其所大阙欤？

夫兵无常形，而逆为之形；胜无常处，而多为之地。是以其说屡变而不同，纵横委曲，期于避害而就利，杂然举之，而听用者之自择也。是故不难于用，而难于择……

古之善用兵者，见其害而后见其利，见其败而后见其成。其心闲而无事，是以若此明也。不然，兵未交而先志于得，则将临事而惑，虽有大利，尚安得而见之！若夫圣人则不然。居天下于贪，而自居于廉，故天下之贪者，皆可得而用。居天下于勇，而自居于静，故天下之勇者，皆可得而役。居天下于诈，而自居于信，故天下之诈者，皆可得而使。天下之人欲有功于此，而即以此自居，则功不得而成。是故君子居晦以御明，则明者毕见；居阴以御阳，则阳者毕赴。夫然后孙子之智，可得而用也。

易曰："介于石，不终日。贞吉。"君子方其未发也，介然如石之坚，若将终身焉者；及其发也，不终日而作。故曰：不役于利，则其见之也明。见之也明，则其发之也果。今夫世俗之论则不然，曰：兵者，诡道也。非贪无以取，非勇无以得，非诈无以成。廉静而信者，无用于兵者也。嗟夫，世俗之说行，则天下纷纷乎如鸟兽之相搏，婴儿之相击，强者伤，弱者废，而天下之乱何从而已乎？

夫武，战国之将也，知为吴虑而已矣。是故以将用之则可，以君用之则不可。今其书十三篇，小至部曲营垒、刍粮器械之间，而大不过于攻城拔国用间之际，盖亦尽于此矣。天子之兵，天下之势，武未及也。

——《苏轼文集》卷三《孙武论》

昔以兵为书者无若孙武。武之所可以教人者备矣；其所不可者，虽武亦无得而预言之，而唯人之所自求也。故其言曰："兵家之胜，不可先传。"又曰："奇正之变，不可胜穷。"又曰："人皆知我所胜之形，而莫知吾所以制胜之形，故其战胜不复，而应形于无穷。"善学武者，因诸此而自求之，乃所谓方略也。去病之不求深学者，亦在乎此而已。嗟乎！执孙吴之遗言以程人之空言，求合乎其所以教，而不求其所不可教，乃因谓之善者，亦已妄矣。

——何去非《何博士备论·霍去病论》

言兵无若孙武，用武无若韩信、曹公。武虽以兵为书，而不甚见于其所自用；韩不自为书，曹公虽为而不见于后世，然而传称二人者之学皆出于武，是以能神于用而不穷。窃尝究之，武之十三篇，天下之学兵者所通诵也，使其皆知所以用之，则天下孰不为韩、曹也？韩、曹未有继于后世，则凡得武之书伏而读之者，未必皆能办于战也。武之书，韩、曹之术皆在焉，使武之书不传，则二人者之为兵，固不戾乎武之所欲言者；至其所以因事设事，因而不穷者，虽武之言有所未能尽也。驱市人白徒而置之死地，惟若韩信者然后能斩陈馀；遇其归师与之死地，惟若曹公者然后能克张绣。此武之所以寓其妙，固有待乎韩、曹之傅也。

——何去非《何博士备论·魏论下》

自六经之道散而诸子作，盖各有所长，而知兵者未有过孙子者。

——陈直中《孙子发微》

孙子十三篇，论战守次第与山川险易、长短、大小之状，皆曲尽其妙。摧高发隐，使物无遁情，此尤文章之妙。

——吕本中《童蒙训》

孙武之书十三篇，众家之说备矣。奇正、虚实、强弱、众寡、饥饱、劳逸、彼己、主客之情状，与夫山泽、水陆之阵，战守攻围之法，无不尽也。微妙深密，千变万化而不穷。用兵，从之者胜，违之者败，虽有智巧，必取则焉。可谓善之善者矣。然武操术，有余于权谋而不足于仁义；能克敌制胜为进取之图，而不能利国便民为长久之计；可以为春秋诸侯之将，而不可以为三代王者之佐也。

——戴溪《将鉴论断·孙武》

孙子十三篇，不惟武人之根本，文士亦当尽心焉。其辞约而缛，易而深，畅而可用，《论语》、《易》、《大传》之流，孟、荀、扬著书皆不及也。以正合，以奇胜，非善也；正变为奇，奇变为正，非善之善者也，即奇为正，即正为奇，善之善者也。

——郑厚《艺圃折衷》

世多谓书生不知兵，犹言孙武不善属文耳。今观武书十三篇，盖与《考工记》、《谷梁传》相上下。

——陈傅良《止斋先生文集》

司马迁谓，世所称师旅，多道孙子十三篇。始管子、申、韩之学行于战国、秦汉，而是书独为言兵之宗。及董仲舒、刘向修明孔氏，其说皆已黜，而是书犹杰然尊奉逮今，又将传之至于无穷。此文武所以卒为二途也。

——叶适《习学记言》卷四十六《孙子》

《吴子》之正，《孙子》之奇，兵法尽在是矣。《吴子》似《论语》，《孙子》似《孟子》。

——罗大经《鹤林玉露》卷二《孙吴》

世之言兵者祖孙氏，然孙武事阖闾而不见于《左氏传》，未知其果何代人也。

——陈振孙《直斋书录解题·兵书类》

孙子言兵，首谓"兵者，国之大事，死生之地，存亡之道"，而切切欲导民使之"与上同意"，欲"不战而屈人之兵"，欲"先为不可胜，以待敌之可胜"，欲"无恃其来，恃吾有以待之"。至论将，则谓"进不求名，退不避罪，惟民是保，而利合于主"。盖始终未尝言杀，而以久于兵为戒。所异于先王之训者，惟诡道一语，特自指其用兵变化而言，非欲情所事奸诈之比。且古人诡即言诡，皆其真情，非后世实诈而反谬言诚者之比也。若孙子之书，岂特兵家之祖，亦庶几乎立言之君子矣！诸子自荀、扬外，其余浮辞横议者莫与比。

——黄震《黄氏日钞·读诸子·孙子》

以朕观之，武之书杂出于古之权书，特未纯耳。其曰："不仁之至"，"非胜之主"，此说极是。若虚实变诈之说，则浅矣。苟君如汤、武，用兵行师，不待虚实变诈而自无不胜。然虚实变诈之所以取胜者，特一时诡遇之术，非王者之师也，而其术终亦变耳。盖用仁者无敌，恃术者必亡，观武之言与其术亦有相悖。盖武之书必有所授，而武之术则不能尽如其书也。

——《明实录·明太祖宝训·评古》

不有大智，其何能谋；不有深谋，其何能将；不有良将，其何能兵；不有锐兵，其何能武；不有武备，其何能国？欲有智而多谋，善将而能兵，提兵而用武，备武而守国，舍是书何以哉！

——刘寅《武经七书直解·自序》

武，齐人，吴阖闾用以为将，西破强楚，入郢，北威齐晋，显名诸侯。叶适以不见载于《左传》，疑其书乃春秋末、战国初山林处士之所为。予独不敢谓然。春秋时列国之事，赴告者则书于策，不然则否。二百四十二年之间，大国若秦、楚，小国若越、燕，其行事不见于经传者有矣，何独武哉！

——宋濂《诸子辨》

孙子上谋而后攻，修道而保法，论将则曰仁智信勇严，与孔子合。至于战守攻围之道，批亢捣虚之术，山林险阻之势，料敌用间之谋，靡不毕具。其他韬钤机略，孰能过之？

——谈恺《孙子集注十三卷·自序》

十三篇之所论，先计谋而后攻战，先知而后料敌，用兵之事周备明白。虽不足与于仁义之师，苟以之战，则岂非良将乎？视彼恃力之徒，驱赤子而陷之死地者，犹狼残虎噬耳。呜呼！武亦安可得哉！

——方孝孺《逊志斋集·杂著·读孙子》

由直解而知七书之意，融会贯通而求知夫用兵之术，于以登坛号令，附国家元功，为旷世良将，讵弗伟哉！

——张居正增订《孙武子直解》

窃维天地之间，有人则有争，有争则有乱。乱不可以鞭朴治也，则有兵。兵之为凶器，不可以妄用也，则有法。其事起于斗智角力也，则其法不得不资于权谋。用兵而不以权谋，则兵败国危而乱不止。君子不得已而用权谋，正犹不得已而用兵也。用之合天理则为仁义，合王法则为礼乐。……孙子十三篇，实权谋之万变也。数千年来，儒者未尝一开其扃钥。……儒者生于其时，遇国家有难而主兵，何不可之有？其曰猥云德化，不当用兵，当迂儒保身之谋，卖国之罪也。

——赵本学《孙子书校解引类·序》

噫！孙武子"兵闻拙速"一言，误天下后世徒读其书之人，杀天下后世千千万人之命，可胜恨哉！可胜恨哉！世之徒读其书者，每以师老财匮为辞，不知列国相争，师老财匮则诸侯乘其弊而起，故胜亦宜速，不胜亦宜速。其在后世，堂堂讨罪，有征无战之兵，必为万全之画。夫苟一时攻之未暇，取之未克，师老矣，再请新师以益之；财匮也，再请多财以继之，必大破之而后已。愚见世人欲图速成之倖功，视三军之命如草芥，往往而然焉，皆孙武子一言误之也！孟子以杀人盈地、盈野者宜服上刑，然则孙武子一言杀天下后世之人不可胜计，使孟子而在，将以何刑加之乎？恨之深，恶之切，作《拙速解》下。

——俞大猷《正气堂续集·杂文·拙速解》

愚尝读孙武书，叹曰："兵法其武库乎？用兵其取诸库之器乎？兵法其药肆乎？用兵其取诸肆之材乎？”及读诸将传，又悟曰：“此固善握器而妙用材者乎！学者欲求下手着实工夫之门，莫逾于此。”数年间，予承乏浙东，乃知孙武之法，纲领精微莫加焉，第于下手详细节目，则无一及焉。犹禅者上乘之教也，下学者何由以措？

——戚继光《纪效新书·自序》（十八卷本）

夫习武者，必宗孙、吴。是习孙、吴，皆孙、吴之徒也。自夫世好之不同也，每于试文必讥诋其师，无所不至。试使毁其师者，受国家戡定之寄，而攘外安内，如孙、吴者几人哉！夫业彼之业而诋其短，是无师矣。以无师之心，而知忠爱之道者，能之乎？

——戚继光《纪效新书·练将或问》（十四卷本）

孙武子兵法，文义兼美，虽圣贤用兵，无过于此。非不善也，而终不列之儒。设使圣贤其人，用孙武之法，武经即圣贤之作用矣。苟读六经，诵服圣贤，而行则狙诈，六经即孙武矣。顾在用之者，其人何如耳。故因变用智，在君子则谓之行权，在小人则谓之行术。均一智也，而君子、小人所以分者，何也？盖有立心不正，则发之自异耳。奚足怪哉！

……将有五德，智、信、仁、勇、严也。智者，仁之辨也；信者，仁之实也；仁者，人之本也；勇者，仁之志也；严者，仁之助也。任机权之真于义理，慎机权之似于诈伪，诈仁之道，岂不在是哉。夫信、仁、勇、严，非智不能辨其弊。信之弊也执，仁之弊也姑息，勇之弊也暴，严之弊也刻，皆不得其当矣。故直看则智为首，横看则仁居中。苟智、信、勇、严而不重夫仁，则皆为虚器，为礼文矣。

——戚继光《止止堂集·愚愚稿上·大学经解》

司马穰苴、孙武，天下之言兵者归之。穰苴兵法不可见，所见孙子十三篇，其精切事理，吾以为太公不能过也。而太史公独称穰苴兵法“闳廓深远，虽三代征伐未能竟其义”。如其文若尔，穰苴其尤胜耶？然太史公于穰苴则仅详其斩庄贾，于孙武仅详其斩爱姬而已，以为用兵之道，一赏罚尽之矣。……至于吴之强，伍员力耳，柏举之战虽能乘胜入郢，而班处其宫，使秦师得用其救，再合再败而后归，又不能预防夫概之为内孽，安在其为武也？太史公又称其"北威齐晋，显名诸侯"，恐亦附会之过。当其时，武必先死矣。不然，而槜李之败绩，会稽之许成，舍腹心之越从事于石田之齐，武胡为谏救也？太史公亦云"能行之者未必能言，能言之者未必能行"，盖颇见微指云。

——王世贞《读书后·书司马穰苴·孙武传后》

孙武十三篇为百代谭兵之祖。考《汉书·艺文志》有八十二篇，杜牧以曹公芟其繁芜，笔其精粹以成此书。然太史武传固有十三篇之目，而其文章之妙，绝出古今，非魏晋所能润削。……孙武之谭兵，当在穰苴之后、吴起之前。叶正则以《左传》无之而并疑其人，则太过。然武为吴将，入郢，其说或未尽然。丘明于吴事最详练，又喜夸好奇，武灼灼吴楚间，不应尽没其实。盖战国策士以武圣于谭兵，耻以空言令天下，为说文之耳。……兵家，秦汉至众。今传于世而称经者，《黄帝》、《风后》、《太公》、《黄石》、《诸葛》、《李靖》等，率依托也；《孙》、《吴》、《尉缭》，当是战国本书。……宋世以《孙》、《吴》、《司马》、《韬》、《略》、《尉缭》、《李卫公》为兵家七书。《孙武》、《尉缭》，亡可疑者。《吴起》或未必起自著，要亦战国人掇其议论成编，非后世伪作也。

——胡应麟《少室山房笔丛·九流绪论》

吾独恨其不以《七书》与《六经》合而为一，以教天下万世也。故因读《孙武子》，而以魏武之注为精当，又参考六书以尽其变，而复论著于各篇之后焉。感叹深矣。

——李贽《孙子参同·自序》

古今兵法，亡虑数十百家，世所尊为经者七，而首孙子。孙子之言曰："奇正之变，不可胜穷也。"又曰："微乎微乎，至于无形；神乎神乎，至于无声。"合而言之，思过半矣。

……

今古兵法尽于七经，而七经尽于孙子……

——《孙子参同·梅国祯序》

愚今无暇究十三篇之先后，孙子之有无，姑据其所作评之。其书先计而后战，修道而保法，论将则曰智、信、仁、勇、严，与太公之言吻合。至于战守攻围之法，山泽水陆之军，批亢捣虚之术，料敌用间之方，靡不毕具。是以战国以来，用兵者从之则胜，违之则败。虽一时名帅，莫能出其范围。

——何守法《孙子音注·孙子十三篇源委》

自古谈兵者，必首孙武子。故曹孟德手著之，又为《兵家接要》二十万言，大约集诸家而阐明孙子者也。世有《武侯新书》者，亦所以明孙子，然赝书也，无所短长。孟德书不传，然孙子在，有心者可以意迎之，他书可弗传也。先秦之言兵者六家，前孙子者，孙子不遗；后孙子者，不能遗孙子。谓五家为孙子注疏可也。……要之，学兵诀者，学孙子焉可也。

——茅元仪《武备志·兵诀评序》

昔者贤良之任将也，如己身有疾委之良臣，必曰除疾易而体气无伤焉。孙子十三篇，智通微妙，然知除疾而未知养体也。夫为将者，智足于军，未善也，军不可遍也。智足于战，未善也，战不可渎也。智足于破敌，未善也，破一敌又有一敌也。善军者，使天下不烦军；善战者，使天下不欲战；善破敌者，使天下不立敌。

——唐甄《潜书·全学》

惟孙子十三篇，简而赅，精而有则，即其始计篇曰："令民与上同意"，则其言近于道，而治国治兵之理，若符券焉。……

孙子一书，自始计以迄用间，如同条，如共贯，原始要终，层次井井，十三篇如一篇也。至一篇之中，节有旨，句有义，亦靡不纲举目张，主宾互见。……

救乱如救病，用兵犹用药。善医者因症立方，善兵者因敌设法。孙子十三篇，治病之方也。古今帝王将相之战功往迹，名医之案也。医不通晓方案，不谓之名医，将不贯通古今，得谓之名将乎？兹于每篇中语足以法。

……孙子十三篇，无篇不可为法，无句不可为训。

——邓廷罗《兵镜备考》

此书凡有二疑，一则名之不见于《左传》也。……一则篇数不侔也。史迁称孙子十三篇，而汉志有八十二篇。……然则孙武者，其有耶？其无耶？其有之耶不必如史迁之所云耶？其书自为耶？抑其后之徒为之耶？皆不可得而知也，故入之未定其人例中。若夫篇数，其果为史迁之传而非曹瞒之删，汉志八十二篇或反为后人附益，刘歆、任宏辈不察而收之耶？则亦不可得而知也。

——姚际恒《古今伪书考·未足定其著书之人者·孙子》

兵家之推孙吴，尚矣。《诗》曰："不测不克"，孙子其不测者也。七子首孙子，次吴子而三司马，不其允哉！……程子曰："荀子才大其过多，扬子才小其过少"，余于孙吴也，亦云。……若夫孙子之弃齐即吴，非君也；师久于郢，非作战也；夫概自战，非节也；以班处宫，非道也；而未闻谋言。犹未去也，以观沂败。虽高蹈也，庸可愈乎！故其所着书，知机权之制胜也，而不及国家之本也。本既失矣，枝虽万全，不可保也，讵曰论成败哉！夫用兵之法，仁义为先，国之本也；节制次之，以治己也；机权为后，顺应而已。然则司马其庶几乎，孙子末也。……孙子十三篇，其近正者，惟《始计》、《作战》二篇。其最妙者，则《军形》、《兵势》、《虚实》三篇；而最险者，亦无逾于此三篇。至于《用间》，不足怪矣。然则握奇制变，孙子为最；而正大昌明，孙子为下。

——汪绂《戊笈谈兵·司马吴孙总论》

古今谈兵之雄者，首推孙子。盖孙子能推黄帝太公之意，而武侯卫公又皆推孙子之意，故言兵者以孙子为宗，第孙子之微旨不传。

——郑端《孙子汇征·自序》

孙、吴、司马穰苴之书，言言硕画，字字宏谟，上筹国计，下保民生，实以佐大学治平之未逮者。

——杨谦《武经三子体·注序》

孙武子十三篇，治病之法尽之矣。

——徐大椿《医学源流论·用药如用兵论》

是书所言皆战国事尔。其用兵法，乃秦人以虏使民法也，不仁之言也。然自是，言兵者以为莫武若矣。

——姚鼐《惜抱轩文集·题跋·读孙子》

武书为百代谈兵之祖。叶适以其人不见于《左传》，疑其书乃春秋末战国初山林处士之所为。然《史记》载阖闾谓武曰："子之十三篇，吾尽观之矣。"则确为武所自著，非后人嫁名于武也。

——《四库全书总目提要·子部·兵家类》

诸子之文，皆由没世之后门人小子撰述成书。惟此是手定，且在列、庄、孟、荀之前，真古书也。

——孙星衍《孙渊如全集·问字堂集·孙子略解序》

兵家言惟孙子十三篇最古。古人学有所受，孙子之学或即出于黄帝，故其书通三才、五行，本之仁义，佐以权谋，其说甚正。古之名将用之则胜，违之则败，称为兵经，比于六艺，良不愧也。……今世泥孔子之言，以为兵书不足观；又泥赵括徒能读父书之言，以为成法不足用；又见兵书有权谋、有反间，以为非圣人之法，皆不知吾儒之学者！……兵凶战危，将不素习，未可以人命为尝试，则十三篇之不可不观也。项梁教籍兵法，籍略知其意不肯竟学，卒以倾覆。不知兵法之弊，可胜言哉！宋襄、徐偃仁而败，兵者危机，当用权谋。孔子犹有要盟勿信，微服过宋之时，安得妄责孙子以言之不纯哉！

——孙星衍校《孙子十家注·孙子兵法序》

武子之书，即兵论兵，出奇无穷，以贵速、不战为能，攻城、破军为下。传曰："临事而惧，好谋而成。"然则所以胜诸家者，在是矣。

——张九镡《笙雅堂文集·孙子评序》

《易》其言兵之书乎？《亢》之为言也：知进而不知退，知存而不知亡，知得而不知丧，所以动而有悔也。吾于斯见兵之情。《老子》其言兵之书乎？

"天下莫柔于水，而攻坚强者，莫之能胜"。吾于见斯兵之形。孙武其言兵之书乎？"百战百胜，非善之善者也；不战而屈人之兵，善之善者也。""故善用兵者，无智名，无勇功。"吾于斯见兵之精。故夫经之《易》也，子之《老》也，兵家之《孙》也，其道皆冒万有，其心皆照宇宙，其术皆合天人、综常变者也。

——魏源《古微堂外集·孙子集注序》

孙子奇而不必法，而无不法也。云行空中，因风之势；水流地上，肖地之形。此有何法？何见其奇耳；此有何奇？但见其法耳。

——张象津《白云山房文集·集录弈谱小引》

孙子十三篇，后世学兵者多祖之，而儒者或不道。问其故？诈谋也，圣贤不尚诈谋。呜呼！圣贤不尚诈，圣贤岂不尚谋？吾谓一也。自圣贤人出之，将以救世也，为忠谋；自不圣贤人出之，将以乱世也，为诈谋，庸其谋耶？忠与诈，视其人如何也。以孙子之术为盗贼，则不圣贤之诈谋也，诚有所不可；以孙子之术诛盗贼，则圣贤之忠谋，奚不可哉！柳下惠见饴曰："可以养老"；盗跖见饴曰："可以粘栓"，见物同而所用异也。吾于孙子亦云。

——陈荣昌《虚斋文集·读孙子》

精辞粹语，批郤导窾，较司马子更为过之。孙吴并称，吾谓孙之用奇，更优于吴之用正也。一言以蔽之曰：兵不厌诈而已。宰相须用读书人，即大将亦乌可以不读书乎？然则治军之道，韬略为先，而器械其后焉者也。明乎此，乃足以安内攘外，强国本，绝边患。

——方濬颐《二知轩文存·读孙武子》

"百战百胜，非善之善者也；不战而屈人之兵，善之善者也。"其言粹然进于王者之道矣。周亚夫之坚壁以败吴楚，赵充国之屯田以制羌人，是深得孙子谋攻之旨者。

——沈宗祉《溆东草堂笔记》

主要参考文献

陆达节:《孙子考》,重庆军用地图社石印本,齐鲁书社,1992 年影印本。

郭化若:《孙子译注》,上海古籍出版社,1984 年 9 月第 1 版。

吴如嵩:《孙子兵法新论》,解放军出版社,1989 年 6 月第 1 版。

吴如嵩:《孙子兵法新说》,解放军出版社,2008 年 1 月第 1 版。

吴九龙主编:《孙子校释》,军事科学出版社,1990 年 7 月第 1 版。

魏汝霖:《孙子今注今译》,(台)商务印书馆,1972 年 8 月初版。

李零:《兵以诈立》,中华书局,2006 年 8 月第 1 版。

李零:《孙子十三篇综合研究》,中华书局,2006 年 4 月第 1 版。

李零:《〈孙子〉古本研究》,北京大学出版社,1995 年 7 月第 1 版。

杨丙安校理:《孙子十一家注校理》,中华书局,1999 年 3 月第 1 版。

杨丙安:《孙子会笺》,中州古籍出版社,1986 年 8 月第 1 版。

于汝波主编:《孙子兵法研究史》,军事科学出版社,2001 年 9 月第 1 版。

于汝波主编:《孙子文献学提要》,军事科学出版社,1994 年 10 月第 1 版。

吴如嵩、黄朴民等:《战国军事史》,军事科学出版社,1998 年 10 月第 1 版。

黄朴民:《孙子评传》,解放军出版社,2014 年 1 月版。

黄朴民:《孙子兵法解读》,中国人民大学出版社,2008 年 10 月第 1 版。

黄朴民、高润浩:《〈孙子兵法〉新读》,长春出版社,2008 年 1 月第 1 版。

黄朴民:《先秦两汉兵学文化研究》,中国人民大学出版社,2010 年 10 月第 1 版。

黄朴民:《春秋军事史》,军事科学出版社,1998 年 10 月第 1 版。

钮先钟:《孙子三论》,广西师范大学出版社,2003 年 8 月第 1 版。

主
要
参
考
文
献

319

佐藤坚司（日）：《孙子研究在日本》，军事科学出版社，1993年2月第1版。

服部千春（日）：《孙子兵法校解》，军事科学出版社，1987年3月第1版。

许保林：《中国兵书通览》，解放军出版社，2002年1月第2版。

雷海宗：《中国文化与中国的兵》，商务印书馆，2001年6月第1版。

中国军事史编写组：《中国历代军事战略》，解放军出版社，2006年1月第1版。

中国军事史编写组：《武经七书译注》，解放军出版社，1986年8月第1版。

中国军事史编写组：《中国军事史·兵家》，解放军出版社，1990年5月第1版。

糜振玉主编：《中国军事学术史》，解放军出版社，2008年1月第1版。

钮先钟：《中国古代战略思想新论》，安徽教育出版社，2005年8月第1版。

姜国柱：《中国军事思想通史》，中国社会科学出版社，2006年11月第1版。

赵国华：《中国兵学史》，福建人民出版社，2004年11月第1版。

齐思和：《〈孙子兵法〉著作时代考》，载《燕京学报》第26期。

蓝永蔚：《〈孙子兵法〉时代特征考辨》，载《中国社会科学》，1987年第3期。

杨炳安、陈彭：《孙子兵学源流述略》，载《文史》第二十七辑。

李零：《现存宋代〈孙子〉版本的形成及其优劣》，载《文史集林》第2辑。

黄朴民：《齐文化与先秦军事思想的发展》，载《学术月刊》，1997年第11期。

黄朴民：《诸子学说与战国兵书文化精神的构建》，载《浙江社会科学》，1996年第5期。

黄朴民：《〈孙子兵法〉研究一百年》，载《管子学刊》，2003年第6期。

黄朴民、宋培基：《〈孙子兵法〉的吴文化特征》，载《光明日报》，2006年5月9日。